イラスト授業シリーズ

ひと目でわかる **HOW PSYCHOLOGY WORKS**

心のしくみとはたらき図鑑

イラスト授業シリーズ

ひと目でわかる

心のしくみと
はたらき図鑑

HOW PSYCHOLOGY
WORKS

黒木俊秀［日本語版監修］
小野良平［訳］

創元社

Original Title: How Psychology Works
Copyright © 2018 Dorling Kindersley Limited
A Penguin Random House Company

Japanese translation rights arranged with
Dorling Kindersley Limited, London
through Fortuna Co., Ltd. Tokyo.

For sale in Japanese territory only.

Printed and bound in China

www.dk.com

本書の日本語版翻訳権は、株式会社創元社がこれを保有する。
本書の一部あるいは全部についていかなる形においても出版社の
許可なくこれを使用・転載することを禁止する。

〈イラスト授業シリーズ〉
ひと目でわかる 心のしくみとはたらき図鑑

2019年 8月 1日第1版第1刷 発行
2024年 5月30日第1版第6刷 発行

日本語版監修者	黒木俊秀
訳 者	小野良平
発行者	矢部敬一
発行所	株式会社 創元社

https://www.sogensha.co.jp/
〈本社〉
〒541-0047 大阪市中央区淡路町4-3-6
Tel.06-6231-9010　Fax.06-6233-3111
〈東京支店〉
〒101-0051 東京都千代田区神田神保町1-2 田辺ビル
Tel.03-6811-0662

© 2019 Ryohei ONO
ISBN978-4-422-11706-5 C0011

〔検印廃止〕
落丁・乱丁のときはお取り替えいたします。

JCOPY〈出版者著作権管理機構 委託出版物〉
本書の無断複製は著作権法上での例外を除き禁じられています。複製される
場合は、そのつど事前に、出版者著作権管理機構（電話 03-5244-5088、FAX
03-5244-5089、e-mail: info@jcopy.or.jp）の許諾を得てください。

日本語版監修者のまえがき ……… 7
まえがき ……………………… 8

第1章
心理学とは何か?

心理学発展の歴史 ……………… 12
精神分析理論 …………………… 14
行動主義的アプローチ ………… 16
人間性心理学 …………………… 18
認知心理学 ……………………… 20
生物学的心理学 ………………… 22
脳はどのように働くか ………… 24
記憶はどのように働くか ……… 30
感情はどのように働くか ……… 32

第2章
さまざまな精神疾患

精神疾患の診断 …………………… 36
うつ病 ……………………………… 38
双極性障害 ………………………… 40
周産期精神疾患 …………………… 42
重篤気分調節症 …………………… 44
季節性感情障害 …………………… 45
パニック症／パニック障害 …… 46
限局性恐怖症 ……………………… 48
広場恐怖症 ………………………… 50
閉所恐怖症 ………………………… 51
全般不安症／全般性不安障害 … 52
社交不安症／社交不安障害 …… 53
分離不安症／分離不安障害 …… 54
選択性緘黙／場面緘黙 ………… 55
強迫症／強迫性障害 …………… 56
ためこみ症 ………………………… 58
醜形恐怖症／身体醜形障害 …… 59
皮膚むしり症・抜毛症 ………… 60
病気不安症 ………………………… 61
心的外傷後ストレス障害 ……… 62
急性ストレス反応 ……………… 63
適応障害 …………………………… 64
反応性アタッチメント障害／
反応性愛着障害 …………………… 65
注意欠如・多動症／
注意欠如・多動性障害 ………… 66
自閉スペクトラム症／
自閉症スペクトラム障害 ……… 68

統合失調症 ………………………… 70
統合失調感情障害 ……………… 72
緊張病(カタトニア) …………… 73
妄想性障害 ………………………… 74
認知症 ……………………………… 76
慢性外傷性脳症 ………………… 78
せん妄 ……………………………… 79
物質使用障害 ……………………… 80
衝動制御の障害および嗜癖 …… 82
ギャンブル障害 ………………… 83
窃盗症 ……………………………… 84
放火症 ……………………………… 85
解離性同一症／
解離性同一性障害 ……………… 86
離人感・現実感消失症／
離人感・現実感消失障害 ……… 88
解離性健忘 ………………………… 89
神経性やせ症／
神経性無食欲症 ………………… 90
神経性過食症／神経性大食症 … 92
過食性障害 ………………………… 94
異食症 ……………………………… 95
コミュニケーション症群／
コミュニケーション障害群 …… 96
睡眠障害 …………………………… 98
チック症群／チック障害群 …… 100
パーソナリティ障害群 ………… 102
その他の疾患 ……………………… 108

第3章
心を癒すさまざまな治療法

心の健康と治療 ················ 112
体と心の健康 ·················· 114
治療の果たす役割 ·············· 116

精神力動的心理療法 ············ 118
精神分析療法 ·················· 119
ユング派の治療法 ·············· 120
自己心理学と対象関係論 ········ 121
交流分析 ······················ 121

認知療法・行動療法 ············ 122
行動療法 ······················ 124
認知療法 ······················ 124
認知行動療法 ·················· 125
第三世代のCBT
（認知行動療法） ·············· 126
認知処理療法 ·················· 127
論理情動行動療法 ·············· 127
CBTで利用する技法 ············ 128
マインドフルネス ·············· 129

人間性心理療法 ················ 130
人間中心療法
（パーソンセンタード・セラピー） ··· 132
現実療法
（リアリティセラピー） ········ 132
実存療法 ······················ 133
ゲシュタルト療法 ·············· 133
エモーション・フォーカスト・
セラピー ······················ 134
解決志向ブリーフセラピー ······ 134
身体療法 ······················ 135
EMDR：眼球運動による脱感作と
再処理法 ······················ 136
催眠療法 ······················ 136
芸術療法
（美術療法・音楽療法） ········ 137
動物介在療法
（アニマルセラピー） ·········· 137

システミック療法 ·············· 138
家族システム療法 ·············· 139
戦略的家族療法 ················ 140
二者関係発達療法 ·············· 141
文脈療法 ······················ 141

生物学的治療法 ················ 142

第4章
実生活の中の心理学

自己同一性（アイデンティティ）
の心理学 ······················ 146
アイデンティティ形成 ·········· 148
人格（パーソナリティ） ········ 150
自己実現 ······················ 152

愛情関係の心理学 ·············· 154
愛着（アタッチメント）の心理学 ··· 156
恋愛の科学 ···················· 158
デートの心理学 ················ 160
恋愛関係の段階的変化 ·········· 162

教育心理学 ···················· 166
さまざまな教育理論 ············ 168
学習指導の心理学 ·············· 172
学習障害のアセスメント ········ 174

仕事場の心理学
（産業・組織心理学） ·········· 176
最適な候補者の選抜 ············ 178
タレントマネジメント
（動機づけと評価） ············ 180
チーム形成 ···················· 182
リーダーシップ ················ 184
組織文化とその変革 ············ 186

HFE心理学 ····················· 188
ディスプレイ装置の設計 ········ 190
ヒューマンエラーとその予防 ····· 192

司法心理学 ·············· 194	**心理検査** ··············· 246
心理学と犯罪捜査 ··········· 196	
法廷の心理学 ··············· 200	索引 ··················· 248
刑務所の心理学 ············· 202	
	謝辞とクレジット ··········· 256
政治心理学 ·············· 204	
投票行動 ················· 206	
服従と意思決定 ············· 208	
ナショナリズム ············· 210	
コミュニティ心理学 ········ 214	
コミュニティはどのように働くか··· 216	
エンパワーメント ··········· 218	
都市のコミュニティ ·········· 220	
コミュニティの安全 ·········· 222	
消費者心理学 ············ 224	
消費者行動を理解する ········· 226	
消費者行動を変化させる ······· 228	
消費者神経科学 ············· 230	
ブランディングの力 ·········· 232	
有名人の宣伝効果 ··········· 234	
スポーツ・運動心理学 ······ 236	
スキルの改善 ··············· 238	
動機づけを保つ ············· 240	
ゾーンに入る ··············· 242	
パフォーマンス不安 ·········· 244	

日本語版監修者のまえがき

九州大学大学院教授
黒木俊秀
（医学博士）

本書の原書は、イギリスのDK社より刊行されている "How Things Work" シリーズ（邦題「イラスト授業シリーズ」）の1冊として心理学（psychology）を扱ったものである。心理学とは、目には見えない心のしくみやはたらきを明らかにする学問であるが、本書はそれをたくさんのカラフルなイラストにより分かりやすく解説する。しかも、心の病に苦しむ人々を支援する臨床心理学のみならず、身近な人間関係から学校、職場、地域社会、産業・文化に及ぶまで、現代の様々な局面に応用されている心理学の広大な領域を網羅している。このような楽しく面白い心の図鑑は、おそらく類を見ないだろう。

わが国にも公認心理師や臨床心理士という心理学の専門技術職の資格はあるが、心理学の先進国であるイギリスでは、保健医療、教育、司法、産業、スポーツ等の心理学の各専門領域に対応した7種類のサイコロジスト（psychologist）の公的な資格認定制度がある。とくにクリニカルサイコロジスト（clinical psychologist）は、同国の政策決定に大きな力があり、その社会的地位も高い。原書は、こうしたイギリスの発展した心理職制度を前提として、その役割を説明しており、日本の現状とは必ずしも一致しない。そのため、原書の "psychologist" という用語に対して、その文脈に応じて、「サイコロジスト」、「心理職」、あるいは「心理学者」という訳を使い分け、また適宜、訳注を付けたことを断っておく。

本書が、これから心理学を学ぼうとする高校生や大学生だけでなく、心の不思議に関心のある一般の人々にも広く読まれることを期待している。

まえがき

生物学、哲学、社会学、医学、人類学、人工知能といったさまざまな研究分野の交差点にある心理学は、いつでも人の心を強く引きつけてきた。心理学者は、どのような解釈に基づいて私たちの行動の意味を理解するのか。なぜ心理学にはこんなに多くの分野やアプローチがあるのか、それらは私たちの日々の生活にどのように役立つのか。心理学とは実践なのか、理論なのか、あるいはその両方が合わさったものなのか。

学説には流行り廃りがあり、常に新しい調査、実験、研究が行われているが、心理学の変わらぬ本質は、心のはたらきに基づいて個人個人の行動を説明することにある。騒々しく不確かなことの多い現代、人々は政治家や有名人、ビジネス界の大物などの行動の意味と、それが自分たちに与えうる影響を理解するために、ますます心理学や心理学者を頼るようになっている。その一方で、心理学はそういった権力者・有力者よりずっと身近な人たちにも大いに関係がある。家族、友人、パートナー、同僚についても、非常に多くのことを教えてくれるのだ。さらに、私たち自身の心を理解する際にも大きな意味を持ち、自分の考えや行動への認識を強めてくれる。

心理学を学ぶことで、さまざまな理論、疾患（障害）、治療法についての基本的な理解が得られる。それはたえず変化し続けるこの研究分野の一部だが、心理学はそれにとどまらず、私たちの日々の生活においても非常に大きな役割を担っている。教育、仕事、スポーツ、個人的な人間関係や恋愛関係、そしてお金の使い方や投票行動に至るまで、研究分野は幅広く、私たち1人ひとりの日常生活に絶え間なく、大きな影響を与え続けているのだ。

本書は、理論から治療法、そして個人の問題から実践的応用まで、心理学のあらゆる側面を取り上げ、わかりやすく、スタイリッシュに、そして素晴らしくシンプルに紹介している。私が心理学科の学生だった頃に、こんな本があったら良かったのに！

ジョー・ヘミングス
（コンサルタント・エディター）

第**1**章
心理学とは何か？

心理学（人間の心や、個人個人の行動のあり方の科学的研究）には、
さまざまなアプローチがある。そのどれもが人々の思考、
記憶、感情を解き明かす鍵を求めている。

心理学発展の歴史

心理学の進展の大部分は、近年、約150年前から今日までに起きたものだが、その起源は古代ギリシアやペルシアの哲学者にさかのぼる。現在までに発展してきた多くの研究分野やアプローチは、心理学者が現実の世界に心理学を応用するためのツールとなっている。社会の変化に伴い、人々の求めに応える新しい応用方法が生み出されてきた。

紀元前1550年頃
エーベルス・パピルス（エジプトの医学書）がうつ病に言及

古代ギリシア哲学者

前470年〜前370年
デモクリトスが、知性と感覚によって得る知識の違いを指摘
ヒポクラテスが、科学的医学の原則を導入

前387年
プラトンが、心のはたらきの中枢は脳であると示唆

前350年
アリストテレスが、『霊魂論』で魂について論じ、心のタブラ・ラサ（何も書かれていない石板）の概念を提示

前300年〜前30年頃
ゼノンが、ストア哲学を説く。これが1960年代に起こるCBT（認知行動療法）へのインスピレーションとなる

705年
世界初の精神病院が、バグダッドに建てられる（800年にカイロ、1270年にダマスカスでも建設）

初期イスラム世界の学者

850年
アリー・ブン・サフル・ラッバン・アッタバリーが、精神病患者を治療する臨床精神医学の構想を発展させる

900年頃
バルヒーが、精神病およびその身体的・精神的原因について記す
ラゼスが、記録に残る最初の心理療法を行う

1025年
アビセンナが、『医学典範』の中で幻覚、躁病、不眠症、認知症などのさまざまな症状を記述する

ヨーロッパの哲学者

1590年
ルドルフ・ゴクレニウスが、「心理学」という用語をつくる

1620年代
フランシス・ベーコンが、知識や記憶の性質などの心理学的主題について記す

1629〜33年
ルネ・デカルトが、『世界論』の中で精神と物質の二元論（pp.24-25）を概説する

1698年
ジョン・ロックが、『人間知性論』の中で、生まれたときの人間の心をタブラ・ラサ（何も書かれていない石板）と記述する

1808年
フランツ・ガルが、骨相学（人の頭蓋骨の形と頭の隆起の位置から人格特性がわかるとする説）について記す

正式な学問分野としての心理学

1879年
ヴィルヘルム・ヴントが、ドイツのライプツィヒに心理学研究専用の実験室を開設し、正式な研究分野として実験心理学を始める

1880年代中頃
ヴントが、後にI/O（産業・組織）心理学（pp.176–87）の先駆者となるヒューゴー・ミュンスターベルクと、ジェームズ・マッキーン・キャッテルを指導する

1890〜1920年
教育心理学（pp.166–75）という分野が生まれ、学校での指導方法に変化をもたらす

1896年
ペンシルベニア大学に最初の心理クリニックが開設され、臨床心理学の始まりとなる

第1章 心理学とは何か？
心理学発展の歴史

2000年
国際心理学会議がストックホルムで開催され、外交官のヤン・エリアソンが紛争解決に心理学をどう役立てられるかを論じる

2000年
ヒトゲノムの塩基配列の解読により、人間の心身の新しい研究領域が開かれる

1990年
ジェローム・ブルーナーが、哲学、言語学、人類学の知見を援用した『意味の復権』を発表（文化心理学、pp.214-15）

1980年代
健康心理学(pp.112-15)が、心理学の1分野として認知される

1976年
リチャード・ドーキンスによる『利己的な遺伝子』が、進化心理学(p.22)の知名度を高める

1971年
CTスキャン（コンピュータ断層撮影法）により、生きたままの脳の画像が初めて撮影される

1965年
地域精神保健に携わる心理職の教育のための「スワンプスコット会議」が開かれる

1960年代初頭
システムズ・アプローチ家族療法(pp.138-41)が1つの分野として研究され始める

1960年代
政情不安のためにコミュニティ心理学(pp.214-23)への関心が急激に高まる

1960年代
アーロン・T・ベックが、CBT(p.125)に通じる治療法の先鞭をつける

1956年
ジョージ・A・ミラーが、認知心理学(pp.20-21)を応用した論文『マジカルナンバー7±2』を発表

認知心理学

1954年
アブラハム・マズローが、『動機づけと人格』を発表し、心理学の第三勢力として人間性心理学を提唱する(pp.18-19)

人間性心理学

1954年
ゴードン・オールポートが、政治心理学(pp.204-13)の一側面である社会的偏見の段階を定義する

1920年代
カール・ディーム博士が、ベルリンにスポーツ心理学の研究所を設立 (pp.236-45)

1920年代
行動心理学者ジョン・B・ワトソンが、広告業界で活動を始め、消費者心理学を発展させる (pp.224-35)

1920年代以降
心理検査による知能の測定が行われ、個人差の心理学へと発展する(pp.146-53)

1920年
ジャン・ピアジェが、『子どもの世界観』を発表し、子どもの認知への研究を推し進める

1916年
ルイス・ターマンが、心理学を警察官の採用に利用し、司法心理学の先駆けとなる (pp.194-203)

1930年代初頭
社会心理学者マリー・ヤホダが、コミュニティ心理学の最初の研究を発表する (pp.214-23)

生物学的心理学

1935年以降
生物学的心理学(pp.22-23)が、1つの研究分野となる

1935年
クルト・コフカが、『ゲシュタルト心理学の原理』を発表する

1938年
ECT（電気けいれん療法）(pp.142-43)が、初めて行われる

1913年
ジョン・B・ワトソンが、『行動主義者からみた心理学』を発表し、行動主義の原則を概説する (pp.16-17)

行動主義心理学

1913年
カール・ユングが、フロイトのもとを離れ、無意識に関する独自の理論(p.120)を発展させる

1909年以降
子ども時代の体験の重要さを強調したフロイトの影響を受け、発達心理学(pp.146-53)が生まれる

1900年
ジークムント・フロイトが、『夢解釈』(pp.14-15)の中で精神分析の理論を提唱する

1939年
複雑な機械や兵器を正確に製造・操作できるようにするため、第二次世界大戦中にHFE（人間工学）心理学(pp.188-93)が発展する

神経心理学

1950年代
神経科学者ワイルダー・G・ペンフィールドが、てんかんの研究の中で脳の電気的活動と心理的現象のつながりを指摘する(pp.22-23)

1950年代
最初の向精神薬が開発される
精神薬理学が、精神病の治療法の1つとして研究され始める (pp.142-43)

1952年
精神疾患の診断・統計マニュアル(DSM)の初版が発行される

精神分析

精神分析理論

人格がどのように発達するか、そして人がどのように行動するかを決めるのは無意識の心の葛藤であると説くのが精神分析理論である。

どのようなアプローチか？

精神分析理論は、神経学者だったオーストリアのジークムント・フロイトによって20世紀初頭に創始された。この理論によれば、人の行動や人格を決定づけるのは絶え間ない心の葛藤である。こうした心の不協和は意識下で起こるため、ふつうは自覚されない。フロイトはこの葛藤が、イド、自我、超自我という心の3つの要素の間で起こるとした（右下図）。

フロイトは、人格の発達には生まれてから5つの段階があると考え、そこに性と心理的プロセスの両方が関わることから、これを心理－性的発達理論と呼んだ。各段階で、人の心は性の異なる側面にとらわれる。たとえば、赤ん坊は口唇からの快楽を求めて親指をしゃぶる。フロイトはこうした心理－性的発達段階により、人の生理的欲求と社会の求める振る舞いとの間に不和

局所論

フロイトは意識のレベルに応じて、心を3層に分けて捉えた。意識は心全体からすれば限られた一部分に過ぎない。無意識のレベルで起こる思考は意識にはまったく自覚されないが、それでも行動に影響を与える。

夢
夢は無意識の思考へと至る経路と考えられている。そうした思考の多くは心をひどく乱すため、意識では扱えず、普段は自覚できない。

意識
自覚にのぼる考えや感情などがここに含まれる。

前意識
子ども時代の記憶などの情報が蓄えられている。それらは精神分析によって呼び起こすことができる。

精神分析療法
精神分析療法（p.119）において、クライエントは分析家に自分の見た夢や子ども時代の記憶について話す。そうすることで無意識に光を当て、それが好ましくない行動をどのように制御したり、引き起こしたりしているかを明らかにしていく。

無意識
その人の衝動、欲望、思考の大部分がここに隠されている。

が起こると考え、人の心が健全に発達するためにはこの葛藤を解決しなければならないと説いた。

評価

フロイトの提唱したモデルは、意識下のはたらきの重要性を指摘した点で、今日まで非常に大きな影響を及ぼしている（精神分析療法、p.119）。一方で、性を人格の決定要因として重視することが議論を巻き起こしてきた。多くの批判者が、フロイトのモデルはあまりにも主観的で、心や行動の複雑な性質を単純化し過ぎていると指摘する。

防衛機制

どのような概念か

フロイトによれば、人は不安や不快な感情に出会うと、意識下で防衛機制を働かせる。

ストレスや嫌な気持ちにつながる記憶ないし衝動を扱う際、防衛機制が「何の問題もない」と自分に思い込ませることにより、心の中での処理が容易になる。

何が起こるのか

自我は内面的な葛藤を引き起こす物事を扱うとき、心に折り合いをつけるために防衛機制を利用する。

現実認識を歪める防衛機制としてよく利用されるものに、否認、置き換え、抑圧、退行、知性化、投影などがある。

どのように働くのか

否認は一般によく見られる防衛機制で、喫煙など、本人が良くないと感じる習慣の正当化に利用される。

たとえば、自分は飲み会などで人と会うときしかタバコを吸わないと言いながら、実際は依存症になっていることを認めずに喫煙を続けるといったように。

構造論

意識は氷山の一角、つまり隠された全体のほんの一部である。精神分析理論は無意識がイド、自我、超自我の3つの要素から成るという考えに基づいている。それらは互いに「話し合う」ことで、感情や衝動の葛藤を解消しようとする。

意識

超自我　正しい行いを求め、厳しい親のような役割を果たす規範的な心。

自我　イド・超自我と交渉する理性の声。

イド　目先の満足を強く求める、子どもじみた衝動的な心。理性に従わせるのが難しい。

無意識

✓ 知っておきたい

- **劣等コンプレックス**　正常に活動できないほど自尊心の低い状態。アルフレッド・アドラーが展開した概念。
- **快感原則**　イドを駆り立てる欲求。快を求め、苦痛を避けようとする。
- **新フロイト派**　フロイトの精神分析に基づき、独自の理論をアメリカで発展させた分析家たち。カレン・ホーナイ、エーリッヒ・フロム、ハリー・サリヴァンなど。

行動主義的アプローチ

行動主義心理学では、人の行動は周囲の世界との交流の中で学習されるものであり、意識下のはたらきの影響は重要ではないという考えのもとに分析や治療を行う。

どのようなアプローチか?

行動主義心理学の出発点は、人間の観察可能な行動だけに焦点を当て、思考や感情を扱わないことである。

このアプローチには大きく3つの前提がある。第1に、人がその行動を身につけるのは周囲の世界からであって、生得的要因や遺伝的要因からではない。第2に、心理学は科学であるから、統制された実験と観察から得た測定可能なデータによってその理論を裏づけるべきである。第3に、あらゆる行動は特定の反応を引き起こす刺激の結果である。

行動主義心理学者は、ある人の刺激-反応の連関(結びつき)が特定できれば、その反応の仕方を予測できるようになると考えた。これは古典的条件づけと呼ばれる方法である(下図)。行動療法において(pp.122-29)、治療者はこうした予測を利用してクライエントに行動の変容を促す。

評価

行動主義的アプローチの強み──フロイトの精神分析のアプローチ(pp.14-15)などと違い、科学的に立証できること──は、弱点であるとも考えられてきた。行動主義における実験の多くはラットや犬に対して行われたが、現実の世界の人間が実験室の動物と同じように行動するという想定は、とくに人間性心理学者(pp.18-19)にとっては認めがたいものだった。また、行動主義心理学は自由意思や、テストステロンなどのホルモンをはじめとする生物学的要因をほとんど考慮せず、人間の経験を条件づけられた行動の集まりに還元して捉える。

行動主義の主題

ジョン・ワトソンは1913年に行動主義心理学を創始した。その理論は主観的な心のはたらきよりもデータに基づく科学を重んじた20世紀初頭の潮流に合致し、行動主義のアプローチは数十年にわたり影響力を持った。その後、心理学者は行動主義の理論をもっと柔軟に解釈するようになったが、客観的エビデンスは今も心理学研究の基本である。

古典的条件づけ

パヴロフはエサを見ると犬が唾液を出すのに気づき、エサを与える際にベルを鳴らすようにした。すると、すぐに犬はベルの音を聞いただけで唾液を出すようになった。ベルの音とエサを結びつけたのだ。

中性刺激　無条件反応
無条件刺激

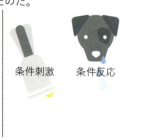

条件刺激　条件反応

方法論的行動主義

外界

ワトソンの理論は科学的な方法を重視するため、方法論的行動主義と呼ばれるようになった。

◆ ワトソンの考えでは、心理学は科学であり、その目的は行動を予測しコントロールすることにある。

◆ 人のDNAや精神内界の影響を一切考慮しない点で、行動主義の中でも最も極端な理論である。

◆ 人が生まれたとき、心は白紙の状態であり、すべての行動は周囲の人や物事から学習されると考える(古典的条件づけ、左図)。たとえば、赤ん坊は母親が笑うと笑い返し、母親が声を荒げると泣く。

オペラント条件づけ

オペラント条件づけは行動の変化を導く。この例では、犬をしつけるために、飼い主が犬の行動に対して正または負の強化や罰を与える。

◆ **正の強化** 報酬を与えて良い行動を促す。たとえば、言われた通りにお座りできたらおやつを与えるようにすると、犬はお座りするたびにおやつがもらえることをすぐに学習する。

◆ **正の罰** 不快な刺激で犬の悪い行動を戒める。犬がリードを引っ張って前へ行こうとすると、首輪が喉を締めつけて不快に感じることなど。

◆ **負の強化** 不快な刺激を取り除くことで良い行動を促す。たとえば、飼い主の近くを歩くとリードが緩む。それによって犬はリードを引っ張らずに飼い主の後について歩き、喉を締めつけられる不快感を避けることを覚える。

◆ **負の罰** 犬の好きな物を取り上げて、好ましくない行動を戒める。犬が飛び跳ねたら背を向けて愛情を与えないことで、跳ばないことを覚えさせるなど。

徹底的行動主義

1930年代に、B・F・スキナーは、生物学的要因が行動に与える影響を考慮する徹底的行動主義の理論を展開した。

◆ ワトソン同様、スキナーも心理学への最も妥当なアプローチは、人間の行動とそのきっかけの科学的観察に基づくものであると考えた。

◆ スキナーは古典的条件づけから一歩進んで、強化という概念を提示した。報酬で強化された行動は繰り返し起こりやすくなる、という考えである（オペラント条件づけ、上図）。

外界　生物学的要因

心理学的行動主義

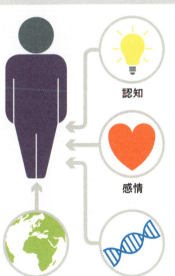

アーサー・W・スターツが構想した心理学的行動主義は、40年にわたり主流となった。これは今日の心理学の実践、とりわけ教育に影響を与えている。

◆ 人の人格は、学習された行動、遺伝的特徴、感情の状態、脳による情報処理のあり方、周囲の世界が形づくる。

◆ スターツは、子どもの発達における親の育児の重要性を研究した。

◆ 初期の言語的・認知的訓練により、子どもの成長後の言語能力の発達の度合いが高まり、知能テストの成績も良くなることを示した。

認知　感情　外界　生物学的要因

人間性心理学

他のアプローチとは異なり、人間性心理学では1人ひとりのものの見方が最も重要と考え、「周りにどう見られているか」ではなく「私は自分自身をどう見ているか」と問うことを促す。

どのようなアプローチか？

行動主義心理学が外面に現れた行動の観察に関心を持ち、精神分析理論が意識下のはたらきを深く探るのに対し、人間性心理学は人間を全体として捉え、ある人が自分自身の行動をどう認識するか、出来事をどう解釈するかに着目する。客観的な観察者の視点よりも、自分自身や自分がなりたいものに対する主観的な視点を中心に据えるのである。

1950年代にカール・ロジャーズとアブラハム・マズローが提唱した人間性心理学は、人間性の解明にそれまでとは異なる方法を提示している。すなわち、個人の成長と自己実現が人生の主要な目的であり、それを達成することが精神の健康や幸福（ウェルビーイング）をもたらすと考えるのである。加えて、人が自らの選択によって行使する自由意思の原則も重要な概念だ。

「良い人生とはプロセスであって、状態ではない」

カール・ロジャーズ　アメリカの人間性心理学者

評価

ロジャーズをはじめとする人間性心理学者は、クライエントの内面を探る新しい手法を数多く提示した。"正しい"答えのない自由回答式の質問紙、形式ばらない面談、気持ちや考えを記録する日誌の利用などである。誰かを本当に理解するためには直接話す以外にないと考えていた。

人間性心理学は、人間中心療法（p.132）の理論的な土台となっている。また、このアプローチは教育において子どもが自由意思を行使して自ら物事を決めるのを促したり、人間の動機を研究・理解したりするのにも利用されている。

一方で、人間性心理学は人間の他の側面、たとえばホルモンの持つ強い影響力や生物学的要因、意識下の心のはたらきなどを考慮していない。また、自己実現という目標は正確に測定できないことから、このアプローチは非科学的であると批判されることもある。

ゲシュタルト療法

ゲシュタルト療法は、心が種々の細かな情報を取り入れ、意味のある全体像にまとめ上げるプロセスを詳細に検討するものである。

このアプローチにおいては、知覚を重視する。人が周囲の世界を認識する際の法則を、解明しようとするのである。

ゲシュタルト療法のアセスメントの中に、クライエントに一連の図を見せて、それらをどう認識するか確認するというものがある。

最もよく知られたルビンの盃は、「図」と「地」の法則をよく表している。つまり、人間の心は常に図（たとえば文字）を地（ページの白地）と区別するように働き、それによって何を優先し、何に注目するかを決めるのである。

ルビンの盃は認識の仕方によって、2つの横顔と見ることも、白い盃と見ることもできる。

自己実現への道

カール・ロジャーズは人の心理状態を決定づける3つの人格的要素として、自己価値、自己イメージ、理想自己を挙げた。感情、行動、経験が自己イメージと合致し、自分のなりたいもの（理想自己）を表すとき、人は満足できる。逆に、それらの要素がかみ合わない（不一致の）とき、不満に陥る。

第1章 心理学とは何か？
人間性心理学

個人か集団か？

人間性心理学は個人のアイデンティティや自己実現という西洋的思想に基づいており、個人主義と呼ばれることがある。反対に、集団主義は個人よりも集団を重んじる。

個人主義
- アイデンティティは社交性、親切さ、寛大さといった個人の特質で決まる。
- 個人の目標が、集団の目標に優先する。

集団主義
- アイデンティティはどの集団に所属するかで決まる。
- 家族、次いで職場の人々が最も重要な集団である。
- 集団の目標が、個人の目標に優先する。

自己実現

自己イメージとなりたい自分（理想自己）が調和するとき、人は自己実現を達成する。これによって、自分の可能性を最大限に引き出し表現したいという欲求が満たされる。

一致部分の増加

自己イメージと理想自己の重なりが増えると、自己価値の向上を感じ、それまでより前向きにものが見られるようになる。

不一致

本人の認識する自分（自己イメージ）となりたい自分（理想自己）が、ほとんど重ならない場合、人は不幸せで自己価値が低いと感じる。

認知心理学

心を複雑なコンピュータのようなものと捉える認知心理学のアプローチでは、人がどのように情報を処理し、それが行動や感情にどう影響するかを分析する。

どのようなアプローチか？

1950年代後半に、オフィスでコンピュータが使われるようになると、コンピュータによる人工的な情報処理と人間の心のはたらきが盛んに比較されるようになった。心理学者たちはコンピュータがデータを受け取り、変換・保存し、読み出すのと同じ方法で、人間の心も情報を取り入れ、理解できるように変換して記憶し、必要なときに思い出していると推測した。そしてこのコンピュータとの類推が、認知心理学の土台となった。

認知心理学の基礎となるこの理論は、日常生活のほとんどあらゆる側面に当てはまる。たとえば、脳が感覚情報を受容・処理して判断を下すこと（牛乳が悪くなっていることに、嫌なにおいで気づくなど）、推論によって結論に達すること（安物よりも長持ちしそうな高価なシャツを買うかどうかの判断など）、あるいは楽器の演奏方法を学習するために、脳に新たな回路や記憶をつくることなどが挙げられる。

評価

認知心理学は人間の内面の処理を重視するが、厳密に科学的であろうという意図から、あらゆる理論の基礎として研究室における実験を必要とする。しかし、統制された実験の中で起きることを現実の物事に当てはめるのは難しい。同様に、人の心がコンピュータのように機能するという想定は、人が疲れたり感情的になったりするといった事実を考慮していない。また、認知

処理
（媒介的な心の働き）

感覚を通して情報を受け取った後、分析し、どう対処するかを決めるために、脳はその情報を選り分ける必要がある。環境からの刺激とそれに対する脳の反応との間に起こる（両者を「媒介する」）ことから、認知心理学者はこのプロセスを媒介的であると言う。

車の故障の例で言えば、脳はゴムの焼けるにおいを分析し、過去に同じようなにおいを嗅いだ記憶と結びつけるかもしれない。

情報処理

心理学者は統制化実験で得たエビデンスを利用して、心が情報を扱う際の理論モデルを構築してきた。

これらのモデルによれば、人間の脳は入力からデータ変換、読み出しに至るまで、コンピュータがデータを処理するのと同じ手順で情報を扱っている。

入力
（環境から）

感覚器が外界からの刺激を検知し、脳に電気信号で情報を伝える。たとえば、乗っている車が故障した場合、人の脳はエンジンからの異常音、煙などの視覚的手がかり、ゴムの焼けるにおいなど、危険を知らせる兆候に意識を集中する。

心理学は人間を機械のように扱い、あらゆる行動を記憶などの認知プロセスに還元して捉えると批判される。さらに、このアプローチでは生物学的要因や遺伝的要因の役割も無視されていると指摘される。

一方で認知心理学は、記憶喪失や選択性注意障害の治療に有効であることがわかっている。また、子どもの発達についても重要な知見をもたらしており、教育者が年齢層に応じて最適な教育内容や指導方法を計画する助けになっている。司法においても、犯罪の目撃者が正確に事件を想起しているかを評価するのに、認知心理学者の力が日常的に必要とされている。

出力
（行動と感情）

十分な情報を読み出すと、脳は対応を決定できる。それは行動のこともあれば、感情的な反応のこともある。車の例では、以前の故障の記憶に加えて、自分の持つ機械的な知識の中で今の状況に関連する情報を読み出し、ありうる原因と解決策をリストアップしていく。

たとえば過去にゴムの焼けるにおいからファンベルトの故障を発見したことを思い出したなら、車を路肩に寄せ、エンジンをオフにして、ボンネットを開け、中を確認するだろう。

> 「心の中でつながりを失った事柄というのは、リンク切れの Web ページのようなものだ。それらは存在しないに等しい」
> スティーブン・ピンカー、カナダ出身の認知心理学者

認知バイアス

思考の処理に誤りがあると、そこから導かれる判断や反応は偏ったものとなる。これは認知バイアスと呼ばれ、記憶の問題（うまく想起できないなど）や、注意力の欠如が関係していることがある。

その原因は一般に、重圧のかかる状況で脳が心の処理を簡略化していることにある。認知バイアスは必ずしも悪いものではなく、生存のために素早い決断を下さなければならないときに自然と起こる場合もある。

認知バイアスの例

◆ **アンカリング** 初めに得た情報を過度に重視する。

◆ **基準率錯誤** 前提となる情報を無視して、新たに得た特定の情報から判断する。

◆ **バンドワゴン効果** 自分の考えを覆して、他の人々の考えや行動に同調する。

◆ **ギャンブラーの誤謬（ごびゅう）** 現在多く起きていることは、未来には今より起こりにくくなると誤って思い込む——たとえば、ルーレットで黒が出続けていたら、もうすぐ赤が出ると思い込むことなど。

◆ **双曲割引** 大きな報酬を辛抱強く待つより、すぐに手に入る小さな報酬を選ぶ。

◆ **確率の無視** 実際の確率を無視する。たとえば、墜落を恐れて飛行機に乗るのを避けるが、統計的にははるかに事故の危険性が高い自動車の運転は平気でするなど。

◆ **現状維持バイアス** 何かを変える危険を冒すよりも、同じ状況を維持するか、できるだけ変えない選択をする。

生物学的心理学

双子が別々の環境で育てられても同じような行動をとるのはなぜか。人の行動を決めるのは、遺伝子などの身体的要因であるという前提に立つ生物学的心理学のアプローチなら、その理由を説明できる。

どのようなアプローチか？

生物学的心理学では、人の思考、感情、行動はみな生物学的要因、つまり遺伝的特徴や、脳と神経系を連絡する化学的・電気的インパルスなどから起きていると想定する。その前提には、胎児期に組み込まれた設計図（その人の生理的構造やDNA）が、その後の人生の中で、人格や行動を決定づけていくという考えがある。

こうした考えの一部は、双子の研究結果に基づいている。それによれば、双子は生まれたときに引き離されて別々の家庭で育っても、大人になって驚くほど似かよった行動を見せる。生物心理学者によれば、この現象は親や友人、人生経験、環境の持つ意味がかすむほど、その双子の遺伝的特徴が強い影響を持っていると考えなければ説明がつかない。

生物学的心理学の研究の1例として、10代の若者の行動に関する調査がある。青年期の脳は大人の脳とは情報処理の仕方が異なることが、脳イメージング技術を用いた研究により明らかになっている。10代の若者が衝動的に行動したり、時に賢明な判断ができなかったり、人と関わる状況で過度に不安になったりすることがある一因は、こうした違いから生物学的に説明できる。

評価

生物学的心理学の見解の多くは、環境よりも遺伝に力点を置く。そのことから、このアプローチは物事を過度に単純化し、生物学的要因や生得の身体的特質を重視しすぎていると批判される。成長過程で出会う人や出来事の影響が、ほとんど考慮されないのだ。一方で、このアプローチが厳密に科学的な手続きを土台としていることについては、ほとんど議論の余地がない。系統立った実験を行い、仮説を検証することが重視される。

また、生物学的心理学は医療にも重要な進歩をもたらしてきている。神経外科や脳イメージングの研究をもとに、パーキンソン病、統合失調症、うつ病、薬物乱用など、身体的・精神的な問題を抱える患者の治療に積極的に貢献している。

進化心理学

この分野の心理学者は、人によって行動や人格の発達の仕方が異なる理由を探求している。人が自分の置かれた環境に最もうまく対処するために、言語、記憶、意識、その他の複雑な生体システムをどのように適応させるかを研究するのである。重要な概念には以下のようなものがある。

- **自然選択** 生物種は生存に有利なメカニズムを進化させたり、時間をかけて環境に適応したりするという、チャールズ・ダーウィンの仮説に基づく概念。
- **心理的適応** 人が言語の習得、親類とそうでない人の区別、偽りやごまかしを見抜くこと、一定の性的あるいは知的基準を満たす相手を恋人や配偶者に選ぶことなどに利用するメカニズムを研究する。
- **個人差** 個人間の違いを説明しようとする概念——たとえば、特定の人々が他よりも物質的に成功する理由など。
- **情報処理** 進化心理学では、脳の機能や振る舞いは、外界から取り入れた情報によって形成されたものであり、それゆえ、繰り返し起こる困難や状況の産物であると考える。

さまざまなアプローチ

生物心理学者の関心は、体や生物学的プロセスが、行動にどのような影響を与えているかということにある。人の行動を生理学的に解き明かすという広範な研究領域に取り組む者もいれば、生物心理学理論の医療的応用や、人の行動が遺伝的特徴によって実際に左右されるのかどうかを検証する実験など、具体的な研究課題に取り組む者もいる。

生物学的心理学

「つまるところ、心理学という分野は
すべて生物電気化学の領域に収まる
のかもしれない」

ジークムント・フロイト、オーストリアの神経学者
[訳注] 精神分析学の創始者（14頁）。

生理学的アプローチ
生物学的要因が行動を決定づけるという想定に基づくアプローチ。
　ある種の行動が脳のどの部分に起因するか、ホルモンや神経系がどのように働くか、そうしたシステムにおける変化がなぜ行動を変えうるのかといったことを研究する。

医学的アプローチ
精神疾患を身体疾患の観点から解明し、治療するアプローチ。
　精神疾患を引き起こすのは、環境的要因よりも、体内の化学的不均衡や脳の損傷などの生物学的原因であると考える。

遺伝学的アプローチ
このアプローチは、1人ひとりのDNAに組み込まれた遺伝情報のパターンから行動を説明しようとする。双子（とくに生まれたときに離れ離れになり、別々の家庭で育てられた双子）の研究によって、IQなどの特徴が遺伝することが明らかになっている。

脳はどのように働くか

脳研究の進展は、分かちがたく結びついた人間の脳活動と行動の関係ついての重要な理解をもたらしてきた。また、脳そのもののはたらきについても、そのもととなる複雑なプロセスが明らかになってきている。

脳と行動のつながりを解き明かす

20世紀の神経科学の発展に伴い、脳の生理やはたらきを理解することがきわめて重要な課題として浮かび上がった。研究によって、脳そのものが人の行動と根本的に切り離せない関係にあることが裏づけられ、それが神経心理学などの専門分野の誕生につながった。神経心理学は、認知心理学（行動と心理的プロセスに関する研究）と大脳生理学を組み合わせた比較的新しい研究分野であり、特定の心理的プロセスが脳の物理的構造とどう関係しているかを検討する。こうした観点から脳を研究するとき、心と体は切り離せるかという古くからの疑問に突き当たる。

　脳と心の関係は古代ギリシア、アリストテレスの時代から議論されてきたが、当時の哲学では両者は別々のものとする見方が支配的だった。この考えは17世紀にルネ・デカルトが提示した二元論（右記）にも見られ、20世紀中頃までの脳研究においても一般的だった。

　現代の神経学における研究と、技術の進歩によって、ある行動の原因となる脳部位を特定したり、複数の脳領域のつながりを研究したりすることが可能になった。これによって脳そのものや、脳が人間の行動や心のはたらき、疾患に与える影響への理解が急速に進んだ。

心が脳を支配する

二元論によれば、形を持たない心と物理的な脳が別々に存在するが、互いに影響し合うこともある。通常は心が脳を支配しているが、軽はずみな行動をとるときや激情に駆られるときなどは、普段は合理的な心に対して脳が影響を与えることもあるとされる。

左右の大脳半球の役割

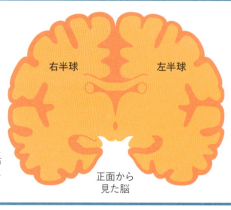

大脳皮質（だいのうひしつ）
神経線維が脳の最下部で交差しているため、2つの大脳半球はそれぞれ左右反対側の半身を制御している。

［訳注］現在では、必ずしも機能の左右差は、明瞭でないことがわかっている。

正面から見た脳

左半球
- ◆ 体の右半身を制御・調整する。
- ◆ 脳の分析的な側面。
- ◆ 論理的思考、推論、意思決定、発話や言語に関するはたらきを担う。

右半球
- ◆ 体の左半身を制御・調整する。
- ◆ 脳の創造的な側面。
- ◆ 視覚や聴覚などの感覚入力の認識、創造的・芸術的能力、空間認識などを担う。

脳が心を支配する

一元論によれば、すべての生物は物質であり、それゆえ「心」は物理的に存在する脳の単なる機能と見なされる。あらゆる心理的プロセスは、思考や感情に至るまで、厳密に特定可能な脳の物理的プロセスと相互に結びついている。脳損傷の複数の事例がこの見解を裏づける。物理的な脳に変化があれば、心も変化するのである。

> 「我思う、ゆえに我あり」
> ルネ・デカルト、フランスの哲学者

心身二元論

人間は元来、意識を単なる生理的現象と考えることに抵抗がある。しかし、科学的エビデンスの示すところでは、私たちの思考はニューロンの電気的興奮によって起きている。心が体の一部なのか、あるいは体が心の一部なのかという疑問については、一元論または二元論の立場から論じるのが主流となっている。

脳研究の進展と限界

何らかの行動を特定の脳領域と結びつける研究は、19世紀に始まった。脳に損傷を受けた人々の行動の変化と損傷箇所の間に、直接的な結びつきが観察できることがあったためである。ある事例では、前頭葉に損傷を受けた後、患者の人格が変化したことから、この領域で人格が形成されていることが示唆された。また、言語機能に関連するブローカ野とウェルニッケ野（p.27）は、それぞれ同名の医師にちなんで名づけられた。両者とも言語機能障害を示す患者の脳を死後に解剖し、それぞれ特定の箇所に異常を見つけた。患者の症状からブローカ野は発話を、ウェルニッケ野は話し言葉の理解を司ることが示唆された。

だが、複数の脳領域が密接に関連し合っていることを示す研究成果があることから、機能によっては脳の一部分だけでなく、複数の領域と結びついていることがうかがわれる。ロジャー・スペリーが1960年代に行った大脳半球に関する研究は、脳研究の歴史において画期的なものだった。スペリーは左右の大脳半球を連絡する神経線維の切断手術を受けた患者の研究により、両半球がそれぞれ異なる認知機能を担っていることを明らかにした（左記）。また、左右の半球で別々に物事を認識しうることも示した。

しかし、すべての脳研究には限界がある。研究が示すのは、脳活動と行動の相関関係であって、因果関係ではないのだ。脳のある部分への外科手術や損傷は別の領域にも影響を与えるかもしれず、それが外面に現れた行動の変化を引き起こしている可能性もある。また、脳に損傷を受けた患者への実験では、統制群を設けることも、損傷を受ける前の行動を観察することもできない。

脳の地図をつくる

人間の脳は自然界にあるしくみの中でもとりわけ複雑なもので、意識的か無意識的かを問わず、私たちのあらゆる心理的プロセスや行動を調整・制御している。そのさまざまな神経機能がそれぞれ特定の領域で起こることから、脳を機能ごとに分けた地図をつくることができる。

人間の心理的処理の階層構造は、脳の物理的構造に大まかに対応している。高次の認知プロセスは脳の上位で起こり、比較的基本的な機能は脳の下位が担っている。最上位の一番大きな領域（大脳皮質）は、抽象的思考や推論など、最も高次の認知機能を司る。人間と他の哺乳類を隔てるのは、この大脳皮質の高度な機能である。脳の中心部にある大脳辺縁系（下記）は本能的・感情的行動を司り、さらに下位の脳幹内の組織は呼吸などの生存に必要な身体機能を維持している。

神経機能による区分け

大脳皮質（「大脳」とも呼ばれる）は左右の半球に分かれているが、互いに結びつき、両半球がそれぞれ別の認知機能を司っている（pp.24-25）。大脳はさらに、それぞれ特定の種類の機能に関わる4つの葉に分けられる（両半球に1対ずつ）。前頭葉は高次の認知処理の中枢であり、運動機能も司る。側頭葉は短期記憶・長期記憶に関わる。後頭葉は視覚情報の処理に、頭頂葉は感覚的機能に関わっている。

fMRI（機能的磁気共鳴画像法）などの脳イメージング技術で脳のさまざまな領域の活動を測定できるが、そうしたデータは必ずしも心理学の研究にそのまま活かせるわけではない。fMRIのデータを研究する際に気をつけなければならないこととして、たとえば「逆推論」の問題がある。ある認知プロセスの最中に活動的になる部位があったとしても、そのプロセスが直接の原因とは限らない。そのプロセスを実際に司るのは別の領域で、活動的になっている部位はその領域を監視しているだけかもしれないのだ。

どの領域がどんな機能を担うか

心理学者や神経学者は、脳の小さな範囲への刺激をもとにして、神経機能の位置を特定していくことができる。fMRIやCTといった脳スキャン技術を利用して、こうした刺激が生み出す感覚や運動を記録・研究するのである。

大脳辺縁系

大脳辺縁系は複数の組織の集まった複雑な構成で、感情的な反応の処理や、記憶の形成に関わっている。

視床下部
体温や体の水分の調節、基本的な行動反応に関わっている。

視床
情報を処理し、高次の脳領域へと送る。

嗅球
においに関する情報はここを中継し、大脳辺縁系の中心部で処理される。

扁桃体
感情を処理する。学習や記憶に作用する。

海馬
短期記憶を長期記憶へと変える。

第1章 心理学とは何か？
脳はどのように働くか

前頭葉

ブローカ野
左半球に位置し、明瞭な発話に不可欠な役割を担う。

頭頂葉

側頭葉

ウェルニッケ野
話し言葉の理解に重要な役割を果たす。

後頭葉

小脳
体の平衡や姿勢に関わる。感覚入力と筋肉の反応を調整する。

脳幹
嚥下や呼吸といった基本的な身体機能の中枢。

運動野
大脳皮質の中で運動機能に関わる主要な領域。運動の手順の組み立てや実行など、筋肉の随意運動を制御する。

感覚野
五感のすべてから集まった情報を処理・解釈する。体中の感覚受容器が、この皮質に神経信号を送る。

一次視覚野
視覚情報は、まずこの領域で処理され、色、動き、形が認識できるようになる。ここから他のさまざまな視覚野へと信号が送られ、さらなる処理が行われる。

背外側前頭前野（はいがいそくぜんとうぜんや）
自己抑制、心のコントロールといった「遂行機能」を含む、さまざまな高次の心理的プロセスに関わる領域。

OFC（眼窩前頭前野）（がんか）
OFCは前頭前野の一部で、感覚野や大脳辺縁系とつながりを持つ。情動や報酬に関わる意思決定に関与する。

補足運動野
二次的な運動野の1つで、複雑な運動を行うときの順序立てや体の各部の調整に関わる。運動野に情報を送る。

側頭・頭頂接合部
側頭葉と頭頂葉の間に位置する領域で、大脳辺縁系や感覚野からの信号を処理する。「自己」の理解にも関わるとされている。

脳はどのように働くか

脳細胞が「発火」する情報伝達

人間の脳には約860億個の特殊化した神経細胞（ニューロン）があり、化学的または電気的インパルスを発生させて他のニューロンや体の部分と情報を伝え合っている。ニューロンは脳の基本的な構成単位であり、互いに結びついて脳内や中枢神経系に複雑な回路を張り巡らしている。

ニューロン同士は完全には結合しておらず、その接合部にわずかな隙間がある。この接合部をシナプスという。ニューロンは信号を伝えるために、まず神経伝達物質と呼ばれる生化学物質を放出しなければならない。この物質がシナプスを満たし、隣接する細胞を活動させる。すると、信号はシナプスを経由して次の細胞へと伝えられる。これをシナプス伝達と呼ぶ。このようにして、脳が体に筋肉を動かす信号を伝えたり、感覚器が脳へ情報を伝えたりしている。

神経回路の形成

1つのニューロンはその特異な構造により、最大で約1万の他のニューロンと情報を伝え合うことができる。そうして複雑につながり合った神経回路網を高速で情報が飛び交う。シナプス伝達に関する研究によれば、この膨大なネットワーク内の回路はそれぞれ特定の心のはたらきと結びついているという。

新たな思考や行動はみな、脳内に新しいつながりを生み出し、そのつながりは繰り返し利用すれば強化される。それにより、将来その回路を使って細胞が情報を伝え合う可能性も高まる。これはいわば、脳がその活動や心のはたらきに関する神経のつながりを「学習した」ということだ。

860憶個のニューロンが脳内に存在する

神経伝達物質

シナプスではさまざまな種類の神経伝達物質が放出され、情報を受け取る細胞に「興奮性」または「抑制性」の作用を及ぼす。どちらのタイプの物質も、気分や食欲の調整など、脳の特定のはたらきと結びついている。ホルモンにも同じような作用があるが、ホルモンはシナプス間隙ではなく血液によって伝達される。

アセチルコリン
おもに興奮性の作用を持つ神経伝達物質で、骨格筋の活動を促す。記憶、学習、睡眠にも関与する。

グルタミン酸
最も一般的な神経伝達物質。興奮性の作用を持ち、記憶や学習に関わる。

第1章 心理学とは何か？
脳はどのように働くか

アドレナリン

ストレスのかかる状況で放出され、体の活力を急激に高めることで、心拍数の増加、血圧上昇、大きな筋肉への血流増加を引き起こす。

ノルアドレナリン

アドレナリンと同様、おもに闘争─逃走反応に関わる興奮性の神経伝達物質。ストレス耐性にも関わる。

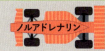

GABA（ギャバ）

脳の抑制性の主要な神経伝達物質。ニューロンの発火を抑制し、鎮静作用を持つ。

セロトニン

抑制性の作用を持つセロトニンは、気分の向上や心の落ち着きに関わる。食欲、体温、筋肉の動きを調整する。

ドーパミン

抑制性・興奮性どちらのはたらきもするドーパミンは、報酬によって動機づけられる行動に重要な役割を果たし、気分にも関わる。

エンドルフィン

脳下垂体から放出されるエンドルフィンは、痛みの信号伝達を抑制する作用を持ち、痛みの緩和や幸福感に関わる。

重なり合って働く神経伝達物質

右の3つの神経伝達物質の役割はそれぞれ異なるが、互いに関連し合っている。

◆ どの物質も気分に作用する。

◆ ノルアドレナリンとドーパミンは、ストレスのかかる状況で放出される。

◆ セロトニンは、ドーパミンとノルアドレナリンの興奮作用へのニューロンの反応を緩和する。

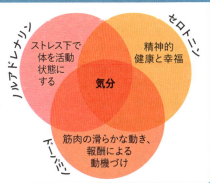

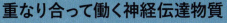

記憶はどのように働くか

あらゆる体験が記憶をつくり出す。その記憶が長く残るかどうかは、思い返す頻度によって変わる。記憶はニューロンの複雑な結びつきで成り立っていて、強化される（想起しやすくなる）こともあれば、消えていくこともある。

記憶とは何か？

記憶は一群のニューロンが新しい体験に反応し、特定のパターンで発火するときにつくられる。こうしたニューロンの結びつきはその後、その体験を記憶として再構成するために再発火することがある。なお、記憶は5つの種類に分類される（右記）。

体験に感情的な価値や重要性がなければ、記憶は短期記憶にしばらく貯蔵され、やがて消えていくこともある。一方で、強い感情を伴う体験は長期記憶へと符号化される（下記）。記憶を想起するときには、その記憶を符号化したニューロン群が再活性化する。これがニューロン同士の結びつきを強め、繰り返されれば記憶は強固になる。

記憶に関連する音やにおいといった構成要素は、脳のさまざまな領域に蓄えられており、記憶を引き出すためにはそのすべての領域が活動する必要がある。想起の際、新しい情報が元の記憶と混ざり合い、切り離せなくなってしまうこともある（これを作話という）。

エンデル・タルヴィングは、記憶を2つの異なるプロセスに分けて説明した。1つは長期記憶への情報の貯蔵、もう1つはその検索である。この2つのプロセスは、記憶が貯蔵された状況を思い出すことで、それをきっかけにその記憶自体を検索・想起しうるという関係にある。

記憶はどのようにつくられるか

記憶が蓄えられる（符号化の）プロセスは、多くの要素に左右される。すでに符号化された記憶であっても、しっかりと固定されるまでには2年間かかることもある。

1. 注意
注意を出来事に集中することで、記憶がしっかりと残りやすくなる。視床がニューロンの活動を強めて、前頭葉は注意が他のことに移るのを防ぐ。

2a. 感情
強い感情は注意力を高め、それによって出来事が記憶に残りやすくなる。刺激への感情的反応は、扁桃体で処理される。

2b. 感覚
ほとんどの体験には感覚的刺激が伴う。感覚が強いものであれば、その記憶が後に想起される可能性は高まる。感覚野は信号を海馬へと伝える。

第1章　心理学とは何か？
記憶はどのように働くか

記憶の種類*

- ◆ **エピソード記憶**　過去の出来事や経験の記憶。通常は感覚や感情に関する情報と密接に結びついている。
- ◆ **意味記憶**　事実に関する情報の記憶。ある国の首都の名前など。
- ◆ **作業記憶**（ワーキングメモリー）　情報を一時的に貯蔵する。1度に5〜7項目を保持でき、短期記憶とも呼ばれる。
- ◆ **手続き（身体）記憶**　意識的に思い出さなくてもできるようになった行動の記憶。自転車に乗ることなど。
- ◆ **潜在記憶**　行動に影響を与える無意識の記憶。初対面の相手が不快な知り合いを連想させ、思わず身を引いてしまうなど。

*［訳注］記憶の分類法は研究者によって異なる。手続き記憶を潜在記憶の一部とすることも多い。

事例：バドリーによるダイバーの記憶実験

人間が記憶を検索する際、記憶の手がかりを利用していることを示唆する研究がある。

イギリスの心理学者アラン・バドリーは、大学のダイビングクラブのメンバーに複数の言葉を覚えさせる実験を行った。それらの言葉のいくつかは陸上で、残りは水中で記憶した。被験者の多くは、記憶したときと同じ物理的環境に置かれた場合の方が、覚えた言葉を簡単に想起できた。水中で覚えた言葉は、陸上よりも水中にいるときの方が思い出しやすかったのである。この実験から、記憶したときの状況そのものが記憶の手がかりとなることがうかがわれる。同様に、別の部屋へ物を取りに行ったが、その部屋についたとたんに何を取りに来たか思い出せなくなってしまった場合は、元いた部屋に戻ることが記憶の手がかりとなることが多い。

「記憶は、あらゆるものの宝庫であり番人なのだ」
キケロ、古代ローマの政治家

3. 短期記憶
情報は必要になるまでの間、短期記憶に貯蔵される。感覚野と前頭葉の2つの神経回路によって、何らかの作業に利用できる状態に保たれる。

4. 海馬による処理
重要な情報は海馬に移り、符号化される。その後、状況に応じて初めに記憶されたときの脳領域に戻り、再び想起される。

5. 固定化
体験を符号化した神経発火パターンは、海馬から初めに記憶した脳領域へと繰り返し送られる。これが記憶を確かなものにする（固定化）。

感情はどのように働くか

人間が日々経験する感情は、その人にとって自分がどんな人間であるかという認識を左右する。だが、人のあらゆる感情をつくり出しているのは、脳内で起こる一連の生理的プロセスにほかならない。

感情とは何か？

感情は人々の生活に非常に大きな影響を及ぼしている。人の行動を左右し、生きていることに意味を与え、人間であることの核心をなすと考えられている。

しかし実のところ、感情はさまざまな刺激への脳の生理的反応の結果であり、人が感情に見いだす心理的意義は、人間の頭の中にしか存在しないものなのである。

感情は特定の行動を引き出すことによって、人間の繁栄や生存を後押しするように進化してきた。たとえば、愛はパートナーを見つけ、子をつくり、集団で生きる欲求を起こさせる。恐怖は危険回避のための生理的反応（闘争−逃走反応）を引き出す。そして他者の感情を読み取ることが、社会的結びつきを可能にしている。

感情の処理

大脳辺縁系（p.26）は大脳皮質のすぐ内側に位置し、あらゆる感情をつくり出している。そして感情は、意識・無意識の2つの経路（下記）で処理される。脳に送られるあらゆる刺激の感情的な要素を、第1に受け取って「ふるいにかける」のは扁桃体だ。扁桃体から脳の別の領域へと信号が送られることで、適切な感情

感情の意識的・無意識的な経路

人の感情反応は、意識・無意識の2つの経路で起こる。無意識の経路は体に迅速な反応（闘争−逃走）を準備させ、意識の経路は状況へのより慎重な対応を可能にする。扁桃体は脅威に反応し、本人が気づくよりも前に刺激を検知して無意識の自動的な反応を引き起こすことがある。同時に、感覚情報はそれよりもゆっくりと大脳皮質にも送られる。そして、同じ刺激に対する意識の経路の反応が、無意識の反応を修正することもある。

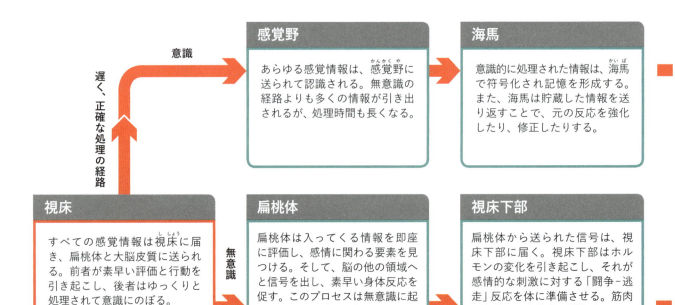

反応が起こる。感情が意識的に処理され、意味のある「気持ち」として経験されるのは、大脳辺縁系と大脳皮質、とくに前頭葉のつながりによるものである。

1つひとつの感情は、特定の脳の活動パターンが引き起こしている。たとえば、憎しみは扁桃体（あらゆるネガティブな感情に関わる）および嫌悪、拒絶、行動、予測に関わるさまざまな脳領域を刺激する。ポジティブな感情は、大脳皮質の不安に関わる複数の領域や扁桃体の活動を抑えることで働く。

意識的な顔の表情
運動野が働くことで顔の表情のコントロールが可能になるため、本当の感情を意識的に隠したり、表したりする。

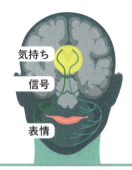

反射的な顔の表情
扁桃体の引き起こす感情反応により、意図的なものではない自然な表情が顔に出る。

感情的な行動・反応

感情に対する標準的な行動パターンは、何らかの脅威を知覚したとき、戦うか妥協や譲歩によってそれを打ち消すように進化してきた。一方、気分は長く続くもので、感情ほど激しくはなく、意識的な行動を伴う。

	刺激（きっかけ）の例	行動
怒り	人に挑発的な態度をとられること	無意識の反応が起こり、感情が急激に高まる。「闘争」反応によって、相手を支配し、脅すような態度や行動へと駆り立てられる。
恐怖	自分より腕力や権力のある相手からの脅し	無意識の反応が起こり、感情が急激に高まる。「逃走」反応によって脅威を避けるか、妥協的な態度を見せて相手に歯向かう意思がないことを示す。
悲しみ	愛する人を失うこと	意識的な反応が優位になる。悲しい気分は、怒りなどの感情よりも長く続く。回顧的な精神状態で物事に消極的になることにより、新たな問題を避ける。
嫌悪	腐りかけの食べ物など、不快なもの	無意識の素早い反応が起こる。嫌悪感のために、有害な環境からすぐに離れる。
驚き	初めて遭遇することや、予想外のこと	無意識の素早い反応が起こる。驚きの対象へと注意を集中し、その先の意識的な行動を決めるために、最大限の情報を集める。

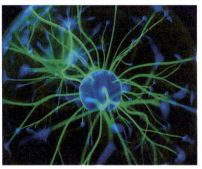

あらゆる感情は脳内にわずかずつ異なるパターンの活動を引き起こす。

「人間の行動の源……、それは欲望、感情、知識である」
プラトン、古代ギリシアの哲学者

第2章
さまざまな精神疾患

強い苦しみをもたらす精神疾患の症状には、同じパターンを繰り返す思考、感情、行動がついてまわる。その症状が特定の疾患のパターンを呈する場合、医師は患者に診断を下し、治療を行うことができる。

精神疾患の診断

精神疾患の医学的診断は、患者の心身に現れる症状のパターンを何らかの障害（時には複数の障害）に関連する行動と照らし合わせていく複雑なプロセスである。学習障害や神経心理学的な問題など、容易に特定できる症状もある。しかし、人格や行動に影響する機能障害は、生物学的、心理的、社会的な多くの要素を含むため、より診断が難しい。

精神疾患とは何か？

精神疾患とは、著しい苦しみや機能障害をもたらし、生活や仕事に支障をきたす異常な気分、思考、行動を特徴とする疾患である。ただし、親しい人との死別など、誰もが経験するつらい体験を原因とするものは疾患とは見なされない。また、さまざまな社会的・文化的要素が行動に与える影響を考慮し、精神疾患の可能性を否定することもある。

疾患の分類

- ◆ 気分障害（pp.38-45）
- ◆ 不安症群／不安障害群（pp.46-55）
- ◆ 強迫症および関連症群／強迫性障害および関連障害群（pp.56-61）
- ◆ 心的外傷およびストレス関連障害群（pp.62-65）
- ◆ 神経発達症群／神経発達障害群（pp.66-69）
- ◆ 精神病性障害群（pp.70-75）
- ◆ 神経認知障害群（pp.76-79）
- ◆ 嗜癖性および衝動制御障害群（pp.80-85）
- ◆ 解離症群／解離性障害群（pp.86-89）
- ◆ 摂食障害群（pp.90-95）
- ◆ コミュニケーション症群／コミュニケーション障害群（pp.96-97）
- ◆ 睡眠障害群（pp.98-99）
- ◆ 運動症群／運動障害群（pp.100-01）
- ◆ パーソナリティ障害群（pp.102-07）
- ◆ その他（pp.108-09）

精神疾患は、いくつかの診断カテゴリーに分類できる（上記）。疾患の識別・分類・体系化に利用されている主要な分類法として、世界保健機関（WHO）の国際疾病分類（ICD-10）と、アメリカ精神医学会による精神疾患の診断・統計マニュアル（DSM-5）の2つがある。
［訳注］2018年6月にICD-11が公表された。

4人に1人 が一生のうちに一度は精神疾患や神経障害を患う

精神疾患のアセスメント（診断・見立て）

臨床診断は、慎重なアセスメントの過程を経て初めて下される。アセスメントでは患者の行動を観察・評価し、本人や、状況によっては家族、介護者、専門の医療従事者と話し合う。患者の苦しむ問題に名前が与えられることで、本人（および支援する人々）がそれまでより問題を深く理解し、うまく対処できるようになることがある。一方で、病名がつくことにより患者が状況を悲観的に見るようになり、それが実際に悪い結果につながってしまうこともある。

✓ 身体的検査
まず総合診療医（GP: general practitioner）が診察することで、身体疾患が症状の原因である可能性を除外する*。診察により、身体的異常を原因とする知的障害や発話障害が明らかになることもある。脳イメージングによって脳損傷や認知症を検査したり、血液検査で特定の疾患に対する遺伝的素因（病気にかかりやすい素質）を発見したりすることもある。

✓ 臨床心理面接
身体疾患が見つからない場合、必要に応じてメンタルヘルスの専門医に紹介される。面接では、患者の問題に関連する最近の経験、家族歴、過去の経験などが聞かれる。また、その中で患者の素因、強み、脆弱性（刺激に対する抵抗力の低さ）などを明らかにしていく。

✓ 心理検査
一連の検査や課題を通して、患者の知識、能力、性格を、特定の側面から評価する。検査では一般に、きわめて限定的な条件に当てはまる人々に対して標準化されたチェックリストや質問票を利用する。たとえば適応行動、自己に関する考え、パーソナリティ障害の特性などを評価する。

✓ 行動のアセスメント
症状の発生や持続の要因を理解するため、患者の行動は通常、実際に問題が起きている状況の中でも観察・評価される。また、患者自身も気分の変動や症状の起こる頻度の記録といった観察行為を求められることがある。

*［訳注］本書の説明はイギリスの事情に基づく。患者が自由に医療機関を選ぶ日本と違い、イギリスでは一般に、まず地域の総合診療医（GP）の診療を受けた上で必要に応じて専門医に紹介される。

うつ病

うつ病は多くの人がかかる疾患である。落ち込みや心配を感じ、日常の活動に喜びを見いだせない状態が2週間以上続く場合、うつ病と診断される可能性がある。

どのような疾患か？

うつ病の症状として、落ち込んだ気分や悲しみが続くこと、自尊心の低さ、絶望感や無力感、涙もろくなること、強い罪悪感、いらだちやすく他者に不寛容になることなどが挙げられる。

うつ病患者は意欲や関心が下がり、決断することに困難を感じ、生活に喜びを見いだせなくなる。その結果、それまで楽しめていた人との関わりを避けるようになり、交流の機会を失っていくかもしれない。時には、それによってどこまでも気分が落ち込んでいく悪循環が起こる。

うつ病になると、物事への集中や記憶が、難しくなることがある。極端な場合には、絶望感から自傷や自殺を考える。

子ども時代の経験やライフイベント、体の病気、けがなど、さまざまな内的・外的要因（下記）がうつ病の原因

内的原因と外的原因

さまざまな生物学的・社会的・環境的要因が、うつ病の原因となることがある。外的原因に含まれるのはおもに、その人に悪影響を与える可能性のあるライフイベント（人生におけるさまざまな出来事）であり、内的原因（本人の中の原因）と組み合わさってうつ病を引き起こすことが多い。

外的原因

金銭問題
および経済的な不安や借金の心配からくるストレス。

ストレス
自分が対応しなければならない問題を、うまく処理できないときに感じる。

仕事の問題や失業
社会的地位や自尊心、将来の捉え方、社会参加の能力に影響する。

親しい相手との死別
家族、友人、ペットを亡くすこと。

酒や薬物
依存症の生理的、社会的、経済的影響。

いじめ
子どもにも大人にも起こる。直接またはネットで、言葉や肉体的暴力をふるう。

孤独感
健康問題や障害によるもの。とくに高齢者に見られる。

妊娠・出産
そして出産後の女性が感じる、親であることの重圧。

人間関係の問題
長期的にはうつ病につながることがある。

内的原因

人格特性
神経症傾向、悲観主義など。

子ども時代の経験
とくに、物事が思い通りにならない、自分は無力だと感じて育った場合。

家族歴
親や兄弟姉妹がうつ病を患ったことがある。

長期にわたる健康問題
心臓、肺、腎臓の疾患、糖尿病、喘息など。

「……うつ病は知らぬ間に悪化していく……決して終わりが見えることはないのだ」
エリザベス・ワーツェル、アメリカの作家

となりうる。うつ病には軽度、中等度、重度の症状があり、きわめて一般的な疾患である。世界保健機関（WHO）によれば、世界で3億5000万人以上がうつ病を患っている。

診断の仕方は？
医師は患者の特定の症状について質問することで、うつ病を診断できる。目的の1つは、症状がどの程度長く続いているかを確認することである。その際、別の疾患が抑うつの症状を引き起こしている可能性を除外するために、血液検査を勧めることもある。

その後の治療の仕方は重症度によって異なるが、主な選択肢は心理療法（精神療法）を受けることである*。日常生活を過ごすのが楽になるように、抗うつ薬を勧められる場合もある。軽度から中等度のうつ病では、症状の軽減に運動が役立つかもしれない。重症の場合、時には精神病症状（pp.70–75）に対する薬物療法や入院が必要になる。

*［訳注］イギリスのうつ病ガイドラインによる治療方針で、日本の医療現場の実情と異なる点もある。

✚ 治療法

- ◆ **認知療法や行動療法** 行動活性化（BA）、認知行動療法（CBT、p.125）、コンパッション・フォーカスト・セラピー（CFT）、アクセプタンス＆コミットメント・セラピー（ACT、p.126）、認知療法（p.124）など。
- ◆ **精神力動的心理療法**（pp.118–21）および、カウンセリング。
- ◆ **抗うつ薬**（pp.142–43） 薬物療法単独、または他の治療法との併用で。

うつ病は孤独感をもたらす。 そのために、患者は自分がたった1人で、何もできず、周りから孤絶しているように感じる。

双極性障害

双極性障害の特徴は、高揚（躁）と落ち込み（うつ）を行き来しながら、患者の活力や活動性が極端に揺れ動くことにある。そのため、以前は躁うつ病と呼ばれていた。

どのような疾患か？

双極性障害には4つの種類がある。**双極Ⅰ型障害**では、重度の躁病が1週間以上続く（入院が必要になることもある）。**双極Ⅱ型障害**では、軽度の躁症状と抑うつを行き来する。3つ目の**気分循環性障害**はより長期的なもので、軽躁症状と抑うつ症状が繰り返し起こる期間が2年以上続く。4つ目は**特定不能の双極性障害**で、上記の3種類の特徴の混ざったものを指す。躁とうつの間で気分が揺れ動く間、患者の人格は時として極端に変化するため、公私の人間関係が危機にさらされることになる。

双極性障害のおもな原因は、脳のはたらきに関わる化学物質のバランスが乱れることだと一般に考えられている。神経伝達物質と呼ばれるこうした物質には、ノルアドレナリン、セロトニン、ドーパミンなどがあり、神経細胞間での信号のやり取りを媒介する（pp.28-29）。遺伝も原因の1つである。双極性障害は遺伝によって伝わるもので、年齢に関わらず発症しうる。100人に2人は一生のどこかで双極性障害のエピソード（症状の現れる期間）を経験すると

うつと躁の変動パターン

双極性障害では、時期によってまったく異なる気分を経験する。その変動の激しさや期間も、どのような気分が生じ、人格がどう変化するかも、ケースによって大きく異なる。

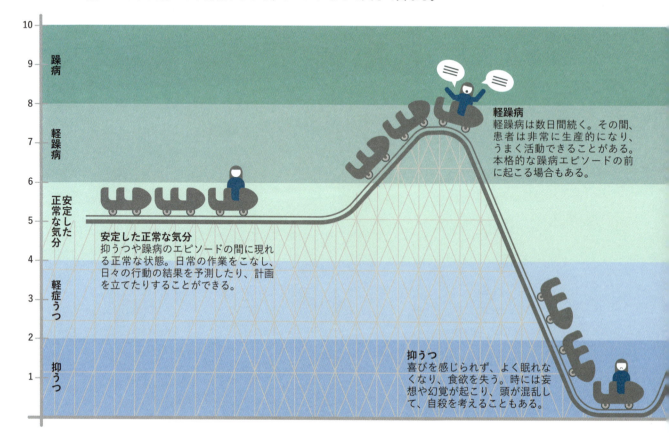

言われている。生涯に2、3のエピソードしか経験しない場合もあれば、何度も患うこともある。エピソードのきっかけとなるのは人間関係、お金、仕事の問題といった日々の困難や、ストレス、病気などである。

診断の仕方は？
精神科医や臨床専門の心理職（clinical psychologist）がアセスメントを行い、症状の内容や、それが最初に現れた時期を確認する。また、エピソードが始まる前にどのような兆候があるかを調べる。同時に、気分が変動する原因が別の疾患でないことも確認していく。治療には一般に薬物療法や生活スタイルを管理する手法を用いる。

➕ 治療法

◆ **認知行動療法**（p.125）

◆ **生活スタイルの管理** たとえば定期的な運動、食生活の改善、入眠儀式（寝つきを良くするための決まった行動）などは気分の安定につながる。また、日誌をつけたり、日々の自分の状態に意識を向けたりすることで、気分が変化する兆候を自覚しやすくなる。

◆ **気分安定薬**（pp.142-43） 長期的に投与することで、気分の変動が起こる可能性をできる限り抑える。薬の量は軽躁病、躁病、抑うつのエピソードの際には調整することが多い。

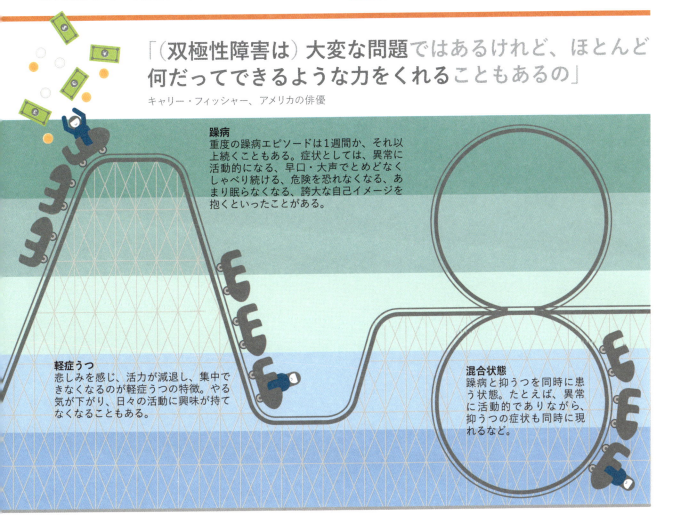

「（双極性障害は）大変な問題ではあるけれど、ほとんど何だってできるような力をくれることもあるの」
キャリー・フィッシャー、アメリカの俳優

躁病
重度の躁病エピソードは1週間か、それ以上続くこともある。症状としては、異常に活動的になる、早口・大声でとめどなくしゃべり続ける、危険を恐れなくなる、あまり眠らなくなる、誇大な自己イメージを抱くといったことがある。

軽症うつ
悲しみを感じ、活力が減退し、集中できなくなるのが軽症うつの特徴。やる気が下がり、日々の活動に興味が持てなくなることもある。

混合状態
躁病と抑うつを同時に患う状態。たとえば、異常に活動的でありながら、抑うつの症状も同時に現れるなど。

周産期精神疾患

妊娠中から出産の1年後までに起こる周産期の精神疾患には、産後うつ病（PPD: postpartum depression）や産褥(さんじょく)精神病がある。

どのような疾患か？

出産後しばらくの間、すぐに泣きたくなったり、いらだちやすくなったりすることは珍しくない。「マタニティ・ブルーズ」という言葉もあるほどだが、このような気持ちは2週間ほどで消えていく。産後うつ病がマタニティ・ブルーズと違うのは、その持続期間である。産後うつ病は産後1年の間に母親に（時には父親にも）起こる、中等度から重度の長期的なうつ病である。

その症状には、たえず気分が落ち込んだり激しく揺れ動いたりする、活力が下がる、赤ん坊と親密に接することを難しく感じる、恐ろしい考えが浮かぶ、といったことがある。ちょっとしたことで激しく泣き出したり、ひどい疲れを感じるのによく眠れなかったりすることもある。自分を恥ずかしく、不十分で、無価値だと感じたり、親としてうまくやれないのではないかと不安を抱いたりすることもよくある。重症の場合には、パニック発作や自傷行為に至ったり、自殺が頭に浮かんだりする。ただし、ほとんどの患者は完治する。治療が行われないと、産後うつ病は数か月か、それ以上続くこともある。

産後うつ病は突然起こることもあれば、ゆっくりと発症することもあり、その原因は一般にホルモンや生活の変化と極度の疲労である。特定の人にだけ産後うつ病が起こる理由はわかっていないが、子ども時代のつらい経験、自尊心の低さ、周囲のサポートの欠如、ストレスの多い生活状況などが危険因子になると考えられる。

診断の仕方は？

医師や助産師、保健師などは、患者が産後うつ病を患っているかどうかを判断するために、エジンバラ産後うつ病質問票（EPDS）などの、信頼性のある有効なスクリーニング質問票を利用して症状を確認する。この質問票では、質問前の7日間の気分と活動の水準を測定する。また、他の評価尺度を使って精神の健康やはたらきを評価する。

こうした評価の結果は、適切な臨床的判断をもって解釈する必要がある。なぜなら、子どもが生まれると、単に親としての新しい責任が増えたという理由で活動が減ることも多いからだ。

85% の母親が出産後しばらく「マタニティ・ブルーズ」を経験する

＊[訳注]日本では欧米よりも少ないと言われる。

産褥精神病

産褥精神病（産後精神病とも呼ばれる）は非常に重篤な疾患で、1000の出産につき1～2人の女性が発症する。多くは出産から数週間のうちに起こるが、産後6か月までは発症しうる。症状は急激に現れることが多く、精神錯乱、興奮（躁状態）、思考の奔走、失見当識（自分のいる場所や時間などがわからなくなる）、パラノイア、幻覚、妄想、睡眠障害などが起こる。また、新生児に関する強迫観念が起こり、自分や生まれた子どもを傷つけようとすることもある。

この疾患は、時には生命を脅かす考えや行動につながるため、すぐに治療する必要がある。治療では、入院（通例、厳重に監視された母子ユニットに入る）、薬物療法（抗うつ薬、抗精神病薬）、心理療法などを併用する。

治療法

◆ **認知療法や行動療法**（pp.122-29） グループ、治療者と1対1、または治療者の指導を受けたセルフヘルプのかたちで行う。あるいは1対1のカウンセリングを実施する。

◆ **生活スタイルの管理** たとえば、パートナー、友人、家族と話をする、休息をとる、定期的に運動する、体に良い食事を規則正しくとるなど。

◆ **抗うつ薬**（pp.142-43） 薬物療法のみ、または心理療法との併用で。

第2章 さまざまな精神疾患
周産期精神疾患

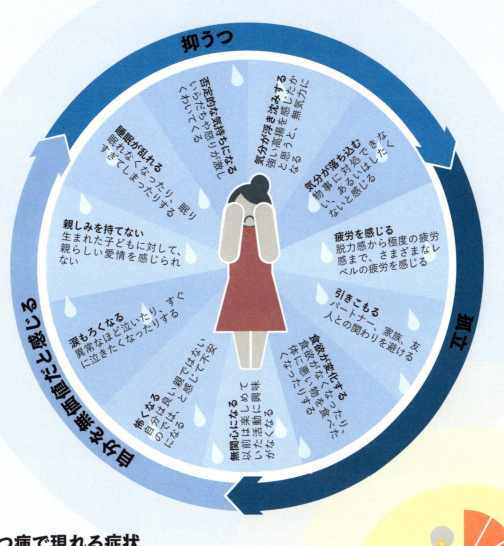

抑うつ

不安

自分は無価値だと感じる

- **気分が浮き沈みする** 強い高揚を感じたかと思うと、無気力になる
- **気分が落ち込む** 物事に対処できない、あるいはしたくないと感じる
- **疲労を感じる** 脱力感から極度の疲労感まで、さまざまなレベルの疲労を感じる
- **引きこもる** パートナー、家族、友人との関わりを避ける
- **食欲が変化する** 食欲がなくなったり、体に悪い物を食べたくなったりする
- **無関心になる** 以前は楽しめていた活動に興味がなくなる
- **怖くなる** 自分は良い親ではないのでは、と感じて不安になる
- **涙もろくなる** 異常なほど泣いたり、すぐに泣きたくなったりする
- **親しみを持てない** 生まれた子どもに対して、親らしい愛情を感じられない
- **睡眠が乱れる** 眠れなくなったり、眠りすぎてしまったりする
- **否定的な気持ちになる** いらだちや怒りが激しくわいてくる

産後うつ病で現れる症状

産後うつ病の症状は、不安症や一般的なうつ病と似ている。日々の活動や日課をこなすのが難しくなったり、生まれた子どもやパートナー、家族、友人との関係が影響を受けたりすることがある。

重篤気分調節症

(DMDD: disruptive mood dysregulation disorder)

DMDDは児童の疾患で、ほとんど常に怒りやいらだちがあり、頻繁に激しいかんしゃくを起こす症状を特徴とする。

どのような疾患か？

DMDDは近年規定された疾患で、慢性的ないらだちや激しいかんしゃく発作が一定の期間続いた子どもが診断される。

患者はほぼ毎日、悲しみやいらだちや怒りを感じる。かんしゃく発作は、そのきっかけとなる状況にはとても釣り合わないほど激しいもので、毎週何度か、複数の場所（家庭、学校、友人関係）で起こる。両親だけ、または教師だけを相手に険悪なやり取りが起こる場合はDMDDに当てはまらない。

診断の仕方は？

患者をDMDDと診断するには、上記の症状が1年以上継続的に観察され、家庭および学校での正常な活動に支障をきたしていることが条件となる。1つの原因として、DMDDを患う子どもは他者の表情を誤って解釈している可能性がある。この場合、顔の表情を読み取る訓練が指示されることがある。

DMDDと診断される児童は通常10歳未満だが、6歳以上18歳以下がこの疾患の対象となる。10歳未満の子どもの1～3％が発症する。

問題行動

DMDDを患う子どもは、頻繁に激しいかんしゃくを起こす。その発作は発達段階に不釣り合いなもので、週に3度以上、そして2つ以上の異なる状況で発生する。

以前は小児期の双極性障害と診断されていたが、DMDDでは双極性障害に見られる躁病や軽躁病のエピソードが現れない。DMDDの子どもが双極性障害を発症することは珍しいが、大人になってからうつ病や不安症を患うリスクは高い。

破壊 物を壊したり、部屋のあちこちへ投げたりする

暴言 教師や友人、親に汚い言葉を浴びせる

怒りやいらだち ほとんど常に機嫌が悪い

✚ 治療法

◆ **心理療法**（pp.118-41） 子どもとその家族が感情への理解を深め、気分をコントロールする方法を学ぶ。

◆ **生活スタイルの管理** たとえばポジティブな行動支援（PBS）により、子どものコミュニケーション方法を改善し、かんしゃくのきっかけを減らす。

◆ **抗うつ薬**（pp.142-43） または抗精神病薬を、心理療法の補助として利用する。

2013年 DMDDが疾患として規定された

季節性感情障害
（SAD: seasonal affective disorder）

SADは季節性うつ病の一種。日照の変化に関連しており、日が短くなる秋に症状が出始めることが多い。「冬季うつ病」「冬眠状態」などとも呼ばれる。

どのような疾患か？

SADの症状の出方や重症度は患者によって異なり、日々の生活に多大な影響を及ぼす場合もある。通常、季節の移り変わりに合わせて発症・寛解し、毎年同じ時期、多くは秋に症状が出始める。気分が落ち込む、日々の活動に関心がなくなる、いらだち、絶望感、罪悪感を覚える、自分を無価値だと感じる、といった症状が起こる。また、活力を欠き、日中に眠気を感じ、睡眠時間が延びて、朝起きるのがつらくなる。人口の1〜5％がSADを患う*。

SADは季節型の疾患であるため、診断に困難を伴うことがある。心理アセスメントでは、患者の気分、生活スタイル、食生活、季節ごとの行動のあり方、思考の変化、家族歴を調べる。

*［訳注］北米やヨーロッパの緯度の高い地域に多く、日本ではもっと少ない。

➕ 治療法

- ◆ **心理療法** たとえば、認知行動療法（p.125）やカウンセリングなど。
- ◆ **生活スタイルの管理** 室内では窓のそばに座る、日光を模した人工光を浴びる、屋外での活動を日課とするなど、光に当たる機会を増やす。

季節の変化が脳に与える影響

日照の変化は脳の視床下部という部位に影響し、2つの化学物質の産生に変化をもたらす。睡眠を調節するメラトニンと、気分に変化をもたらすセロトニンである。

メラトニンの分泌は、松果体で起こる。視床下部で調節され、暗闇では活発化し、光によって抑制される。

冬には……

- ◆ **メラトニンが増加する**ため、疲れや眠気を感じる。
- ◆ **セロトニンの産生が減少する**ため、気分が落ち込む。
- ◆ **ベッドから出たくない、寝ていたいと感じる**ため、人との関わりが減ることがある。
- ◆ **炭水化物が食べたいという欲求**が非常に強まり、過食や体重増加につながることがある。
- ◆ **日中に強い疲労**を感じ続けるため、仕事や家庭生活に影響が出る。

夏には……

- ◆ **メラトニンが減少する**ため、活力が増す。
- ◆ **セロトニンの産生が増える**ため、気分やものの見方が前向きになる。
- ◆ **よく眠れるが**、過度に眠くはならないため、活発になる。
- ◆ **食生活が改善する**。食欲が正常なレベルに収まる。
- ◆ **活力が増す**ので、活動や人との関わりが増える。

パニック症／パニック障害

パニック発作とは、恐怖や興奮が引き起こす体の正常なはたらきに対しての過剰反応である。パニック症の患者には、明白な理由もなくそうした発作が頻繁に起こる。

どのような疾患か？

体は恐怖や興奮を感じると、正常な反応として、その対象と戦うかそこから逃げるために、アドレナリンというホルモンを産生する。パニック発作では、頭に浮かぶ一見ありふれた考えやイメージが脳の「闘争ー逃走」反応の中枢を刺激し（誘因がわからないことも多い）、アドレナリンが体内を駆け巡る。その結果、発汗、心拍数の増加、過換気（息苦しくなり呼吸が速まる）といった症状が起こる。発作は20分ほど続き、時には非常に不快に感じられる。

患者はそうした症状を誤って解釈し、心臓発作が起こりそうだ、下手をすれば死ぬかもしれない、などと思うことがある。このように恐れを感じることで、脅威に反応する脳の中枢がさらに興奮し、アドレナリンの産生が進み、症状が悪化していく。

繰り返しパニック発作を経験した患者は、次の発作を恐れるあまり、常に「恐怖に対する恐怖」（予期不安）を感じながら生活している状態になることがある。発作は、たとえば人混みや狭い空間にいることの恐怖感などからも起こるが、多くの場合、周りの状況とは無関係な内的感覚がきっかけとなる。その結果、日々の生活をこなすのが困難になり、人との関わりが怖くなることもある。パニック症患者は特定の場所や活動を避けることも多く、自分の恐怖が「誤っている」と確かめる機会が得られないために、いつまでも同じ問題に苦しむことになる。

何が原因なのか？

10人に1人は、時としてパニック発作を起こす。一方、パニック症を患う人の割合はもっと少ない。親しい人との死別など、トラウマとなる経験がきっかけとなることもある。近親にパニック症患者がいる場合、発作のリスクが高まると考えられている。また、二酸化炭素濃度の高さなどの環境的要因も発作の原因となりうる。

甲状腺機能亢進症などがパニック症と似た症状を引き起こすこともあるため、医師はそうした疾患が原因でないことを確かめた上で診断を下す。

✚ 治療法

◆ **認知行動療法**（p.125）　発作のきっかけを特定し、回避行動を防ぎ、発作が起きても恐れていた結果にはならないことを学ぶ。
◆ **自助グループ**　同じ疾患を持つ人と出会い、助言を得る。
◆ **選択的セロトニン再取り込み阻害薬**（SSRIs）（pp.142-43）。

2%
の人がパニック症を患っている

第2章 さまざまな精神疾患
パニック症／パニック障害　46 / 47

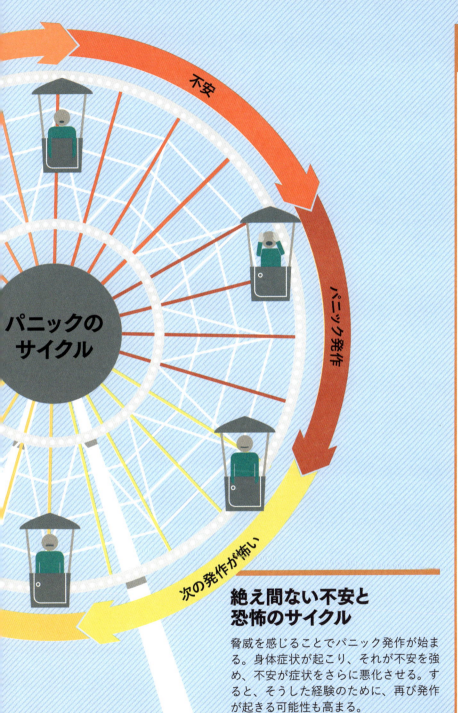

絶え間ない不安と恐怖のサイクル

脅威を感じることでパニック発作が始まる。身体症状が起こり、それが不安を強め、不安が症状をさらに悪化させる。すると、そうした経験のために、再び発作が起きる可能性も高まる。

パニック発作の症状

パニック発作の症状は、本人の意識的コントロールを受けずに働く自律神経系の活動（pp.32–33）によって起こる。

心拍数が増加する
アドレナリンが心臓の鼓動を速め、酸素を含む血液を体の必要な部分へと送る。これによって胸が痛くなることもある。

意識がもうろうとする
呼吸が速く浅くなり、体に入ってくる酸素が増えることで、過換気やめまいにつながる。

発汗する、青ざめる
体温を下げるために、体は発汗を増やす。また、血液は緊急に必要な部分へと送られるため、顔などが青ざめることもある。

息が苦しくなる
呼吸が速くなることで、息が詰まったように感じる。体内の酸素が増え、二酸化炭素が過剰に吐き出される。

瞳孔が開く
光を多く取り入れられるように、瞳孔（目の黒い部分）が広がる。物が見えやすくなり、脅威から逃れる助けになる。

消化が抑制される
消化は「逃走」には重要でないため、抑制される。括約筋（食物の逆流を防いでいる筋肉）が緩み、吐き気を感じる。

口内が乾く
体内の水分は緊急に必要とされる部分へと集まるため、口内が非常に乾くように感じられることがある。

限局性恐怖症

恐怖症は不安症の一種である。限局性恐怖症は、患者が自分の恐れる物、状況、出来事に出会うことを予期したり、それらに実際にさらされたりするときに症状を現す。

どのような疾患か？

限局性恐怖症は、広場恐怖症や閉所恐怖症などの複雑な恐怖症（pp.50-51）との対比で単一恐怖症とも呼ばれ、子どもにも大人にも最も一般的な精神疾患である。恐怖症は単に何かを怖がることとはまったくレベルの異なるものであり、特定の物や状況に対する恐怖感が過剰に肥大したり、非現実的に高まったりすることで起こる。

その恐怖感は時にはまったく理にかなわないものだが、患者はどうしてもそれを止めることができないと感じる。恐れているもの（そのイメージだけであっても）に実際にさらされるか、それを予期することで極端な不安やパニック発作が起こり、心拍数が増加する、呼吸困難になる、どうすることもできないと感じる、などの症状が現れる。

恐怖症を引き起こすのは、遺伝、脳内の化学的作用、その他の生物学的、心理的、環境的要因の組み合わせと考えられる。恐怖症の原因は、患者が幼児期に目にしたり巻き込まれたりした恐ろしい出来事や、苦しい状況に見つかることが多い。また、子どもの頃に家族が何かを過剰に恐れる様子を見て、恐怖症を「学習」することもある。

限局性恐怖症は子ども時代や青年期に発症することが多く、年を取るにつれ症状が緩和されていくこともある。また、うつ病（pp.38-39）、強迫症（pp.56-57）、心的外傷後ストレス障害（p.62）など、他の精神疾患と関連して起こる場合もある。

診断の仕方は？

患者の多くは自分の恐怖症について十分に認識しているため、治療や正式な診断は必要とされない。恐れているものを回避するだけで問題に対処できるからである。ただし患者によっては、その回避の習慣によって恐怖症が維持あるいは強化され、生活のいくつかの側面に深刻な影響を及ぼす。こうした場合、医師は行動療法を専門とする治療者に患者を紹介することもある。

限局性恐怖症は、治療者の指導を受けながら、恐れている物や状況に段階的に身をさらすことで治療できる可能性が非常に高い。

9%
アメリカの成人人口に占める**限局性恐怖症患者**の割合

✚ 治療法

- ◆ **認知行動療法**（p.125）　恐れている物や状況に恐怖を感じずに対処できるようになるために、段階的に課題をこなしていく治療法で恐怖症を克服する。1つひとつの段階を乗り越えていくために、さまざまな不安コントロールの手法を利用する。
- ◆ **マインドフルネス**　不安や恐怖症の苦痛と結びついた思考・イメージへの忍耐力を高める。
- ◆ **抗不安薬や抗うつ薬**（pp.142-43）　恐怖症が日常生活に支障をきたしている場合に、他の治療法と併用する。

限局性恐怖症の種類

幅広い物や状況が恐怖症のきっかけとなりうるが、限局性恐怖症（単一恐怖症）の種類は、血液・注射・負傷、自然環境、状況、動物、その他の5つに分けられる。血液・注射・負傷を除けば、限局性恐怖症は男性よりも女性に2倍から3倍多く見られる。

第2章　さまざまな精神疾患
限局性恐怖症

血液・注射・負傷
血液や注射針などを見ると血管迷走神経反応（心拍数が低下し、脳への血流が減る生理的反応）が起こり、時に失神することもある特異な恐怖症。他の恐怖症と異なり、男女の有病率に大きな差はない。

注射針

血液

自然環境
この種の恐怖症の患者は、自然の出来事に対する説明のつかない恐れを感じる。多くの場合、その恐怖感は起こりうる破滅的事態のイメージと結びついている。恐怖の対象には嵐、深さのある水（湖、川、海など）、細菌、断崖のそばの高所などがある。

水

高所

稲妻

状況
特定の状況に対する恐怖症。たとえば、歯医者で治療を受けること、飛行機、車、古いエレベーターに乗ること、車で橋を渡ったり、トンネルをくぐったりすることなど。

飛行

橋

動物
虫、蛇、ネズミ、猫、犬、鳥、その他の動物に対する恐怖症。この症状は、人間の祖先にとって脅威となった動物から逃れようとする遺伝的素質に根差すものかもしれない。

蛇

クモ

ネズミ

その他の恐怖症
数多くの人々が種々さまざまな恐怖症に苛まれている。たとえば、嘔吐、黄色や赤など特定の色の物（食料品など）、13という数字、へそや足指を見ること、突然の大きな音、ピエロなどの仮装したキャラクター、樹木、切り花に触ることなどである。

樹木

ピエロ

広場恐怖症

広場恐怖症は不安症の一種で、何か問題が起きたときに逃げたり、助けを得たりするのが難しい状況にとらわれることへの恐怖を特徴とする。

どのような疾患か？

広場恐怖症は複雑な恐怖症であり、多くの人が考えるような、単なる開かれた場所への恐怖ではない。患者は逃げられない状況にとらわれるのをひどく恐れ、そうした恐怖を引き起こすあらゆることを回避する。そのため、公共交通機関での移動、閉じられた空間や人混み、買い物や病院での診療、外出などを恐れるようになる。

そうした体験がもたらすパニック発作には、ネガティブな思考が付きまとう。たとえば、逃げられない状況に陥るだけでなく、人前で自制を失い、おかしなやつだと思われるのではないかなどと考える。このような広場恐怖症の症状や、それに対する恐怖感は非常に大きな弊害をもたらすもので、患者はそうした恐怖を避けようとすることで通常の生活を送るのが困難になっていく。

広場恐怖症は、パニック発作を経験した患者が、次の発作を過度に心配することで発症する場合がある。イギリスでは、パニック発作を経験した人の3人に1人が広場恐怖症を発症する。原因は生物学的要因や心理的要因にある可能性が高い。また、心に傷を残すような出来事を経験または目撃すること、精神疾患、不幸な人間関係などが関わっていることもある。

広場恐怖症は治療による改善が期待できる疾患だ。患者のおよそ3分の1は完治し、50％は症状が軽快する。診断の際はまず医師が、他の疾患による症状でないことを確かめる。

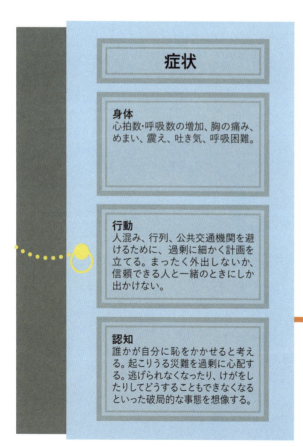

症状

身体
心拍数・呼吸数の増加、胸の痛み、めまい、震え、吐き気、呼吸困難。

行動
人混み、行列、公共交通機関を避けるために、過剰に細かく計画を立てる。まったく外出しないか、信頼できる人と一緒のときにしか出かけない。

認知
誰かが自分に恥をかかせると考える。起こりうる災難を過剰に心配する。逃げられなくなったり、けがをしたりしてどうすることもできなくなるといった破局的な事態を想像する。

「何よりも素早く不安を和らげる**のは行動だ**」
ウォルター・イングリス・アンダーソン、アメリカの画家・作家・ナチュラリスト

✚ 治療法

◆ **集中的な心理療法** たとえば、認知行動療法（p.125）で恐怖症が維持される原因となっている自分の考えを探る。また、行動実験により、自分のかたくなな思い込みが事実ではないことを示す証拠を集め、その影響を弱める。

◆ **自助グループ** 同じ障害を持つ人と一緒に安全な視覚教材を使って、恐れている状況への曝露（身をさらしてその刺激に慣れること）に取り組む。パニック発作への対処法として、ゆっくり深く呼吸することを学ぶ。

◆ **生活スタイルの管理** 運動や体に良い食事など。

症状の種類

広場恐怖症の症状は3種類に分類できる。第1は、恐れている状況の中で体験する身体症状。第2に、恐怖に伴う行動パターンの症状。3つ目は認知的症状、つまり恐れている状況を予期したり、実際に経験したりするときに抱く思考や感情である。これらが組み合わさって、患者は日々の生活に支障をきたすことがある。

閉所恐怖症

狭く閉ざされた場所から出られなくなることで、あるいはそうした状況を予期するだけでも不合理な恐怖を感じる閉所恐怖症は、著しい不安やパニック発作につながりうる複雑な恐怖症である。

どのような疾患か？

閉所恐怖症の患者には、閉じ込められることで広場恐怖症（前ページ）と同じような身体症状が生じる。その恐怖感はまた、逃げるに逃げられない状況で酸素が足りなくなる、心臓発作を起こすといったネガティブな思考を膨らませる。さらには失神したり、自制を失ったりすることに強い不安や恐怖を感じる患者も多い。

閉所恐怖症は、狭い空間で経験したつらい状況からくる条件づけ（pp.16–17）で起こることがある。その起源は、たとえば小さな部屋に閉じ込められたり、いじめや虐待を受けたりした子ども時代に見つかるかもしれない。またこうした条件づけは、飛行機に乗っていてひどい揺れを経験したり、エレベーターに閉じ込められたりといった不快な体験をすることによって、人生のどの段階でも起こりうる。患者は再び閉じ込められるのを恐れ、狭い空間の中で起こりうることへの想像を過剰に膨らませる。そのため、「逃げ場を失う」可能性が極力減るように、注意深く日々の生活を組み立てるようになるのである。

患者の家族の中に閉所恐怖症を患う人がいることもある。その患者は閉所恐怖症になりやすい性質を遺伝的に受け継いだり、家族の振る舞いから閉所への反応を学習したりしたものと考えられる。

治療法

- **認知行動療法**（p.125）　恐れている状況への段階的な曝露（身をさらしてその刺激に慣れること）によって、ネガティブな思考を再評価し、最悪の事態は起こらないことを理解する。
- **不安のコントロール**　呼吸法、筋弛緩法、良い結果のイメージ形成によって、パニックや不安に対処する。
- **抗不安薬や抗うつ薬**（pp.142–43）　症状が極端に重い場合に処方される。

閉所への恐怖は本当に危険の兆しがあれば正常なものだが、閉所恐怖症患者は実際の危険の有無にかかわらず不合理な恐怖を抱く。

全般不安症／全般性不安障害
(GAD: generalized anxiety disorder)

この疾患を患う人は、たとえ何の危険もないときであっても、抑えがたい心配を際限なく感じ続ける。そのために、日々の活動や社会生活に支障をきたすことさえある。

どのような疾患か？

GAD患者は、さまざまな問題や状況について過度に思い悩む。症状としては、動悸、震え、発汗、いらだち、落ち着かなさ、頭痛といった「脅威」反応が起こる。また時には、集中や意思決定、不確かなことへの対処が困難になったり、不眠症につながったりもする。

患者は往々にして物事を完璧にこなしたり、計画を立てて管理したりすることにとらわれる。心身の症状が人との関わりや仕事、日々の活動に悪影響を与え、自信を失い、孤立することもある。心配の種となるのは、人との関わりや家族、仕事、健康、学校、あるいは特定の出来事などである。GAD患者は毎日のように不安を感じ、1つの心配が解消されるとすぐに次の心配が現れる。そして、嫌なことや危険が降りかかる可能性を過大に見積もり、最悪の結果を予期する。

心配は「嫌なことが起こる可能性を減らしてくれる」などと言い、役に立っているのだと肯定的に捉える患者さえいる。恐れている場所や状況を長期的・習慣的に回避し続けた場合、その恐れには根拠がないという証拠を集める機会を失い、心配事がいつまでも解消されなくなるため、症状が悪化する。

- 人と関わる恐怖
- 健康やお金の心配
- 危険や災難が降りかかる予感
- 完璧主義

治療法

◆ **認知行動療法**（p.125） 不安のきっかけ、ネガティブな思考、習慣的に行っている回避、安心を得るための行動を特定する。

◆ **行動療法**（p.124） 新たな行動目標と、達成可能な段階的課題を定める。

◆ **集団療法** アサーティブ・トレーニング（自己主張訓練）や自尊心の向上により、無益な考えや根拠のない恐怖心を打ち消していく。

女性は男性よりも 60%* GADを発症しやすい

*［訳注］1.7倍、すなわち70%というデータもある。

さまざまな心配事を抱えて

日々の大半を心配事に押しつぶされそうになりながら過ごす状態が6か月以上続く場合、それは単なる不安ではなく、全般不安症という疾患になる。

社交不安症／社交不安障害

この疾患の患者は人との関わりの中で否定的に評価されたり、恥をかくような行為をしたりすることに強烈な恐れを感じる。疾患がもたらす強い自意識のために、生活や仕事に支障をきたすこともある。

どのような疾患か？

社交不安症（社交恐怖とも呼ばれる）の患者は、人と関わる状況に過度の緊張や恐れを感じる。人前でスピーチや演技をするといった特定の状況だけに不安を抱くこともあれば、人と関わるあらゆる状況にひどい苦痛を感じる場合もある。

この疾患を患う人は極度に自意識が強く、周りから否定的に評価されるのを恐れる傾向がある。人との関わりの中で起きた出来事にいつまでも悩み、相手にどう思われたかということばかりを気にし続ける。また、これから起こりそうなことについて過度に細かい計画を立て、そこでの振る舞いをあらかじめ練習するため、行動がぎこちなく、おかしなものになることもある。こうした不安や過度の準備のために、人との交流がぎくしゃくした嫌な状況になることも多い。すると患者は、その経験を根拠にますます恐怖心を強めることになる。

社交不安症は孤立やうつ病につながり、時には患者の人間関係をひどく損なう。また、仕事や学校の成績に悪影響を与えることもある。

治療法

◆ **認知行動療法（p.125）** ネガティブな思考様式や行動を認め、変化させる。

◆ **集団療法** 抱えている問題を共有し、社交的な振る舞いを練習する。

◆ **セルフヘルプ（自助）** アファメーション（なりたい状態を表す肯定的な宣言）を唱える、社交的な場面での振る舞いをあらかじめ練習する、自分の振る舞いをビデオで確認し、抱いていたネガティブな思い込みの誤りを確認するなど。

人との交流の前に現れる症状
患者は人と会う前に、過剰な準備や予行演習をすることがある。たとえば、何を話題にするか、どのように振る舞うかを具体的に決める。

交流中の症状
体の「闘争-逃走」反応が働き、震え、呼吸数・心拍数の増加、発汗、赤面といった身体症状が現れる。とくに重症の場合には、パニック発作が起こることもある。

交流後の症状
交流していたときの状況を否定的・自己批判的な目で詳細に評価する。会話や自分の身振りを細かく分析し、それらを否定的に解釈する。

分離不安症／分離不安障害

幼い子どもが親やその代理となる保護者、または家から離れることに不安を抱くのは自然なことだが、それが2歳を過ぎても治まらない場合、分離不安症と診断されることがある。

どのような疾患か？

分離不安そのものは、赤ん坊や幼児が置かれた環境でやっていける自信をつけるまでの間、安全に過ごすのに役立つ正常な適応反応である。しかし、その反応が4週間以上続き、年齢相応の行動を妨げている場合には問題となることがある。

分離不安症の子どもは、親などの保護者から離れなければならないときに強い苦痛を感じ、その人に何か悪いことが起こるのではないかと恐れる。学校や社会的交流が必要な状況も症状を誘発することがある。症状として、パニック発作や睡眠異常、保護者から離れようとしない、なだめても泣き続けるといったことが起こる。また、腹痛、頭痛、あるいは明白な理由もなくただ具合が悪いなど、身体的問題を訴える場合もある。もっと年齢の高い子どもの場合には、パニックになるのを恐れて1人で出かけることに苦痛や抵抗を感じたりする。

分離不安症は12歳未満の子どもに最も多くみられる不安症だが、さらに年長の子どもや成人にも発症しうる。愛する人やペットの死、引っ越し、転校、両親の離婚など、大きなストレス要因にさらされた後に起きることがある。また、親や保護者の過保護や過干渉も発症の要因となりうる。

分離不安症は、患者の心の抵抗力が1日の中で一番高まる時間帯に、保護者と離れる時間を計画的に組み込むなど、行動療法によって治療できる可能性が非常に高い疾患である。

1人きりでいると

分離不安症の子どもの多くは、保護者がいなくなってしまうのではないかと心配する。日中に感じた不安を悪夢の中で追体験することもあり、1人で寝ることを拒んだり、不眠症になったりする。

強烈な不安
親や保護者から離されることに過剰な不安を感じる——同じ建物の別の部屋に行くだけでも、ひどく動揺する。

抱え切れない重荷
子どもは不安な気持ちを、体の痛みとして感じることもある。保護者から引き離される心の動揺を、はっきりと感じ取れるものに変えようと苦しんでいるのである。

➕ 治療法

◆ **認知行動療法**（p.125）　不安のコントロール法を学ぶ。年齢が高い児童や成人は、アサーティブ・トレーニング（自己主張訓練）を行う。

◆ **親へのトレーニングやサポート**　子どもと保護者が離れる時間を設ける。短時間から始め、徐々にそれを長くしていく。

◆ **抗不安薬や抗うつ薬**（pp.142-43）　環境調整や心理療法とあわせて、年齢の高い患者に指示されることがある。

選択性緘黙／場面緘黙*

選択性緘黙は、他の場面で話すことができているにもかかわらず、特定の社会的状況で話せなくなる不安症。3歳から8歳までの間に見つかることが多い。

*[訳注] ICD-11の病名訳。

どのような疾患か？

選択性緘黙は不安との関わりの深い疾患であり、これを患う子どもは極度の不安や心配に苦しむ。安心できる場所では概して問題なく話せるが、話すことが期待される特定の場面で話せなくなり、その状況に関わろうとしない、じっと黙りこくる、顔の表情が固まるなどの症状が出る。このように話せなくなるのは、意識的な選択や拒絶によるものではない。

この疾患は、強いストレスを伴う体験、発話や言語の障害、聴覚の問題などを原因として起こり、そのために人とのコミュニケーションが求められる社会的状況は非常に負担の大きなものとなる。原因が何であれ、日々の生活や、家庭、保育園・幼稚園、学校での人間関係に困難が生じる。治療を行うことにより、疾患を持ったまま成人になるのを防ぐ可能性があり、診断を受けるのが幼い段階であるほど治療は容易になる。

子どもの症状が1か月以上続く場合には、医師の診察を受けさせるとよいだろう。場合によっては言語聴覚療法を紹介され、そこで不安症の病歴や、思い当たるストレス要因、聴覚異常がないかを確認される。治療方法は、症状がどの程度続いているか、学習に関する障害や不安はあるか、どのような支援が得られるかといった要因によって異なる。

✚ 治療法

◆ **認知行動療法**（p.125） 正の強化や負の強化によって、発話や言語のスキルを養う。また、特定の状況への段階的な曝露によって不安を和らげ、話すことに関する負担を取り除いていく。

◆ **心理教育**（p.113） 保護者への情報提供やサポート、全般的な不安の軽減、大人になって症状が残る可能性の低減につながる。

> 「この疾患は、子どもの無言の苦しみなのです」
> エリサ・シポンブラム博士、
> アメリカの選択性緘黙と不安の研究・治療センター代表

恐怖心の中で

選択性緘黙の子どもは、話すことを求められる状況で文字通り「凍りついて」しまい、ほとんど、あるいはまったく人と視線を合わせなくなる。この状態は、第二言語を学んでいる子どもの方が起きやすい傾向がある。

強迫症／強迫性障害
(OCD: obsessive compulsive disorder)

強迫症は不安との関連が深く、患者をひどく消耗させる疾患だ。患者の頭には、本人の望まない考えが侵入するかのように執拗に浮かぶ。そしてたいていはそれが繰り返される強迫行為や、抑えがたい衝動、欲求につながる。

どのような疾患か？
OCD患者は、多くの場合、周りの人の安全を守ることへの過剰な責任感からくる侵入思考（本人の意思と無関係に生じる考えやイメージ）に悩まされ、それを実際以上に危険なものと感じる。

OCDの症状は繰り返し同じサイクルで現れる（下記）。たいていは始めに強迫的な思考が起こり、それに心を奪われることで患者の不安が高まる。すべてがあるべき状態に納まっているのを確かめ、習慣化した儀式的行為をいつもの手順で行うことで一時の安心が得られるが、悩ましい思考は繰り返し起こる。

強迫的な思考や行為は多くの時間を奪うもので、患者は生活を正常にこなしていくのに大きな努力が必要になったり、社会や家庭での生活に支障をきたしたりすることがある。

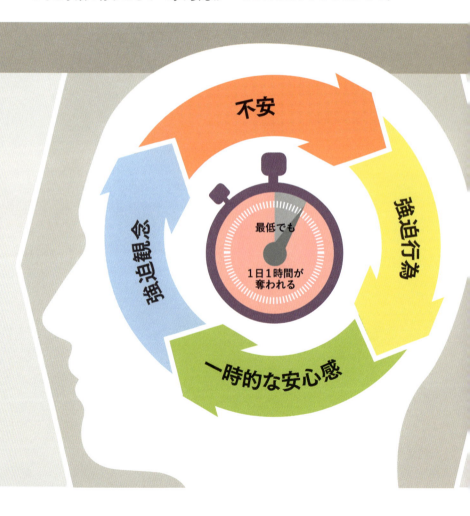

強迫観念（思考）

害を与えることへの恐怖心
誰かに害を与えうるような行動が頭に浮かぶのを、過剰に気にする。

侵入思考
人に害を与えることに関する思考が抑えがたく繰り返し頭に浮かび、ひどく心をかき乱す。

汚れることへの恐怖
何かが汚れている、細菌に汚染されているなどと考え、自分や周りの人間に病気や死をもたらすと思い込む。

物の配置・順序や対称性に関連する恐怖
決まった順序で物事を行わないと、悪いことが起こるかもしれないなどと心配する。

第2章　さまざまな精神疾患
強迫症／強迫性障害

　OCDの原因は、患者が自分の責任を強く感じた過去の出来事に見つかることがある。また、家族歴、患者の脳の特質、人格特性も発症の要因となる。OCDを診断する際は、患者の思考、感情、行動を詳しく確認するが、症状の類似した不安症があることから、判断に困難を伴うこともある。

　純粋強迫観念（pure OCD）では、人を傷つけることに関する侵入思考が心を苦しめるが、患者は目に見える行為を実行するのではなく、頭の中でそうした思考を打ち消そうと強迫的な抵抗を行う。

「一般的な人間の頭に浮かぶ思考は日に4000にも及ぶ。そのすべてが有用あるいは理性的なわけではない」
デービッド・アダム、イギリスの作家

✚ 治療法

- **認知行動療法**（p.125）　強迫的な思考や行為のきっかけとなる刺激への曝露（身をさらして慣れること）、および反応をコントロールする方法の学習など。
- **抗不安薬や抗うつ薬**（pp.142-43）　不安や抑うつの症状を和らげる。
- **専門施設での入院治療**　OCDがとくに重症な場合、心理療法や薬物療法とあわせて実施。

強迫行為（行動）

儀式
悪いことが起こるのを防ぎ、繰り返し起こる不安から逃れるために、物を数える、軽くたたくといった儀式的な行動を決まった手順で行う。

絶え間ない確認
家電、家の明かり、水道の蛇口、ドアなどの鍵、窓、火元（火事で害を与える恐怖）、車の移動経路（人をひいてしまったのではないかという恐怖）、人（相手を不快にしているのではないかという恐怖）などを確認する。

思考の訂正
恐ろしいことが起こるのを防ぐために、頭に浮かんだ悪い考えを打ち消そうとする。

安心させる言葉
すべて問題ないことを繰り返し周りに確認する。

儀式的行為と絶え間ない確認がOCDの主な特徴である。患者は、すべてがあるべき場所に収まり、安全であることを繰り返しチェックする。

ためこみ症

「強迫的ためこみ」とも呼ばれるこの疾患の特徴は、ためこんだ大量の物を処分できない、あるいはしたがらないことである。加えて、物を過剰に収集する場合もある。

どのような疾患か？

ためこみ症の患者は使い古してダメになった物でも、また必要になるかもしれないとか、物を捨てると誰かに悪いことが起こる、などと考えて処分しようとしない。感傷的な思い入れのある物は、捨ててしまうとそれが与えてくれる情緒的な満足感が得られなくなると考えて取っておく。そして物を置く場所がなくなっても、ためこむのをやめない。

この疾患は、患者本人がそれを問題と考えず、積みあがったガラクタを整理することに耐えがたい苦痛を感じて手を付けようとしないため、治療が困難になることがある。また、ためこみは問題だとわかっていても、羞恥心が先に立って支援や助言を求められない患者もいる。

ためこみ症は、心が大きなストレスのかかる出来事に対処しようとして起こる場合がある。また、ためこみ行為が他の精神疾患、たとえばOCD（pp.56-57）、うつ病（pp.38-39）、精神病性障害（pp.70-75）に伴って起こることもある。アセスメントでは、患者が物の収集にどんな気持ちを抱いているか、また、物を捨てることで誰かに害が及ぶと思い、過剰な責任を感じていないかを確認する。

➕ 治療法

- ◆ **認知行動療法**（p.125） ためこみ行為を続ける原因となっている思考を検証し弱めるとともに、健全で柔軟な対応を学んでいく。
- ◆ **生活スタイルの管理** 家庭内で健康や安全のために、ガラクタを整理しようという気持ちを高める。
- ◆ **抗うつ薬**（pp.142-43） ためこみ症との関わりで起こる不安や抑うつを和らげる。

ためこんだガラクタと生きる

ためこみ症患者は、家に届く広告物、請求書や領収書、大量の紙などを捨てずに積み上げる。ためこんだガラクタによって、時には健康や安全が脅かされ、部屋の行き来も難しくなるため、患者は苦しみを感じ、本人や家族の生活の質が悪化する。そのために患者は孤立したり、周りとの関係に破綻や困難が生じたりすることもある。

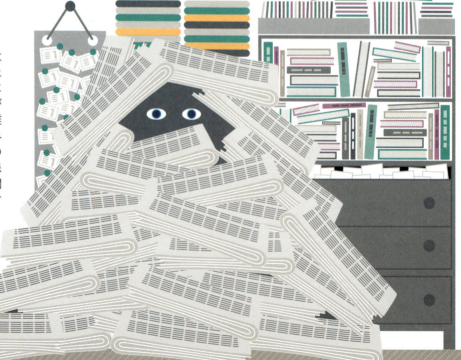

醜形恐怖症／身体醜形障害

(BDD: body dysmorphic disorder)

この疾患の患者は、自分の外見についてのゆがんだ認識に悩まされる。自分はどんな外見か、他者はそれをどう見ているかと心配しながら、非常に長い時間を過ごすことが多い。

どのような疾患か？

BDDは日常生活にきわめて大きな影響を与えうる不安症だ。患者は強迫的に自分の外見を気にする。その多くは自分の体の特定の一面にとらわれる。たとえば、ほとんど見えないような傷痕を重大な欠点だと考えたり、自分の鼻の形は異常だと思ったりして、他人もその「欠点」を同じように見ているのだと信じる。患者はそうした部分を隠すのに非常に長い時間を費やしたり、欠陥だと思う部分を治すための医療行為を求めたり、過度のダイエットや運動を行ったりする。

BDDは、あらゆる年齢層の人に起こりうる疾患で、イギリスではほぼ100人に1人が患い、男女に同じくらいの数の患者がいる。うつ病（pp.38–39）や社交不安症（p.53）の病歴がある人は、そうでない人よりも発症しやすく、OCD（pp.56–57）やGAD（全般不安症、p.52）とともに起こることが多い。

BDDの原因は、脳の化学的異常や遺伝にある可能性があり、患者の過去の経験が、発症の要因となることもある。アセスメントでは、症状と、その症状が患者に与えている影響を確認して、状況に応じて、さらなる治療のためにメンタルヘルスの専門家に紹介する。

✚ 治療法

◆ **認知行動療法**（p.125）　問題となっている体の部分についての患者の自己評価を明らかにし、症状を持続させている考え方を弱める。

◆ **抗うつ薬や抗不安薬**（pp.142–43）　心理療法と併用する。

悪循環を断つ

BDDの治療は症状を持続させている思考、感情、行動の悪循環を断つことに重点を置くもので、高い効果が期待できる。治療に要する期間は、症状の重さによって変わる。

きっかけ
鏡などに映った自分を見ること、他人のしぐさを誤って解釈すること、誰かのふとした言葉などがBDDの悪循環のきっかけとなる。

自動思考
ネガティブな思考が心を覆う。「私には欠陥がある。欠陥のある人間には価値がない。だから私には価値がない」といったように。

気分の落ち込み
常に人から悪く見られる恐怖感があるため、慢性的な不安や抑うつにつながる。

外見を変える努力
たえず自分を安心させるための行動をとったり、人との関わりを避けたりする。たとえば、自分にとっての欠点を隠すために、過剰な化粧をしたり、その部分を覆うような衣類を身につけたりする。美容外科手術を受けようとする。体型を変えようと過剰なダイエットや運動を行う。人と関わる状況を避け、孤立感を深める。

ネガティブな自己イメージ

皮膚むしり症・抜毛症

皮膚むしり症は「スキン・ピッキング」、抜毛症は「抜毛癖」「トリコチロマニア」とも呼ばれる。衝動制御に関する疾患で、患者は自分の皮膚をむしりたい、体毛を引き抜きたいという抑えがたい衝動に繰り返し襲われる。

どのような疾患か？

この2つの疾患の患者は、髪を抜いたり皮膚をむしったりするのは、それらを完璧に整えるためだと訴えるが、実際に行きつくのは逆の結果である。どちらの行為も体を傷つけることにつながる。

抜毛症の患者は自分の頭髪、眉毛、まつげ、脚の毛や、時にはペットの毛などを抜き、その部分の体毛が目に見えて薄くなることがある。患者によっては抜いた毛を飲み込むことで嘔吐、胃痛、出血が起こり、そのために貧血になることもある。皮膚むしり症は、皮膚をむしったり引っかいたりすることで、かさぶた、すりむけ、損傷ができ、時には感染症につながる。どちらの疾患もOCDに関連して起こる可能性がある（pp.56-57）。

皮膚むしり症と抜毛症は、そのとき感じているストレスへの反応として起こることが多く、トラウマ体験や虐待が原因となることもある。また、家族の誰かの持つ同じような癖を見て学習する場合もあれば、何気なくやった行為でストレスが和らいだことが大きな報酬となり、やめられなくなるケースもある。男性よりも女性に起こりやすく、とくに11〜13歳の少女に発症することが多い。

この2つの疾患は、患者の日常生活に重大な問題や破綻を引き起こす可能性がある。たとえば、日常の活動や仕事を避けるようになる、物事への集中が困難になる、社会的に孤立する、経済的に困窮する、といった問題につながる。

✚ 治療法

- ◆ **行動療法** 健全なストレスへの対処を促す。問題の行動をしたくなるときの自分を意識し、新しい行動に結びつける習慣逆転法や、衝動に気づいたときに、それが消えていくまで別の行動をとる行動置換法など。
- ◆ **抗うつ薬**（pp.142-43） 心理療法との併用で。

行動は習慣化する

皮膚むしり症や抜毛症に結びついた反復的行動は、ストレスや不安への反応として始まることが多く、習慣化してやめられなくなる。さまざまな問題が起こるとわかっていながら、抜毛や皮膚むしりをすればするほど、そうしたいという衝動が強まる。

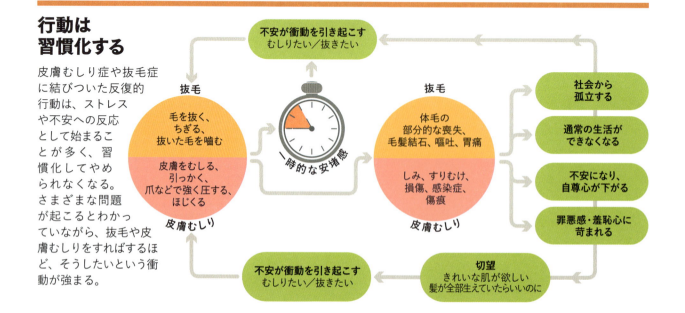

病気不安症

以前は心気症と呼ばれていた疾患。精密検査をしたとしても悪いところは何も発見されないにもかかわらず、患者は自分が重い病気になることを過剰に心配する。

どのような疾患か？

心気症は2つの異なる疾患を表すと考えられている。1つは病気不安症で、身体症状がまったくないか、軽度の場合に当てはまる。一方、心にストレスをもたらす重大な身体症状がある場合は身体症状症（pp.108-09）となる。病気不安症の患者は、自分の健康に異常なほどとらわれていく。自分の抱える身体疾患が実際以上に重症なのだと感じる患者もいる（患者の約20％は心臓、呼吸器、胃腸、または神経を実際に患っている）。その他の患者は医学的に説明のつかない症状を経験する。そしてその症状が、担当医の見落としている深刻な疾患を示すものだと思い込むのである。

病気不安症は、重症度が変化しながら長く続く疾患で、年齢やストレスに伴い悪化することがある。また、人生の中での大きな出来事がきっかけで発症することもある。

不安や抑うつを抱える人は、この疾患にかかりやすい。アセスメントや治療では、回避や安心を求める行動（下図）をやめさせ、自分の健康状態に関する思い込みを見直すよう促し、不確かなことに対する患者の耐性を高めることに重点が置かれる。

果てしない確認行為

患者は、医師の言葉を信じないことで不安を再燃させ、気がかりな体の箇所や病気を過剰に意識し、パニックや身体症状を引き起こす。そして、病気のことが頭に浮かぶ状況を回避したり、自分を安心させる言葉を他者に求めることで、つかの間の安堵感を得る。

治療法

- **行動療法** 注意訓練により、体の感覚に過剰に注意を向けるのをやめさせる。健康に関する思い込みの再評価を促すなど。
- **抗うつ薬**（pp.142-43） 心理療法と併用する。

心的外傷後ストレス障害
(PTSD: post-traumatic stress disorder)

PTSDは、自分の力ではどうすることもできないような恐ろしい事件や、命を脅かす出来事（またはそうした一連の事件や出来事）を経験したり目撃したりした後、いつでも発症する可能性のある深刻な不安障害である。

どのような疾患か？

PTSDは、戦闘に参加した兵士、深刻な事件に巻き込まれた人、長期にわたる虐待の被害者、あるとき家族が突然けがをしたり、亡くなったりした人などに見られる疾患である。そうした出来事自体が脳と体に闘争－逃走反応を引き起こすため、患者はその結果に対処し、再び同様の出来事が起きたときに身を守れるよう、過敏な警戒態勢になる。

PTSD患者は原因となった出来事が終わっても危険が去っていないと感じるため、心身の緊張状態が持続し、パニック発作、不意のフラッシュバック、悪夢、トラウマに関わる物事の回避や感情の麻痺、怒り、神経過敏、不眠、集中困難といったさまざまな不快な症状に苛まれる。こうした症状は通常、心の傷となった出来事が起きてから1か月以内に始まり（数か月、数年後に現れることもある）、3か月以上続く。PTSDは他の精神疾患を引き起こすことがあり、アルコールや薬物の過剰摂取につながることも多い。

PTSDの治療は、まずは3か月以内に症状が治まるかどうか注意深く観察しながら進めることが望ましい。

✚ 治療法

◆ **トラウマ焦点化療法** 認知行動療法（p.125）や、眼球運動による脱感作と再処理法（p.136）で、心の傷となった出来事の記憶に向き合い、自分が現在も危険の中にいるという感覚を弱めていく。

◆ **コンパッション・フォーカスト・セラピー（CFT）** 恥の意識からくる思考やイメージを和らげる方法を学ぶ。帰還兵など、PTSDになりやすい人々には集団療法を行う。

脳に起こる変化

PTSDは生存のための自然な反応である。その症状は将来のトラウマ体験を生き延びやすくするためのものであり、脳内でストレスホルモンの増加などの変化を引き起こす。

海馬（かいば）
PTSDではストレスホルモンが増加することにより、海馬の活動が弱まり、記憶の固定化が妨げられる。海馬の意思決定に関する力が弱まるため、心身ともに過敏な警戒状態が続くことになる。

前頭前野（ぜんとうぜんや）
トラウマは前頭前野のはたらきに影響を与え、行動や性格、および計画や意思決定といった複雑な認知機能に変化をもたらす。

視床下部（ししょうかぶ）
PTSDでは、生存の可能性を高めるために、視床下部から副腎（腎臓の上端部にある内分泌器官）に信号が送られ、アドレナリンというホルモンが血流に放出される。

扁桃体（へんとうたい）
扁桃体のはたらきが強まり、闘争－逃走反応が起こるとともに、感覚への意識が高まる。

急性ストレス反応
（ASR: acute stress reaction）

ASRは急性ストレス障害とも呼ばれる。親しい人と死別する、交通事故に遭う、暴行を受けるなど、身体・精神に非常に強いストレスを受けた直後に現れ、通常は長く続くことのない反応である。

どのような疾患か？

ASRの症状は、思いがけないトラウマ体験の後に起こる解離行動と不安である。たとえば、自分自身から切り離されたように感じる、感情をうまくコントロールできなくなる、気分が激しく揺れ動く、抑うつや不安、パニック発作が起こる、などの症状が見られる。また、あまり眠れなくなる（睡眠障害）、集中力が下がる、繰り返し同じ夢を見たりフラッシュバックを体験したりする、原因となった出来事を思い出させる状況を避けるといった症状も多い。患者によっては、心拍数の増加、息切れ、過剰な発汗、頭痛、胸痛、吐き気などの身体症状を経験する。

ASRが急性と言われるのは、その症状が急速に現れ、通常は長く続かないためである。ASRの症状は、原因となる出来事が起きてから早ければ数時間のうちに始まるが、1か月以内には治まる。それ以上長引く場合は、PTSD（左ページ）になることもある。

ASRは治療しなくても治ることがある。友人や親族と話し合うことが、原因となった出来事を理解し、周囲の現実に目を向けるのに役立つかもしれない。また、心理療法も患者の助けとなりうる。

80%
の ASR 患者は 6か月後に PTSD を発症する

+ 治療法

◆ **心理療法** たとえば、認知行動療法（p.125）で不安や気分の落ち込みが続く原因となっている思考や行動を特定し、捉え直す。

◆ **生活スタイルの管理** 思いやりを持って聴いてくれる相手に話をする、ヨガや瞑想などのストレス解消法を実践するなど。

◆ **ベータ受容体遮断薬および抗うつ薬**（pp.142-43） 身体症状の緩和に。心理療法と併用。

日常的に瞑想することで、ASR患者は心に起こる嫌な記憶や気持ちにうまく対処できるようになり、闘争-逃走反応を鎮められることがある。

ASRとPTSDの違いは？

ASRとPTSDは類似の疾患であるが、発症する時期や期間に違いがある。

ASRの症状は、原因となる出来事が起きてから1か月のうちに起こり、ふつうはその1か月の中で治まる。一方、PTSDの症状は、原因となる事件や一連の出来事の1か月以上後に起こることもある。また、PTSDと診断されるには、症状が3か月以上にわたって現れていることが条件となる。2つの疾患の症状には重なるところがある。ただし、ASRでは、解離、抑うつ、不安など、精神状態に関わる症状が中心的なのに対して、PTSDの症状は、闘争-逃走反応（pp.32-33）が長期化または常態化することによるものである。

過去にPTSDまたは精神疾患を経験したことのある患者は、ASRを発症する可能性が高くなる。また、ASRを患い、それがPTSDへとつながることも多い。

適応障害

適応障害はストレスに関連する短期的な精神疾患で、重大なライフイベント（人生における出来事）を経験した後に起こることがある。多くの場合、患者の反応はその出来事の内容とは不釣り合いに強かったり、期間が長すぎたりする。

どのような疾患か？

強いストレスのかかる出来事に遭ったときに、不安、睡眠障害、悲しみ、緊張、集中力の著しい低下を経験するのは珍しくない。だが、ある出来事が特につらいものであった場合、通常よりも強い反応が起こり、数か月続くこともある。子どもの場合、家族の不和、学校での問題、入院などをきっかけとして、心を閉ざしたり、問題行動を起こしたりすることがある。また、明白な理由のない痛みや体の不調を訴えたりする。適応障害はPTSDやASR（pp.62-63）と異なり、きっかけとなるストレスがそこまで深刻なものではない。通常は、状況に適応する方法を学んだり、ストレス要因がなくなったりして、数か月以内には治まる。この疾患は、出来事に対する反応の仕方や、それまでの経験の結果として起こるため、どの人が適応障害にかかりやすいかを予測することは難しい。

診断の際、医師はまず症状の原因がASRなど、他の疾患でないことを確認した上で、心理アセスメントができる施設に患者を紹介する。

治療法

◆ **心理療法** たとえば、認知行動療法（p.125）、家族療法や集団療法（pp.138-41）により、ストレス要因を特定し、適切に対応することを学ぶ。

◆ **抗うつ薬**（pp.142-43） 抑うつ、不安、不眠の症状の緩和。心理療法と併用。

原因と経過

いくつかのライフイベントは適応障害につながりうることが知られている。重症度は出来事によって異なるが、たとえば友人や家族との死別、離婚や恋愛関係の破綻、引っ越し、病気やけが、経済的不安、仕事のストレスなどがある。

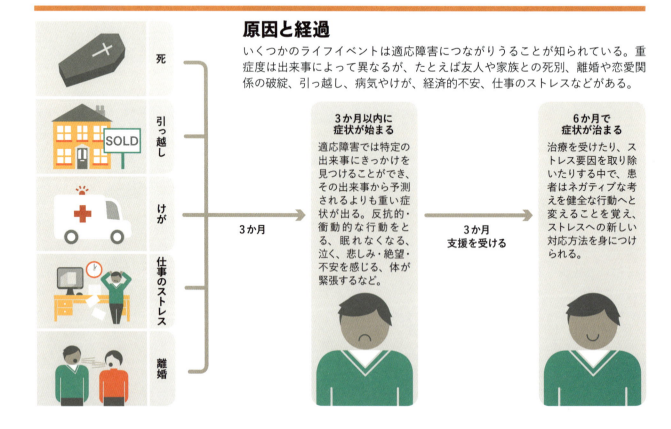

死／引っ越し／けが／仕事のストレス／離婚

3か月以内に症状が始まる
適応障害では特定の出来事にきっかけを見つけることができ、その出来事から予測されるよりも重い症状が出る。反抗的・衝動的な行動をとる、眠れなくなる、泣く、悲しみ・絶望・不安を感じる、体が緊張するなど。

3か月 → 3か月支援を受ける →

6か月で症状が治まる
治療を受けたり、ストレス要因を取り除いたりする中で、患者はネガティブな考えを健全な行動へと変えることを覚え、ストレスへの新しい対応方法を身につけられる。

反応性アタッチメント障害／反応性愛着障害

この疾患を患う子どもは、養育者との親密なつながりを持つことなく幼年期を過ごすことがある。疾患が気づかれないまま成長すると、生涯にわたり人格形成に支障をきたす可能性もある。

どのような疾患か？

愛着（アタッチメント）理論（pp.154-57）によれば、子どもの健全な人格形成の鍵となるのは、母親など、主たる養育者との間に感情的・身体的な強いきずなを築くことである。そうしたきずなを持てずにいる子どもは、周囲に無関心になり、心を閉ざし、苦しみに苛まれていくとともに、ストレスに伴う身体症状を現すことがある。

子どもの頃に基本的な生理的要求が無視され続けたり、主たる養育者が頻繁に替わったり、虐待を受けたりする経験は、他者との社会的・感情的なつながりを築く能力に破壊的な影響を与えうる。その子どもの人との関わり方は目に見えて不安定なものとなり、自分から人と関わったり、相手からのコミュニケーションに応じたりすることができなくなるかもしれない。

なお、社会的な慣習を無視したり、衝動的な行動をとったりといった脱抑制型の反応も以前はこの疾患に含まれていたが、現在では脱抑制型対人交流障害という別の疾患として診断されている。

影響は長期にわたる

幼い頃の生育環境が淡泊で愛情を欠いていたり、否定的であったり、さらには劣悪であったりすると、子どもは長期にわたる悪影響を受け、成人後に至るまで一貫してその影響が続くことが多い。健全な人間関係を築き、維持していく力は著しく損なわれる。反応性アタッチメント障害は早ければ乳児期に発症しうるが、この疾患を患う人は、子どもだけでなく大人にも起こるさまざまな疾患（下記）にかかりやすくなる。

関連する疾患

子どもや成人が心理アセスメントを受けた際に現れるさまざまな精神的問題の根底には、診断を受けずに見過ごされた反応性アタッチメント障害が隠れていることがある。

➕ 治療法

◆ **認知療法や行動療法** たとえば、認知行動療法（p.125）で物事への習慣的な評価の仕方を検証する。成人で重症の場合には、弁証法的行動療法（p.126）が勧められる。家族療法（pp.138-41）により、コミュニケーションの改善を図る。他に、不安のコントロールやポジティブな行動支援など。

うつ病 反応性アタッチメント障害の患者は、期待と現実の隔たりを繰り返し目の当たりにすることにより、うつ病になることがある。

社会性の学習困難 社会的に孤立することで環境が悪化するため、さまざまな発達上の問題が起こりやすくなる。

自尊心の低さ 幼い頃に好意的なやり取りを経験していないと、長じて他者との交流は淡泊あるいは否定的なものとなり、自尊心の低下につながる。

人間関係の問題 子ども時代に健全な愛着関係を築けないと、大人になってから意義のある人間関係を持つことが難しくなる。

社会的な困難 自分は周りの人間とは違うと感じることで、問題行動につながる可能性がある。また、孤立したり、いじめに遭ったりしやすくなる。

薬物などの乱用 混乱した幼児期を送った患者は、薬物に頼ることが多い。

注意欠如・多動症／注意欠如・多動性障害
(ADHD: attention deficit hyperactivity disorder)

ADHDは神経発達症の1つであり、年齢に不相応な行動症状（不注意、多動性、衝動性）を示す子どもに診断される。

どのような疾患か？

ADHDの子どもは、じっと座って集中することに困難を覚える。通常は6歳以前に症状が顕著になるが、その影響は青年期や成人後まで続くことがある。また、高等教育、仕事、人間関係などで繰り返し問題が起こり続けたために診断を受け、以前からADHDだったことが判明する成人患者もいる。ただし、その症状は子どもの場合（右記）ほど明白ではないかもしれない。大人のADHDでは多動性が弱まる反面、集中力のなさ、衝動的な行動、落ち着かなさには悩まされる。

ADHDの病因については、決定的なエビデンスはないものの、複数の要因が組み合わさっていると考えられている。原因の1つとして遺伝的要因が関与している可能性があり、これはADHDが同一家系内に多く見られることの説明となる。脳スキャンを用いた研究によれば、ADHD患者は脳の構造に違いがあり、神経伝達物質のドーパミンやノルアドレナリン（pp.28-29）のレベルにも異常がある。その他で危険因子となりうるのは、早産、出生時の体重の軽さ、周囲の環境に含まれる有害物質の影響などである。また、この疾患は学習障害のある人に比較的多く見られる。

ADHDの子どもはASD（pp.68-69）、トゥレット症候群をはじめとするチック症（pp.100-01）、うつ病（pp.38-39）、睡眠障害（pp.98-99）など、他の疾患の兆候を示すことがある。調査によればこの疾患は、世界的に女児よりも男児に2倍以上多く見られる。

ADHDの診断

医師は、この障害が疑われるときには専門家にアセスメントを受けるよう勧める。治療計画の作成に先立ち、多動性、不注意、衝動性などに関する子どもの行動パターンの観察が行われる。

［訳注］専門家にかかるまでの過程は、各国の医療や教育制度により異なる。

多動性

- **じっと座っていられない** ADHDの子どもは授業中など、座って（あるいは、静かにして）いることが求められる状況でもそれができない。
- **始終そわそわしている** 座っているときや立っているときに、手足や胴、頭をぴくぴくと動かしたりする。
- **ボリューム調節ができない** 日常的な活動の中で叫んだり、大声で騒いだりする。
- **危険にほとんど気づかない** そうすることが危険で不適切な状況でも、走ったり、何かに登ったりすることがある。

第2章 さまざまな精神疾患
注意欠如・多動症／注意欠如・多動性障害

> 「……ADHDの脳（というのは）あまりにもたくさんのタブを開いたブラウザのようなものです」
>
> パット・ヌー、ADHD Collective の Web サイトより

不注意
- **集中することが難しい** 判断ミスをしたり、間違えたりする。加えて、常にじっとしていられないため、けがにつながることもある。
- **不器用** よく物を落としたり、壊したりする。
- **気が散りやすい** 話を聞いていないように見える。物事をやり遂げられない。
- **順序立てることが苦手** 注意力を持続できないため、物事を順序立てて整理する力も乏しくなる。
- **忘れっぽい** すぐに物をなくしてしまう。

衝動性
- **人の話を遮る** 相手や状況にかかわらず、会話に割って入る。
- **順番を待てない** 会話やゲームで自分の順番が回ってくるまで待っていられない。
- **しゃべりすぎる** 話題を次々と変えたり、1つの話題に異常なほどこだわったりする。
- **考えずに動く** 列に並んで待ったり、周りのペースに合わせて動いたりすることができない。

✚ 治療法
- **行動療法（pp.122-29）** 子どもとその家族の日々の生活への対処を支援する。家族など、子どもを世話する人への心理教育（p.113）を行う。
- **生活スタイルの管理** たとえば、身体的健康の改善やストレス低減により、子どもの気持ちを落ち着かせる。
- **薬物療法** 患者を落ち着かせ（治るわけではないが）、衝動性や多動性を抑制できることがある。中枢神経興奮薬（pp.142-43）はドーパミンのはたらきを高め、集中に関わる脳領域を活性化する。

ADHDへの対処

ADHDの子どもがこの疾患にうまく対処できるよう、親はさまざまな方法で手助けできる。

- **日常の活動をあらかじめわかるようにする**ことでADHDの子どもを落ち着かせる。日々の活動の予定表を作り、それがいつも変わらないようにする。また、学校での予定もわかりやすく明示してもらう。
- **ルールを明確にし**、何を期待しているのかを子どもにはっきりと伝える。良い行いはその場ですぐに褒める。
- **指示はわかりやすく。**視覚的にでも、言葉によってでも、その子どもにとってわかりやすい方法で伝える。
- **インセンティブ（動機づけ）のしくみを利用する。**たとえば、良い行いをしたら星マークやポイントを増やすことで、子どもへの承認を示すグラフを用意する。

自閉スペクトラム症／自閉症スペクトラム障害
（ASD: autism spectrum disorder）

ASDは他者の気持ちや感じていることを理解する能力に問題があるために、人との関わりに困難が生じるさまざまな症状のスペクトラム（連続体）を表す。この疾患は生涯にわたる。

どのような疾患か？

ASDは幼少期に診断されるのが一般的で、その現れ方はさまざまある。赤ん坊であれば声を発しないこと、もう少し大きな子どもであれば、人との関わりや非言語的コミュニケーションに問題があることに親などが気づくかもしれない。よく見られる症状として、反復的な行動をとる、話すことに困難がある、人と視線を合わせようとしない、物をそろえたり、順番に並べたりといった行為を儀式的に繰り返す、運動反応に異常がある、同じ言葉や文を繰り返し口にする、限られた範囲のことにだけ興味を示す、睡眠に問題を抱える、などがある。ASDの子どもは、うつ病（pp.38–39）やADHD（pp.66–67）を併発することもある。

遺伝的体質、早産、胎児性アルコール症候群や、筋ジストロフィー、ダウン症候群、脳性麻痺といった疾患がASDと関連していることが知られている。診断の際は、まず症状の原因が身体的問題でないことを医師が確認した上で、専門家に紹介する。専門家は、家庭や学校における、その子どもの行動や発達に関してあらゆる面から情報を集める。ASDを治療することはできないが、言語聴覚療法や理学療法といった専門的治療は患者の助けになることがある。イギリスでは100人に1人がASDを患い、女児よりも男児に多く見つかっている。

コミュニケーション

言語に関する障害が見られることが多い。ASD患者の中には流暢に話せる人もいれば、発話に障害を持つ人もいる。みな文字通りの意味で言葉を使い、ユーモア、前後関係、言葉の含みを読み取ることに困難を覚える傾向がある。

人との関わり

ソーシャルスキルに障害がある。具体的には、ASD患者は相手のパーソナルスペース（その人が不快を感じない他者との距離）に気づいたり、身振りや表情を読み取ったりすることができない。また、口に出してものを考えたり、人に言われたことをおうむ返しに言ったりすることもある。

反復的な行動

繰り返し同じことをするのも、よく見られる特徴。手をひらひらと動かす、体を揺らすといった反復的な動作をしたり、おもちゃをきれいに並べる、スイッチのオン・オフを切り替えるなどの儀式的行動をとったりすることがある。

高機能自閉症とアスペルガー症候群

高機能自閉症（HFA: high functioning autism）とアスペルガー症候群（AS: asperger's syndrome）は、どちらもASDの特徴があるが、知能は平均以上（IQ70以上）という人に当てはまる障害である。ただし、高機能自閉症では言語発達に遅れが起こるが、アスペルガー症候群にはそれがないという点に違いがある。

人との関わり方が不器用で、コミュニケーションが周りから理解されにくい子どもが症状を見落とされ、高機能自閉症やアスペルガー症候群と診断されないことがある。これらの障害を持つ人は、ASDの特性である完璧主義や、特定の物事への極端に強い関心を持っているため、自分の関心領域で専門家になることもある。ASDと同様に、高機能自閉症やアスペルガー症候群の人も、日々の習慣をかたくなに守ろうとし、特定の刺激に過敏で、言動がぎこちなく、人と関わる状況で適切に振る舞ったり、コミュニケーションをとったりするのが難しい、といった症状を示すが、その重症度は患者によって異なる。学校生活においても大人になってからも、公私の人間関係の中で長く困難が生じる。

治療法

◆ **専門医による介入・治療** 自傷行為や多動、睡眠障害への対処に。

◆ **教育・行動療法プログラム** ソーシャルスキル（対人関係の能力）を身につけるのに役立つことがある。

◆ **薬物療法（pp.142-43）** 関連する症状への対処に。睡眠障害にメラトニン、抑うつにSSRIs、ADHDにメチルフェニデート、など。

ASDの重症度

ASDは人によって現れ方も、重症度もさまざまある。自閉症を患う作家・大学教授のスティーブン・M・ショアはこう言っている。「あなたが1人の自閉症患者に出会ったなら、自閉症患者の中の1人に出会ったにすぎないのです」。

「……科学と芸術に、ほんの少しの自閉性は欠かせません」
ハンス・アスペルガー、オーストリアの小児科医・ASD研究者

感覚の鋭さ

音に対して過敏なため、大きな音から逃れようとハミングをしたり、耳をふさいだり、自分の気に入った場所に引きこもったり、といった回避行動をとるようになることがある。

運動技能

運動に関する障害、たとえば体の各部の協調や順序立てがうまくできないことがASDの子どもには多い。文字を書くなどの細かい運動にも問題のあることがあり、コミュニケーションの妨げとなる。

知覚

視覚などの感覚の障害のために、ASD患者は非言語的なサインを見落としたり、嘘に気づかなかったりする。また、他者の視点から状況を見ることも苦手な人が多い。

統合失調症

統合失調症は患者の思考のあり方に影響を及ぼす長期的な疾患である。根拠のない猜疑心や思い込み、幻覚、妄想を特徴とし、日々の生活を正常に送る力が大きく損なわれる。

どのような疾患か？

統合失調症を指す英語の"schizophrenia"という言葉はギリシア語に由来を持ち、文字通りの意味は「分裂した心」である。そのことから、この疾患の患者は人格が分裂しているという誤った通念が生まれたが、実際はそうではない。患者は自分の妄想や幻覚を現実と思い込んで苦しむのである。統合失調症にはいくつかの分類がある。主なものは、妄想型（幻覚と妄想が目立つ）、緊張型（動作に異常が見られ、非常に活発な状態と、ほとんど何もしない状態を行き来する）、解体型（まとまりのない会話や行動、異常な感情のあり方などを特徴とする）である。統合失調症の患者は常に暴力的なのだと思われがちだが、そうではない。ただし、アルコールや薬物の乱用に陥りやすいため、そうした習慣が統合失調症の症状と合わさって攻撃的になることはある。

　統合失調症は身体的、遺伝的、心理的、環境的要因が組み合わさって起こるものと考えられる。MRIを利用した研究により患者は脳の構造に異常が見られ、神経伝達物質のドーパミンとセロトニン（pp.28-29）のはたらきも異常なレベルにあることがわかっている。妊娠・出産時の合併症と関連している可能性もある。また、青年期における大麻の過剰摂取も発症のきっかけになりうると考えられている。

　統合失調症の原因として、20世紀後半に広く知られるようになった説には、以下のようなものがある。「ダブルバインド」（子どもに矛盾する要求を突きつけ、どちらの行動もとれない状態にする）などの機能不全家庭に関する理論、親や世話をする人間の「感情表出（EE）」の高さ（患者を受け入れない言動が多い）、レッテルを貼られることによる統合失調症という役割の学習、などである。その後、メンタルヘルスの専門家たちは、幻聴や根拠のない猜疑心がトラウマ、虐待、喪失に対するよくある反応であることを観察してきた。ストレスは急性の統合失調症エピソードのきっかけとなることがあり、それを認識できるようになることが、この疾患をコントロールする助けとなりうる。

治療法

◆ **地域精神保健チーム**　ソーシャルワーカー、作業療法士、薬剤師、心理士、精神科医などが連携し、患者の症状を安定させ、快方に向かわせる方策を練る。

◆ **薬物療法**　おもに陽性症状を抑えるために抗精神病薬（pp.142-43）が処方される。ただし、薬で疾患が完治することはない。

◆ **認知行動療法**（p.125）　現実検討の技法とともに、妄想などの症状への対処に役立つことがある。近年では、心にイメージを描くことで、陰性症状によるストレスを和らげる方法も利用されている。

◆ **家族療法**（pp.138-41）　患者の家族の人間関係や対処能力を改善して、患者の世話をする人への教育を図る。*

*［訳注］家族療法から派生したオープンダイアローグも注目されている。

陽性症状（精神病症状）

以下の症状は、統合失調症であるがための思考や振る舞いが、患者の通常の精神状態に加わるようにして現れるため、陽性に分類される。

◆ **幻聴を聞く**　患者は多い。時折の場合もあれば、たえず聞こえることもある。うるさい声、静かな声、心を乱す声、否定的な声、知り合いの声、知らない声、男性の声、女性の声など。

◆ **幻視**　その場にないものが、患者には強い現実味を帯びたものとして見える。暴力的で、ひどく心をかき乱すものを見ることが多い。

◆ **体に生じる感覚**　自分の肌の上や皮膚の下をアリなどの不快な生き物が這っているのだと信じる患者もいる。

◆ **何かのにおいや味を感じる**　その原因となるものが見当たらないことがある。また、そうした味とにおいの区別をつけるのが難しい場合もある。

◆ **妄想**（強固な信念）　それを否定する証拠があっても考えを変えない。自分は有名だと思い込んだり、誰かが自分を尾行している、陥れようとしているなどと考えたりする。

◆ **操られているような感覚**　たとえば、宗教的指導者や独裁者に自分が支配されていると信じ込み、それまでと違う行動をとり始める。

診断の仕方は？

統合失調症は、臨床面接や専用のチェックリストで症状（下記）を評価することによって診断される。診断と治療の開始は早ければ早いほど望ましい。患者のプライベートな生活や人間関係、仕事への重大な影響が膨らむのを早期に抑えられるためである。

統合失調症は根治できない疾患だが、日々の生活を正常にこなしていける程度に症状を抑えることはできる。非常に複雑な精神疾患のため、治療には患者1人ひとりが必要とする内容に合わせた治療計画が必要となる。

およそ **1.1%** *
世界の成人人口に占める
統合失調症患者の割合

＊［訳注］日本では0.8％程度。

陰性症状（ひきこもり）

以下の症状は、健常な人に見られる何らかの機能、考え、行動が、統合失調症患者から欠落していることを意味するため、陰性に分類される。

 ◆ **コミュニケーションの問題** ボディーランゲージが変化する、人と視線を合わせなくなる、言動が支離滅裂になる。

 ◆ **感情の「平板化」** 物事への反応がひどく乏しくなる。何をしても楽しめなくなる。

 ◆ **疲労感** 無気力になる、睡眠パターンが変化する、ベッドから出なくなる、長時間同じ場所に座り続けるといった症状につながることがある。

 ◆ **意思の力や動機づけの欠如** 日々の生活をこなすのが困難になったり、まったくできなくなったりする。

 ◆ **記憶力や集中力の低下** 計画を立てたり、目標を定めたりすることができなくなる。また、思考や会話の筋道を覚えておくことが難しくなる。

 ◆ **日々の活動をこなせなくなる** 生活が荒れ、自分の家庭や自分自身のことに気を配らなくなる。

 ◆ **人との関わりや地域活動から引きこもる** それにより社会生活に支障をきたすことがある。

統合失調症の症状

統合失調症の症状は、陽性と陰性に分類される。陽性症状が患者の心に加わる精神病性の症状であるのに対して、陰性症状はうつ病に見られるようなひきこもりや感情の起伏のなさなどである。陽性・陰性両方の症状がそれぞれ1つ以上、1か月にわたってほとんど常に出ている場合、統合失調症である可能性が高い。

統合失調感情障害

統合失調感情障害は長期的な精神疾患であり、統合失調症に見られる幻覚・妄想などの精神病症状と、双極性障害の特徴である抑制のきかない感情が同時に現れる。

どのような疾患か？

症状は人によって異なるが、統合失調感情障害では、ひと続きの疾病期間の中で、精神病症状と気分症状（躁病、抑うつ、またはその両方）がともに生じる時期がある。また生涯の疾病期間の中で、精神病症状だけが現れる期間が2週間以上続く。

統合失調感情障害は、心に傷を負うような体験が、まだ対処の仕方がわからないほど幼い頃に起きたり、対処する力を身につけられるようなサポートを周りから与えられなかったりした場合などに起こりうる。また、遺伝的要因も関係していることがある。女性に比較的多く見られ、多くは成人初期に始まる。

診断に際しては、メンタルヘルスの専門家が症状を評価する。また、症状がどの程度続いているか、きっかけは何かを確認する必要がある。この疾患は慢性で、生活のあらゆる面に影響を与えるが、症状はコントロール可能である。家族に働きかけて疾患への認識を深めさせることが、コミュニケーションや支援の改善につながる。

✚ 治療法

- **薬物療法** 長期的な投薬が必要になる。通常、うつ病型には気分安定薬と抗うつ薬を、躁病型には抗精神病薬（pp.142-43）を投与する。
- **認知行動療法**（p.125） 患者が自分の思考、気持ち、行動につながりを見つけたり、行動の変化に先立つきっかけを理解したり、症状への対処方法を身につけたりする助けになる。

症状のさまざまな現れ方

統合失調感情障害の患者は、幻覚や妄想といった精神病症状とともに、躁病型、うつ病型、時にはその両方の気分障害の症状を経験する。この疾患の特徴は、重い症状が現れては、その後しばらく改善に向かうサイクルを繰り返すことである。

1% の人は統合失調感情障害を発症しやすい傾向を持つ

- ◆ **幻覚** 自分にしか聞こえない声を聞く。そこに存在しないものを見る。
- ◆ **妄想** 事実でないことを事実だと、かたくなに信じ込む。

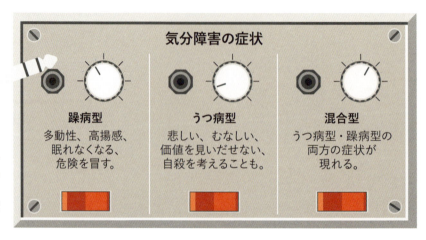

緊張病（カタトニア）

緊張病は、行動と運動技能に影響を与える挿間性（症状が唐突に現れては消える性質）の疾患であり、精神運動機能に異常が起こり、目覚めていても反応がきわめて乏しいことを特徴とする。

どのような疾患か？

緊張病の患者は、数日から数週間にわたって動けなくなることがある。また、他の症状として、極端に悲観的に物事を見る、周りの出来事に反応しない、気持ちがひどく乱れる、著しい不安のために話すのが困難になる、飲食を拒む、といったことが起こる。さらには、毎日のように悲しみやいらだちを覚えたり、自分は無価値だと感じたりすることもある。活動に興味を失う、体重が急激に増減する、眠ることやベッドから出ることに困難を覚える、落ち着かなくなる、などの症状も起こりうる。意思決定が困難になり、自殺を考えることも多い。

　この疾患は心理的あるいは神経性の原因から起こることがある。また、うつ病（pp.38-39）や精神病性障害に関連して生じることもある。推計によれば、緊張病患者の10〜15％には統合失調症（pp.70-71）の症状も現れ、双極性障害（pp.40-41）患者の約20〜30％は、おもに躁病の症状の出る時期に緊張病を発症することがある。

緊張病の診断

メンタルヘルスの専門家が患者を診察し、該当する症状がないか確かめる。緊張病と診断されるには、右図の12の症状のうち3つ以上当てはまる必要がある。

✚ 治療法

◆ **薬物療法**（pp.142-43）　症状によって異なるが、抗うつ薬、筋弛緩薬、抗精神病薬、ベンゾジアゼピン系薬をはじめとする精神安定薬などが指示される。ただし、精神安定薬には依存が生じる危険がある。患者が指示された服用方法を確実に守り、生きていく力を身につけるためには、外部からの援助が必要となる。

◆ **電気けいれん療法**　患者の脳に電流を流す治療法（pp.142-43）。薬物療法で効果が現れない場合に用いられることがある。

無言症
口を利かず、話す意思がないか、話せないように見える。

反響言語
他の人の言ったことを、たえずおうむ返しに言う。

しかめ面
反感、嫌悪、あるいは痛みがあるかのように顔をゆがめる。

昏迷
動かず、表情がない。また、刺激に対して反応しない。

カタレプシー　自失状態で、硬直したり、発作に襲われたり、まったく無反応になったりする。

蝋屈症　誰かが患者の手足を動かすと、動かされた通りの位置にとどまる。

興奮
目的のない、危険な動作をすることがある。

わざとらしさ
不自然な姿勢をとったり、奇妙な動きをしたりする。

姿勢保持
さまざまな、奇妙な姿勢をとる。

常同症
同じ動作を頻繁に、何度も繰り返す。

拒絶症
否定的なもの以外のあらゆる見解に抵抗する。

反響動作
他人の動作をたえずまねする。

妄想性障害

妄想性障害は滅多に見られない種類の精神病である。患者の抱く思考や妄想は複雑で、多くは混乱しており、現実と異なっていたり事実に基づかない内容だったりする。

どのような疾患か？

妄想性障害（delusional disorder）は、以前は"paranoid disorder"（日本語訳は同じく「妄想性障害」）と呼ばれていた疾患で、現実と想像の区別がつかないことを特徴とする。患者は体験した出来事を誤って解釈するなどして、現実と異なるか、事実をひどく誇張した妄想を抱く。

妄想の内容は、尾行される、毒を盛られる、配偶者や恋人に裏切られる、遠くにいる誰かから愛されているといった、それほど突飛ではなく、起こりうる状況に関するものもあれば、宇宙人が今にも侵攻してくるなどのありえない奇妙なものもある。

妄想性障害の患者は、行動が著しく変化して周囲の人との間に確執が起こり、物事に集中したり、人づきあいを楽しんだり、通常の生活を送ったりするのが難しくなることがある。生活に支障をきたすほど妄想に心をとらわれてしまうのだ。一方で、患者によっては、通常の生活を送ることができ、妄想の内容に関すること以外ではそれほど奇妙な行動をとらない場合もある。また、幻覚を体験する患者もいる。実際にはないものを見たり、聞いたり、味やにおいを感じたり、あるいは触れたように感じるのである。

妄想の主題

妄想とは、それを否定する証拠を示されても揺るがない、かたくなな思い込みのことで、典型的なものは特定の主題（右記）に沿っている。妄想は1か月以上続けて現れることが多く、患者の多くはそれに疑いの余地があるとは認めない。第三者が患者に接した場合、妄想に関することに触れない限りは、まったく正常という印象を受けることもある。

被愛型
誰か（多くの場合は著名人）に愛されていると思い込む。ストーカー行為につながることがある。

身体型
この型の妄想は身体感覚を伴う。たとえば、虫が皮膚の中を這いまわっていると思い込み、そうした感覚を体に感じる。

誇大型
他人の気づかない素晴らしい才能や知識が自分に備わっていると思い込む。患者は自分が特別な教えを伝える者、宗教的指導者、神などであると考える。

妄想性障害の症状を引き起こすことが知られている精神障害には、統合失調症（pp.70-71）、双極性障害（pp.40-41）、重度のうつ病（pp.38-39）などがあり、ストレスや睡眠不足もきっかけとなりうる。一般的な身体疾患では、HIV感染症、マラリア、梅毒、狼瘡、パーキンソン病、多発性硬化症、脳腫瘍なども原因となる可能性がある。アルコールや薬物などの物質乱用も同様である。

診断の仕方は？

まずは医師が、患者のすべての病歴を確認する。症状について尋ねて、妄想が日々の生活にどのように影響しているのか、精神疾患に関する家族歴がないか、また、患者の利用してきた薬物療法や違法薬物などがあれば、詳細を確認する。

治療法

◆ **薬物療法**（pp.142-43）　妄想の症状を軽減するために抗精神病薬、また、関連して起こることのある抑うつの緩和のために選択的セロトニン再取り込み阻害薬（SSRIs）をはじめとする抗うつ薬などが処方される。

◆ **心理療法**　たとえば認知行動療法（p.125）により、患者がかたくなな思い込みを見直し、必要な変化を起こすのを助ける。

◆ **自助グループやソーシャルサポート**　この疾患を抱えて生きることのストレスを軽減し、患者の周囲の人を助ける。また、家族や学校、周囲の人への介入により、患者のソーシャルスキル（対人関係の能力）を向上させ、疾患が生活の質に与える悪影響を緩和する。

全人口の 0.2％ だけが生涯に妄想性障害を患う

被害型
迫害やひどい扱いを受けていると思い込む。誰かにつけまわされている、薬物を飲まされている、監視されている、中傷の被害を受けている、などと考える。

嫉妬型
配偶者や恋人がこれまでに不貞を働いた、あるいは今、不倫をしている、という根拠のない思い込みを抱き、病的に執着する。

混合型または特定不能型
複数の型の妄想が現れるが、どれが中心的というわけでもない場合は混合型に分類される。また、妄想が左記の主要な分類のいずれにも収まらないこともある。その場合は特定不能型とされる。

認知症

認知症（dementia）は現在のところ根治できない進行性の疾患で、記憶障害、人格の変化、論理的思考の障害を特徴とする。"mild neurocognitive impairment"（軽度認知障害）、"major neurocognitive impairment"（日本語訳は同じく「認知症」）と呼ばれることもある。

どのような疾患か？

認知症という言葉は、脳に影響を与え、徐々に悪化していく一群の症状を表す。集中や問題解決、順序立った作業、計画、物事の整理などが困難になり、全般的な意識の混乱が起こる。

認知症で起こりうる症状には以下のようなものがある。曜日や日付の感覚がなくなる。会話の流れを見失わずに話したり、何かを言い表すのにふさわしい言葉を思い出したりするのが難しくなる。距離を見積もったり、3次元で物を見たりすることができなくなる。また、不安や自信喪失、うつ病につながることもある。

認知症の原因となる疾患は、アルツハイマー病、心血管疾患、レビー小体病、前頭側頭葉変性症など、さまざまである。認知症はおもに高齢者に見られるが、50歳代、あるいはさらに若い世代にも起こりうる（若年性認知症と呼ばれる）。

認知症に単一のアセスメント方法は存在しない。医師が記憶や思考に関する検査をし、場合によっては脳の損傷箇所を確認するために脳スキャンを指示する。治療は症状を和らげ、進行を遅らせる目的で行われる。

65歳以降では 30% を超える人が死ぬまでに認知症にかかる

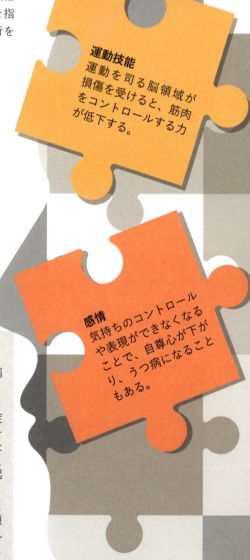

運動技能
運動を司る脳領域が損傷を受けると、筋肉をコントロールする力が低下する。

感情
気持ちのコントロールや表現ができなくなることで、自尊心が下がり、うつ病になることもある。

さまざまな原因による認知症

- **アルツハイマー病** 脳細胞の周囲に特異なタンパク質がたまっていき、脳に構造的な損傷を与える。これによって神経細胞間の化学信号のやり取りが阻害され、徐々に細胞が死んでいく。脳の中で影響を受ける部位が増えていくにつれ、症状は進行していく。
- **血管性認知症** 心血管疾患によって発症する。（脳卒中などによる）脳への血流の低下を原因とし、論理的思考、計画、判断、記憶などに問題が起こる。
- **混合型認知症** アルツハイマー病と血管性認知症が併発したもの。
- **レビー小体型認知症** アルツハイマー病やパーキンソン病と似た症状が現れる。神経細胞内にレビー小体と呼ばれるタンパク質のかたまりが形成されることで起こり、多くの場合、幻覚や妄想を引き起こす。
- **前頭側頭型認知症** 脳の側頭葉と前頭葉に変性が生じる、珍しい種類の認知症。ピック病とも呼ばれるもので、人格、行動が変化し、言語の使用に障害が出る。

76/77

社会的技能
意識を集中して会話の流れを追うことができなくなるために、人と関わり、相手を理解するのが難しくなることがある。

記憶
認知症で始めに影響を受けるのは短期記憶だが、病状が進むにつれて長期記憶も衰えていく。

発話
話したり言葉をうまく操ったりするのが難しくなるため、周囲の人を当惑させるかもしれない。

意思決定
記憶の喪失、集中力の低下、意識の混乱により、意思決定が難しくなったり、まったくできなくなったりする。

判断
自分をコントロールできなくなった、どんな些細な計画も立てられなくなったなどと感じ、自分の判断力に自信が持てなくなる。

集中
意識を集中できないために、日常的な行為や自立した生活が非常に難しくなることがある。

共感
身の周りで起きていることを理解するのにひどく苦労するため、他人のことを考える余裕がほとんどなくなる。

✚ 治療法

- ◆ **認知刺激療法およびリアリティ・オリエンテーション（現実見当識訓練）** 短期記憶の改善に。
- ◆ **行動療法（p.124）** 日常的な行動の遂行を助ける。
- ◆ **バリデーション療法** 中心となる介護者が認知症患者への尊敬を示す文章を読み上げる*。
- ◆ **コリンエステラーゼ阻害薬（pp.142-43）** 記憶力、判断力の改善のために。

＊［訳注］患者への敬意と共感に基づくコミュニケーション法。上記はその一例。

認知症が患者に与える影響

人間が1人ひとり違っているように、認知症の体験もまた患者によって異なる。診断は、病歴や症状が、患者の日常生活をこなす力に与えている影響をもとに下される。

認知症患者は不安を感じ、自信を失う。そして、その先の道を進もうとするのに、助けを必要とする。

慢性外傷性脳症
（CTE: chronic traumatic encephalopathy）

脳振盪後症候群とも呼ばれる脳の変性疾患で、閉鎖性頭部損傷（切り傷のない頭部外傷）を繰り返した後に起こる身体的・精神的障害を特徴とする。

どのような疾患か？

CTEは、アメリカンフットボール、ラグビー、ボクシングなど、激しい身体接触を伴うスポーツの選手や、兵士に非常に多く見られる、治療法のない疾患である。身体症状として、頭痛、めまい、痛みなどが挙げられる。精神的な症状としては、記憶の喪失、錯乱、判断力の低下、衝動抑制の困難、さらには幻覚などが起こる。

攻撃性が高まり、人間関係を保つのが難しくなる患者もいる。やがて、パーキンソン病や認知症（pp.76–77）の兆候が現れることがある。症状は、頭部に外傷を受けたすぐ後に起こる場合もあれば、数年後に現れる場合もある。発生を防ぐために、頭部を保護するヘッドギアを利用したり、胸や肩より上の部分への接触をスポーツのルールで禁止したりするなど、予防的措置をとることが望ましい。

今のところ、CTEの診断は死後にしか下せない。そのため、生前に診断を確定するための検査法や脳スキャンの方法、バイオマーカーの発見を目指して研究が進められている。

治療法

◆ **心理療法** たとえば、認知行動療法（p.125）やマインドフルネス・ストレス軽減法（p.129）。

◆ **生活スタイルの管理** たとえば、最初に頭部損傷を受けた時点で安静・療養の期間を設け、徐々に活動へと復帰していくようにする。症状が再発した場合は活動を中止する。

◆ **抗うつ薬**（pp.142–43） 精神症状のために必要とされる場合。

アメリカのナショナル・フットボール・リーグ（NFL）の元選手は99％がCTEだった

頭部損傷の影響は蓄積していく

防具などを着けない状態で繰り返し頭に打撃を受けると、回復できない損傷につながることがある。軽度の頭部損傷を負った100人の患者を対象とした調査では、20～50人が最初の損傷を受けてから3か月経ってもCTEの症状を示し、およそ10人に1人は1年後もまだ症状を残していた。

1. 健全な脳は、打撃を受けると脳振盪を起こすことがあるが、通常は完治する。（最初の打撃による損傷）
2. 最初の損傷によって脳が傷つきやすい状態となり、2度目の損傷を受けた場合に回復しにくくなることがある。
3. さらに繰り返し打撃を受け続けると、脳の広い範囲に回復できない損傷が残る危険性が高まる。

せん妄

せん妄は急性の意識障害で、嗜眠（眠り続け、強い刺激を与えなければ目覚めて反応しない状態）、落ち着きのなさ、妄想、まとまりのない言動などを特徴とする。病気、栄養不良、アルコールや薬物中毒など、さまざまな原因で現れる。

どのような疾患か？

せん妄は、日常生活に深刻な影響を与えうる疾患だが、通常は短期間で治まる。患者は物事に集中するのが難しくなり、自分がどこにいるのかわからなくなることがある。動作が普段より遅くなる、あるいは逆に落ち着きなく速くなることもあり、時には気分の激しい変動が起こる。他の症状として、思考や話すことがはっきりしない、睡眠障害や嗜眠状態になる、短期記憶のはたらきが低下する、筋肉をうまくコントロールできなくなる、といったことが起こりうる。

せん妄は年齢を問わず発症するが、高齢者に多く見られ、認知症（pp.76-77）と間違われることがある。一般的には身体や精神に関する短期的な問題として起こるが、時には完治せずに症状が残る。また、認知症とせん妄を併発する場合もある。

原因はさまざまだが、多いのは低ナトリウム血症をはじめとする代謝異常や、胸部感染症、尿路感染症などの身体疾患である。また、重い病気や手術、痛みや脱水症、便秘、栄養不良、投薬の変更などがきっかけとなることもある。

診断の仕方は？

医師が症状を確認し、患者の動作、認知機能、発話について評価する。医師によっては、せん妄であるか否かを診断するのに、患者の行動を丸一日観察する方法をとる。また、基礎疾患がないか確かめるために、身体的な検査を行うこともある。

✚ 治療法

- ◆ **リアリティ・オリエンテーション（現実見当識訓練）** 患者が状況を理解できるように、今いる場所や日時などに関して、繰り返し敬意を持って話しかけたり、視覚的ヒントを示したりする。
- ◆ **生活スタイルの管理** 混乱を減らし、生活の中でできることを増やすために、運動を含む習慣的な活動により生活を整える。
- ◆ **抗生物質** 原因が感染症であると判明した場合に処方される。必要に応じて脱水の治療も行う。

最大で 50% の高齢の入院患者がせん妄を発症している

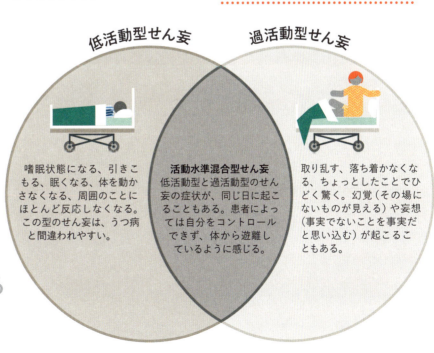

物質使用障害

物質使用障害は、アルコール、薬物、またはその両方の使用により精神的・身体的な問題が生じる深刻な疾患。心身の問題は患者の仕事や家庭生活に悪影響を及ぼす。

どのような疾患か？

薬物使用障害、物質乱用とも呼ばれるこの疾患は、さまざまな障害や精神的苦痛を引き起こす可能性がある。物質乱用（アルコールや薬物など）により、以下のような症状や兆候が現れる。日々の生活をこなすために、その物質を常用し、ことによると毎日摂取するようになる。1人のときでもその物質を使用する。自分の健康、家族、仕事に悪影響を与えているとわかっていてもそれを使い続ける。何かと口実をつくってその物質を使用し、何か聞かれると攻撃的な反応をする。それを使っていることを隠そうとする。他の活動への興味を失う。仕事の能力が低下する。食事や自分の外見をおろそかにするようになる。錯乱、嗜眠、抑うつ、金銭的な問題につながる。お金を盗むなど、犯罪に手を染める。

より長期的に見ると、アルコールの過剰摂取はうつ病（pp.38-39）の危険性増加、体重増加や高血圧、肝障害、免疫系の問題、ある種のがんにつながる可能性がある。また薬物使用の問題は、うつ病、統合失調症（pp.70-71）、パーソナリティ障害（pp.102-07）などの精神疾患に関連して起こることもある。

アルコールや薬物の乱用は、それを促すか、許容するような社会・文化的風潮におかれた患者が、自らの意思で始める場合が多い。時として、仲間からの圧力、ストレス、家庭の機能不全などが問題を悪化させていく。家族の誰かがアルコールや薬物依存の問題を抱えている子どもは、環境的、遺伝的、あるいはその両方の要因から、長じて物質使用障害を患うリスクが高まる可能性がある。

診断の仕方は？

診断を下すには、まず患者が自分の問題を認める必要がある。依存症患者の多くに、問題を否認するという症状が見られるためだ。物質使用障害を患者に認めさせるには、命令や対決よりも、共感と尊重の姿勢が奏功することが多い。診断に際しては、患者がその物質を使用しているときの行動（右記）を、医師や専門家が評価する。

✚ 治療法

◆ **心理療法** たとえば、認知行動療法（p.125）や、アクセプタンス＆コミットメント・セラピー（ACT、p.126）で、疾患を維持させている考え方や行動を検証し、自分の頭に浮かぶ考えに対してそれまでと違った関わり方ができるようにする。

◆ **心理社会的支援** 同様の問題を抱える人たちが集まる会、たとえばアルコーホーリック・アノニマス（アルコール依存克服のための自助グループ）などに参加することで、物質乱用をやめ、生活の質を向上させたいという気持ちを高め、励ましを得る。

◆ **入院治療** 重症の場合は、入院によって解毒期の患者の活動を制限し、極度の離脱症状が起きた際の対処に必要な薬物療法を行う。

診断の基準となる行動パターン

この疾患は、物質の種類に関わらず、その使用に関する11の行動をもとに診断を下す。これらの行動のうち、いくつが当てはまるかによって障害の重症度が決まる。

0～1　診断なし
2～3　軽度の物質使用障害
4～5　中等度の物質使用障害
6以上　重度の物質使用障害

第2章　さまざまな精神疾患
物質使用障害

アルコールの使用

他の物質の使用

制御障害
- 1. 当初意図したよりも長期にわたり、かつ／または大量に使用する。
- 2. 使用量を減らしたいが、そうすることができない。
- 3. 入手、使用、およびその物質の影響からの回復に費やす時間が増え続けている。
- 4. その物質への激しい渇望があり、それ以外のことを考えるのが困難になっている。

社会的障害
- 5. その物質を使っていることが原因で、家庭生活や仕事に問題が起きていると知っていながら、使用を続ける。
- 6. その物質のために家族と口論になったり、友人を失うことになったりしても使用を続ける。
- 7. その物質のために人づきあいや楽しみのための活動をあきらめる。そのため、友人や家族と過ごす時間が減り、孤立していく。

危険な使用
- 8. その物質の影響がある状態で危険な性行為をする。また、車を運転する、機械を操作する、泳ぐなどして自分や他者を危険にさらす。
- 9. その物質によって精神的または身体的な問題が悪化していると気づいていながら、使用を続けている（肝障害の診断を受けていても酒を飲み続けるなど）。

薬理学的な基準
- 10. その物質に対する耐性が生じ、使用量を増やしていかなければ同じ効果が得られない。耐性の生じる早さは物質によって異なる。
- 11. その物質の摂取をやめると、吐き気、発汗、震えといった離脱症状が起こる。

2,950万人
世界の薬物使用障害患者数

国連薬物犯罪事務所、世界薬物報告書(2017年)

衝動制御の障害および嗜癖

衝動制御の障害は、問題行動への衝動を抑えられない人が診断される疾患。嗜癖とは、快楽をもたらす活動が強迫的なものとなり、日常生活に支障をきたす問題を表す。

どのような疾患か？

衝動制御の障害と嗜癖に関する行動の基本的な概念は、重なり合っている。そのため衝動制御の障害は、嗜癖に分類すべきだと考える心理学者もいる。

衝動制御の障害の患者は結果を顧みずに問題行動を続け、ますます衝動を制御できなくなっていく。一般に、行為の前には緊張や覚醒（不安・興奮）が高まるのを感じ、行為の最中には快楽や安堵感を、行為の結果として後悔や罪悪感を覚える。障害の形成には環境や神経学的要因が関わっており、ストレスなどが発症の引き金となる。

衝動制御の障害と認識されている疾患には、ギャンブル障害（次ページ）、窃盗症（p.84）、放火症（p.85）、抜毛症（p.60）、間欠爆発症（下記）などがある*。セックス、運動、買い物、インターネットへの嗜癖（下記）も特徴が類似している。

＊［訳注］DSM-5では、ギャンブル障害は「物質関連障害および嗜癖性障害群」、抜毛症は「強迫症および関連症群」に分類される。

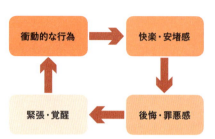

衝動制御の障害および嗜癖の例

障害	どのような症状？	治療法
間欠爆発症／間欠性爆発性障害	感情を暴力的に噴出する傾向。衝動はすぐに治まるが、暴力行為に釣り合うような原因がないにもかかわらず、感情を爆発させる。	衝動抑制の訓練により、感情が爆発するきっかけを把握し、反応の仕方を変える。また、症状が起こらないように環境を整える。
セックス嗜癖	性行為やそれに至るための算段に没頭し、日々の生活への悪影響を顧みない。	感情的な問題にセックス以外の方法で対処できるようになるために、心理療法が役立つことがある。
運動嗜癖	健康に必要な範囲を超えて、過度に運動したくなる強迫的な衝動を抑えられない。けがや病気につながることもある。	行動療法により、生活への悪影響のない活動や計画的な運動でストレスに対処することを学ぶ。
買い物嗜癖	ストレスをきっかけとする抑えがたい衝動から買い物に走る。買い物後は非常に気分が良くなるが、その解放感はすぐに消えてしまう。	行動療法により、考え方やストレスへの反応の仕方を変え、衝動と行動の悪循環を断ち切る。
コンピュータ／インターネット嗜癖	コンピュータやインターネットに没頭し、それに費やす時間が増える。そのための時間を制限されると気分の問題が起こる。	行動療法により、問題を自覚し、現実の世界に処する方法を身につける。

ギャンブル障害

ギャンブル障害は衝動制御の障害の1つで、強迫的ギャンブルとも呼ばれる。患者は自分や周りの人が被る多大な問題や苦しみを顧みることなく、ギャンブルを繰り返す。

どのような疾患か？

ギャンブルに勝つ興奮は、脳の報酬系の中枢からドーパミン（p.29）を放出させる。人によってはこうした行為への衝動が抑えられないものになり、常により大きな当たりが出なければ、同じ強さの興奮が得られなくなっていく。

本格的にギャンブル障害を患うと、悪循環を断ち切るのが難しくなる。障害は、何が何でもお金を得たいという思いや、高揚感への渇望、儲けることで得られる社会的地位、ギャンブルの会場に漂う魅惑的な雰囲気といったことから始まる。使う時間やお金を減らそうとすると、いらいらして、またギャンブルに走ってしまうこともある。そして時には、ギャンブルで失ったお金を取り戻そうと必死になることで、いよいよ障害が深刻なものとなる。再び勝つことがあったとしても、損失を完全に取り戻せることは滅多にない。多大な金銭的損失に加え、度を超してギャンブルにのめり込むと、往々にして人間関係にも悪影響がある。

さらに、不安症やうつ病（pp.38-39）を患ったり、自殺を考えたりすることもある。身体的兆候としては、眠れなくなる、体重の増減、皮膚の疾患、潰瘍、腸の疾患、頭痛、筋痛などが挙げられる。患者の多くは自らの障害を認めないため、本人に問題の認識を促すことが治療の大事なポイントである。ギャンブル障害は、多くの患者がその習癖を隠していることから、実際の有病率がわかっていない。

1% アメリカの総人口に占めるギャンブル障害患者の割合

治療法

- ◆ **認知行動療法**（p.125） 疾患が持続する原因となっている考え方や行動に、流されない方法を学ぶ。
- ◆ **精神力動的心理療法**（pp.119） ギャンブル行為が何を意味し、どんな結果をもたらすかをしっかりと理解する。
- ◆ **自助グループやカウンセリング** ギャンブル行為が周りの人に与える影響を理解する。

大当たりの興奮

| 一獲千金を求めて | 儲ければ社会的地位が手に入る | 勝つと放出されるドーパミン | さらなる報酬を求めて賭け続ける | 賭け金が膨らんでいく |

人間関係への悪影響	身体症状が現れる	うつ病／不安症
眠れなくなる	自殺が頭をよぎる	離脱症状に苦しむ
仕事をするのも困難に	問題の大きさを隠すために嘘をつく	失ったお金を取り戻そうと再び賭博へ

借金が増加する

窃盗症

窃盗症の患者は、物を盗みたいという抑えがたい強迫的な衝動に繰り返し襲われる。そうした衝動は不意に起こり、無計画に窃盗が行われる。

どのような疾患か？

患者は衝動的に窃盗を行い、多くの場合、盗んだ物を捨ててしまう。関心はおもに盗むという行為そのものにあるからだ。これに対して、万引き（shoplifting）はほとんどの場合、欲しい物を買うお金のない人間によって計画的に行われるため、窃盗症とは区別される。

窃盗症患者の多くは人に助けを求めることを躊躇するため、後ろめたさを感じながらも問題を隠して生きている。万引きで逮捕される人の最大24％は、窃盗症であると考えられている。

また、窃盗症は他の精神疾患、たとえばうつ病、双極性障害、全般不安症、摂食障害、パーソナリティ障害、物質乱用、他の衝動制御の障害などと関連している。行動嗜癖に関連する脳神経回路や、セロトニンなどの気分を向上させる神経化学物質のはたらきと窃盗症とのつながりを示す研究もある。

とくに窃盗症だけを対象とした治療法はないが、抑えがたい衝動から盗みに至るサイクルを断ち切るのに、心理療法や薬物療法が効果をもたらすことがある。

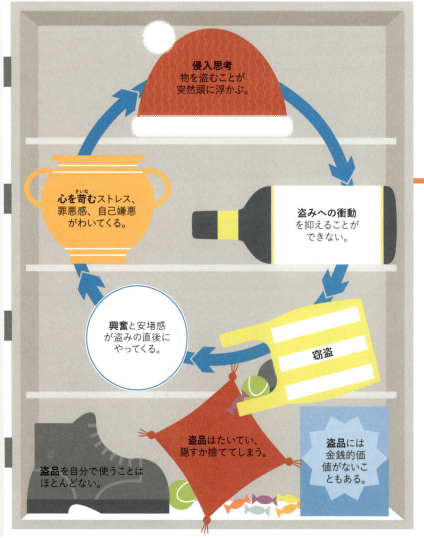

果てしなく続くサイクル

患者は窃盗を行う前に神経が高ぶるのを感じ、盗みを働いている間は喜びや満足感を覚えるという。そして、その後にやってくる罪悪感が再び神経を高ぶらせる。

✚ 治療法

◆ **心理療法** たとえば行動変容の技法、家族療法（pp.138-41）、認知行動療法（pp.122-29）、精神力動的心理療法（pp.118-21）などにより、問題の底にある原因を探り、心の苦痛への適切な対処法を身につける。

◆ **選択的セロトニン再取り込み阻害薬（SSRIs）（pp.142-43）** 心理療法とあわせて。

# 放火症

放火症は非常に希少な衝動制御の障害で、ストレスをきっかけとして発症する。
患者は故意に火災を起こし、その行為によって心の緊張や苦痛を解消する。

どのような疾患か？

放火癖とも呼ばれるこの疾患の患者は、火をつけることに強迫的な欲求を感じる。慢性（長期的）疾患となることもあれば、何度かの行為で治まる場合もある。患者は火をつけることや火災を取り巻く状況、またその後の消火活動などを見たり、それに協力したりすることに異常な魅力を感じる。

原因となる個人的な要素として、反社会的な行動や態度、騒動や注目を求める心、ソーシャルスキルやストレスに対処する力の欠如などが挙げられる。また、親が育児放棄をしたり、愛情を注いでくれなかったり、精神疾患を患っていたりした場合や、仲間からの圧力、強いストレスを伴う出来事があると、子どもでも大人でも発症の誘因となることがある。放火症の子どもや若者と面接すると、家庭が非常に荒れているとわかることが多い。そうした場合は、家族全体に焦点を当てた治療が必要となる。

治療法

◆ **認知療法や行動療法**（pp.122-29） 子どもの治療に効果を発揮するよう、問題解決やコミュニケーション能力、アンガーマネジメント（怒りのコントロール）、攻撃性置換訓練、認知再構成法などを取り入れる。大人には長期的な、深い気づきを得るための心理療法を行う。

破壊的サイクル

放火にまつわる強迫観念と満足感のサイクルを断ち切るのは難しい。

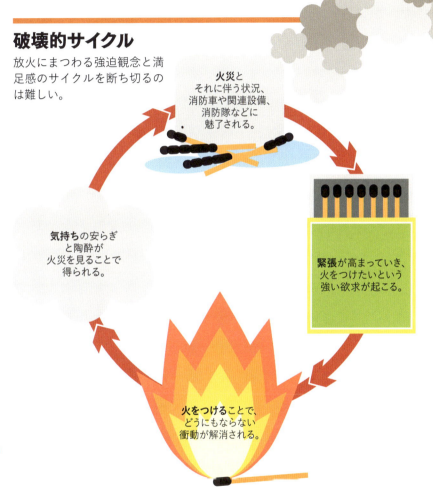

子ども、若者、大人の放火症

◆ **子どもや若者**の放火は、助けを求める悲痛なサイン、またはさまざまな破壊行為に現れる攻撃性の一端かもしれない。若者は地域に住む反社会的な大人の影響を受けていることもある。また、精神病性障害や妄想性障害（pp.70-75）、認知障害を患っている場合もある。

◆ **大人**の放火症は、抑うつ気分、自殺念慮、人間関係の貧しさといった兆候との関わりが指摘されてきた。また、OCD（pp.56-57）などの精神疾患と関連していることが多い。

解離性同一症／解離性同一性障害

(DID: dissociative identity disorder)

患者のアイデンティティ（同一性）が断片化し、2つ以上の異なる人格が存在するかのような状態になる、深刻でまれな疾患。断片化した人格は、全体として1つにまとまることがない。

どのような疾患か？

DID患者は複数の成熟した人格を持つのではなく、アイデンティティが細かく分かれた状態になる。以前は「多重人格性障害」とされていた病名が改められたのはそのためだ。

患者は自分の中に複数の人間（交代人格と呼ばれる）がいるかのように感じる。1つひとつの交代人格には独自のペルソナ（対外的な性格や役割）があり、考え方やコミュニケーションの取り方から、筆跡、そして眼鏡をかけるかどうかといった身体的条件に至るまで異なっている。DID患者には自分がどんな人間かをはっきりと捉えるのが難しく、自分のことを「私たち」と言うこともある。いつ、どの交代人格が表に現れ、それがいつまで続くかを患者はコントロールできない。

解離の体験とは

DID患者は、解離（周囲の世界からの隔絶）を防衛機制（p.15）として用いる。体から遊離し、自分を外から見ているかのように感じることもある。自分の感情や体を感じるのではなく、映画を観るように観察するのである。患者を取り巻く世界には現実感がなく、ぼんやりとしていて、そこにある物は姿を変えていく。

DID患者の記憶には著しい空白が頻繁に起こり、単なる忘れっぽさでは説明がつかないほど、自分の個人的な情報を思い出すのが困難になる。遠い過去、あるいは最近の生活で関わった人や場所、出来事を思い出せないことがあるかと思うと、別の出来事はありありと追体験したりする。日常の活動をしていて発作的に意識が途絶えることがあり、知らぬ間にどこかへ出かけて、意識が戻ったときに自分がどうやってそこまで来たのかわからなくなったりする。

患者には、人格の変化と解離の症状が日常的に起こる。これらの症状は、ストレスに対処するために生じると考えられている。その発端は多くの場合、子ども時代の長期にわたる深刻なトラウマ体験だが、解離はその体験が終わっても長く日常生活に支障をもたらす。患者は、その後の人生においても、強いストレスのかかるあらゆる状況に、解離によって対処するのである。

診断の仕方は？

DIDが疑われるときは、専門家が診断用の質問紙を用いて患者の症状を記録・評価する。

この疾患の特徴である、説明のつかない異常な行動は患者を苦しめ、困惑させるとともに、仕事や社会生活、身近な人間関係に悪影響を及ぼす。またDIDとともに不安症やうつ病（pp.38–39）、パニック発作、OCD（pp.56–57）、幻聴、自殺願望が起こることも多い。

入れ替わるアイデンティティ

交代人格と呼ばれるDID患者の断片的アイデンティティには、それぞれの認識の仕方や個性があり、繰り返し現れては患者の行動を支配する。それぞれが互いを認識し、コミュニケーションを取り合うことが多く、時には別の交代人格を批判したりもする。

表に現れる交代人格は、突然入れ替わる。患者は誰が表に現れるかをコントロールできないが、特定のストレス要因にさらされたときに決まった交代人格が現れることもある。

✚ 治療法

◆ **心理療法** 認知行動療法（p.125）などにより、自分のトラウマを捉え直し、心理的柔軟性を養うことで、断片化した複数の人格を解体し、1つに統合し直す。治療は長期にわたる。

◆ **弁証法的行動療法**（p.126） 自傷行為や自殺に結びつく行動がある場合の治療に。

◆ **抗不安薬および抗うつ薬**（pp.142–43） 関連する疾患への対処のために指示されることが多い。

第2章 さまざまな精神疾患
解離性同一症／解離性同一性障害

8〜13 解離性同一症の患者に現れるアイデンティティの一般的な数

実年齢より幼い
自己は、子どもっぽい話し方をしたり、話すこと自体ができなかったりする。

主人格と相反する姿勢
を持つことで、人生に起きたことに対して異なる視点が生まれる。

リズ

名前が変わる
別の交代人格の思考パターンへと切り替わったことを示す場合もある。

交代人格が入れ替わる

別の性別や年齢
になることで、出来事の記憶や捉え方も変わる。

外見の違い
たとえば髪の色や服装のスタイルなどに主人格と異なる個性が現れることがある。

主人格
患者にとって一番自分らしく感じられる主要な交代人格。別の交代人格が表に現れていたときに自分に起きたことを、主人格は覚えていないことがある。

役割の変化
人生に起きたことを別の観点から捉えられることもある。

離人感・現実感消失症／離人感・現実感消失障害

離人感は、自分の思考、感情、体から切り離されたように感じる症状。一方、現実感消失では、自分を取り巻く環境から切り離されたように感じる。この2つは関連する解離症である。

どのような疾患か?

これら2つの疾患がもたらす感覚は強く心を乱し、生活を正常に送る力を大きく損なうことがある。気がおかしくなるのではないか、あるいは抑うつ、不安、パニックになるのではないかと怖くなる患者もいる。

離人感を患う人は、自分がロボットになり、話すことも動作も思い通りにならなくなったかのようだと話す。自分の思考や記憶を外から眺める傍観者のように感じるのだ。また、自分の体が奇妙にゆがんで感じられることもある。現実感消失症の患者は周囲の状況を自分とは切り離された、関係のないものと感じる。こうした症状は軽度ですぐに消えていくこともあれば、数か月、あるいは数年と続くこともある。

これらの疾患については原因がほとんどわかっていないが、生物学的要因や環境的要因が関わっている可能性がある。神経学的に感情への反応性が低かったり、パーソナリティ障害 (pp.102-07) が疑われたりすることから、症状を起こしやすいと考えられる人もいる。そして、深刻なストレス、トラウマ、暴力などが発症のきっかけとなりうる。

アセスメントでは、原因が身体疾患や薬物療法の副作用である可能性を除外するために、患者のすべての病歴を確認し、身体的検査を行う。また、関連する症状や考えうる原因を特定するために、質問紙を用いた評価を実施する。長期にわたり、あるいは繰り返し自分自身や周囲の状況から切り離されたような異常な感覚を体験している場合に限り、離人感や現実感消失症の診断が下される。自分の考えや周囲の状況とのつながりが断たれたような感覚は、多くの人が人生のどこかで一時的に経験するが、実際に2つの疾患のいずれか、または両方であると診断される人は、全人口の2％に満たない。

➕ 治療法

- **心理療法** とりわけ認知行動療法 (p.125)、精神力動的心理療法 (pp.118-21)、マインドフルネス瞑想 (p.129) は、自分や周囲から切り離された感覚が起こる理由を理解し、そのきっかけとなる状況への対処法を学んで症状をコントロールする助けとなりうる。
- **薬物療法** たとえば抗うつ薬 (pp.142-43) などが、不安症やうつ病など、関連する疾患の治療のために指示されることもある。

体外離脱体験

患者は現実とのつながりを失ってしまい、映画の登場人物のように自分を外から眺め、実際に生きている自分を感じ取れなくなることがある。

解離性健忘

ストレス、トラウマ体験、病気などが起きた後に、自分に関する記憶が思い出せなくなる解離症。短期間で回復することが多い。

治療法

- ◆ **心理療法** たとえば認知行動療法、弁証法的行動療法、眼球運動による脱感作と再処理法、家族療法、芸術療法、催眠療法、マインドフルネス瞑想（pp.118-41）などが、疾患のきっかけとなったストレスを理解し、対処法を身につける助けとなりうる。
- ◆ **薬物療法** 抗うつ薬（pp.142-43）など。解離性健忘に関連して起こりうる、うつ病や精神病の治療のために指示されることがある。

どのような疾患か？

解離性健忘の多くは、虐待、事故、災害の目撃あるいは体験など、非常に強いストレスと関連している。それによって、たとえば子ども時代のある期間の体験や、友人、親族、同僚などに関する何らかの事柄など、特定の記憶が著しい影響を受け、思い出せなくなることが多い。一方で、トラウマ体験に関する記憶だけが消失することもある。たとえば強盗に銃で脅されて金品を奪われた被害者には、その日に起きた別の出来事は細かく思い出せても、被害を受けたときのことだけは覚えていないといったことが起こりうる。

また、全般的に記憶を失い、自分の名前、職業、自宅、家族、友人を思い出せなくなることもある。時には、失踪して捜索願いが出される患者もいる。そして、まったくの別人として生き始め、過去の生活で出会った人や行った場所を見分けられず、自分が何者かを説明できないこともある。この症状は解離性遁走（かいりせいとんそう）と呼ばれる。

臨床診断では、質問紙を用いて原因を探るとともに、症状を記録・評価する。また、身体検査および心理検査を行って、他の疾患が記憶喪失の原因となっている可能性を除外する。

2〜7%*
の人が**解離性健忘**を患っている

*[訳注]アメリカの研究では、12カ月有病率1.8%、生涯有病率7%。

記憶の回復

解離性健忘のほとんどは短期的なものである。記憶は一時的に失われても、あるとき突然すべて戻ってくることが多い。患者を取り巻く環境の中の何かに触発されて、あるいは治療セッションの中で、記憶は自然と回復することがある。

神経性やせ症／神経性無食欲症

神経性やせ症（拒食症とも呼ばれる）は深刻な感情障害で、患者は自分の体重をできる限り減らしたいと感じる。食べ物を嫌悪し、食事の量を減らすうちに食欲そのものが起こらなくなっていく。

どのような疾患か？

神経性やせ症の患者は、体重が増えるのを恐れるあまり、正常に食べることができなくなる。食欲抑制薬、下剤、利尿薬（体の水分を排出するため）を飲んだり、食後に自分で吐いたり（神経性過食症、pp.92-93）する一方で、過食することもある（過食性障害、p.94）。

神経性やせ症は、さまざまな要因によって起こる。たとえば、学校での試験やいじめ（とくに、体型や体重を理由に攻撃するもの）、ダンサーや運動選手など、スリムな体型が「理想」とされる職業における重圧などが、発症の一因となりうる。また、子ども時代に受けたストレスや、失業、人間関係の破綻、親しい相手との死別といった、どうすることもできない人生の出来事がきっかけとなることもある。そうした出来事に出会うことで、自分の力の及ぶ範囲にある内面のプロセスを、過度にコントロールしようとするのである。

神経性やせ症は、男性よりも女性に多い。多くの患者の性格や行動には、共通する特性がある。それは、感情をあまり表に出さない、抑うつや不安になりやすい、ストレスの扱いが苦手、非常に心配症であるといった傾向であり、多大な努力を必要とする厳しい目標を自分に課す人が多い。また、強迫的な考えや衝動を持つ場合もあるが、必ずしもOCD（pp.56-57）患者ではない。

神経性やせ症を患うと、人間関係を保つのが難しくなることがある。さらに、体に回復できないダメージを与え、不妊症や深刻な妊娠合併症を引き起こす可能性もある。

診断の仕方は？

医師、専門の心理職、または医療専門家が、患者の病歴や家族歴、体重、食習慣に関する確認を行う。合併症の危険性を減らすために、治療は可能な限り早く始める必要がある。ほとんどの場合、治療計画には心理療法と、患者に合わせた食事や栄養摂取の指導が含まれる。回復には何年もかかることがある。

治療法

◆ **集学的なチーム医療** 医師、精神科医、専門看護師、栄養士などが協力し、患者の体重を安全に回復させるとともに、家族や親しい友人を支援する。

◆ **認知行動療法（p.125）** 患者が自分の問題を理解し、言葉にするとともに、拒食の誘因－思考－感覚－行動の連鎖の中に捉えられるようになる。治療者と患者は、疾患が続く原因となっている思考の連鎖を断ち切るために協力して取り組む。

◆ **認知分析療法** 患者の考え方、感じ方、行動の仕方を見直すとともに、過去（多くは子ども時代）の体験の背景にある出来事や人との関係を検証する。

◆ **対人関係療法** 愛着や、他者との関わりにおける問題を解決する。

◆ **焦点化精神力動療法** 幼児期の経験がもたらす影響を検討する。

◆ **入院治療** 重症の場合に。厳密に管理された日々の活動や食事計画を通して、治療者の監督の下で体重を回復させる。あわせて、同様の症状を持つ患者と支え合えるよう、集団療法を行うことが多い。

神経性やせ症の症状

症状はどれも自尊心、自分の体のイメージ、気持ちに関するもので、認知（気持ちと考え）、行動、身体の3つの区分に大別される。

46%

の神経性やせ症の患者は完治に至る

第2章 さまざまな精神疾患
神経性やせ症／神経性無食欲症

自分では体重が重すぎると思い、減量しなければという衝迫に駆られる。

実際の体重とBMIは、患者の年齢や身長での健康的な水準と比べて低すぎる。

認知症状

- ◆ 体重が増えることへの恐れを訴え、体型に異常なほどとらわれる。
- ◆ やせているのは良いことだと考え、自分は太りすぎだと思い込む。
- ◆ 体重や体型を基準に、自分の価値を判断する。
- ◆ 食べ物のことや、食べたら嫌な結果が待っているという思い込みでたえず悩む。
- ◆ いらいらして、気分が不安定になり、集中できなくなる（空腹の影響もあり）ため、学業や仕事に悪影響が出る。

行動症状

- ◆ 食べ物やダイエットのことに異常なこだわりを見せ、過度にカロリーを気にする。「脂肪の多い」食べ物を避けたり、低カロリー食品だけを食べたりする。食事を抜くことも。
- ◆ 人前で食べるのを避けたり、食後に食べた物を吐いたり下剤を使ったりする。
- ◆ 自分の食べた量について嘘をつく。
- ◆ 何度も体重を測るか、鏡で自分の体型を確認する。
- ◆ 強迫的に運動する。
- ◆ 人づきあいを避けるようになる。

身体症状

- ◆ 目に見えて体重が減る。
- ◆ 女性は月経周期が乱れるか、無月経になる。
- ◆ 繰り返しの嘔吐のために歯が悪くなり、息が臭くなる。
- ◆ 柔らかく細い産毛が体に生えるが、頭髪は抜けていく。
- ◆ よく眠れなくなるが、強い疲労を感じる。
- ◆ 虚弱で、ふらつき、めまいを感じる。
- ◆ 胃が痛む。便秘になり、お腹が張る。
- ◆ 手足にむくみが出る。

神経性過食症／神経性大食症

神経性過食症は深刻な摂食障害の1つだ。患者は飲食の量を極端に制限しては過食に至り、食べた物の大部分を食後に吐いたり、下剤などで排泄したりして体重をコントロールする。

どのような疾患か?

神経性過食症の患者は体重が増えることを異常に恐れ、食べ物やダイエットのことが頭から離れなくなる。神経性やせ症（pp.90-91）とは違い、ほとんどの場合、体重は患者の身長や体格に対して正常か、それに近い。ただし、自己イメージの偏りのために自分は太りすぎだと思い込むのは、神経性やせ症患者と同様である。

患者は張りつめた不安な様子で、人目を気にして行動することが多く、人の見ていないところで大量の食べ物を一気に食べては、トイレにこもって嘔吐する。こうした行動は、人生の出来事に対処するために起こるものであり（むしろ日々の生活を苦しいものにしてしまうが）、抑うつ、不安、社会的孤立と結びついている。

美容・ファッション広告のモデルのような体型にならなければというプレッシャーや、神経性過食症の家族歴があることが発症のリスクを高める。女性患者の方が多い疾患だが、男性の事例も増えている。思春期における自意識の高まりをきっかけとして起こることが多く、10代の男女が太っていると言ってからかわれると、とりわけ発症しやすい。

神経性過食症は、心臓、腸、歯、子どもをつくる能力を回復できないほど損なうことがある。治療法は重症度によって異なり、回復までには長くかかる場合もある。

神経性過食症の診断

イギリスの総合診療医は、神経性やせ症（pp.90-91）と神経性過食症の診断にSCOFF質問紙を利用する。2項目以上当てはまれば、摂食障害である可能性が高い。他国でも類似の基準が利用されている。

- ◆ 食べ吐きを繰り返していますか?
- ◆ 食べる量をコントロールできなくなっていますか?
- ◆ この3か月で6キロ以上体重が減っていますか?
- ◆ やせすぎだと周りから言われているのに、自分は太っていると思っていますか?
- ◆ 生活が食べ物に支配されていますか?

過食・排出サイクル

患者は自己評価が低く、体重を減らすことで自分の価値を高められると思っている。そして、余分なカロリーを消費するために過度な運動に走ったり、食事を伴う交際の場を避けたりすることがある。

原因

- ◆ 身近に、容姿が重要だと考え、患者の体重や外見を批判する人がいる。
- ◆ 生活を何らかの点でコントロールしたいと感じている。とくに、トラウマ体験からの回復中の場合。
- ◆ 欠点のないスリムな体を持つ有名人のイメージに触発されて、厳しいダイエットを始める。
- ◆ 自分の決めたダイエットを守れないと、自暴自棄になってくる。

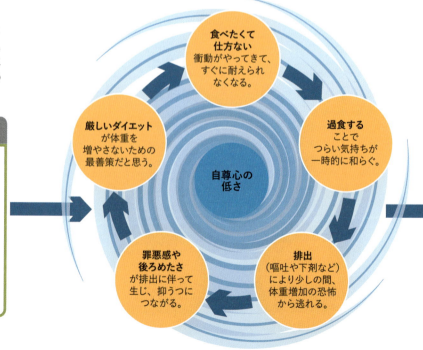

第2章 さまざまな精神疾患
神経性過食症／神経性大食症

➕ 治療法

- **心理療法** 集団療法、セルフヘルプ、治療者と1対1での認知行動療法（p.125）、対人関係療法など。
- **抗うつ薬**（pp.142-43） 心理療法とあわせて。
- **入院治療** 非常に重症の場合に必要とされる。

1.5%
のアメリカ人女性が
生涯の一時期に
神経性過食症を患う

身体的影響

- 体重が頻繁に増減する。
- 息が臭くなる。胃痛や咽喉痛が起こる。嘔吐物に含まれる酸により、歯の表面（エナメル質）が溶ける。
- 肌や髪が乾燥する、髪が抜ける、爪がもろくなる、無気力になるなど、栄養不良の兆候が現れる。
- 下剤や利尿薬の誤用・乱用が心臓の負担、痔、筋力の衰えにつながる。
- 女性は月経周期が乱れるか、無月経になる。
- お腹の張りを感じたり、便秘になったりする。
- 目が充血する。
- 口に手を入れて嘔吐することで、手の甲に吐きだこ（皮膚のただれやその痕）ができる。

神経性過食症の患者は自分の食習慣をまったくコントロールできないと感じ、そのために体重増加がますます怖くなる。

過食性障害

この疾患の患者は、自尊心の低さと心の苦痛をどうにかしようと過食を繰り返すが、自制のきかない状態でいつも食べすぎてしまうため、抑うつや不安がますます悪化していく。

どのような疾患か？

過食性障害の患者は、1人であるいは人の目を盗んで、空腹でないときに大量の食べ物を一気に食べることを繰り返し、過食の後に後ろめたさや強い自己嫌悪を覚える。そして食べる量や頻度をまったく自分でコントロールできないと感じる。

自尊心の低さ、抑うつ、不安、ストレス、怒り、退屈、寂しさ、体への不満、やせなければという重圧、トラウマとなる出来事、摂食障害の家族歴などはすべて発症のリスクを高める要因となる。また、強い空腹感が続き、食べたくて仕方ないという欲求が起こるような厳しいダイエットをした後で発症することもある。過食性障害はアメリカで最も多く見られる摂食障害である。

診断の際、医師は患者の体重増加（この疾患がもたらす最も一般的な身体的影響）などをもとに判断を下す。

✚ 治療法

- ◆ **心理療法**（pp.118-41）　集団療法、または治療者と1対1で。
- ◆ **セルフヘルプ（自助）プログラム**　書籍やオンラインコースで、自助グループの活動の一環として、または専門医などの監督の下で障害の改善に取り組む。
- ◆ **抗うつ薬**（pp.142-43）　心理療法とあわせて。

過食の悪循環

過食性障害の患者は、苦しい感情を和らげるのに、有害だが手早い手段として食べ物を利用しており、苦しみの底にある本当の問題に取り組む建設的な方法を探そうとしない。そのため、食べることでつかの間の安堵を感じては落ち込み、それでもまた食べるという悪循環を繰り返す。

つらい気持ちが安らぐのは、食べ物のことを考えるときだけ。苦しみが膨らんでいく。

不安が高まり、憂うつな気分が心に広がる。食べることは、一時的にしか「痛み」を和らげてくれないため。

とにかく食べて憂うつから解放されたいという思いが切迫してくる。過食を思い立ち、多くの場合、そのための特別な食べ物を買う。

再び気分が落ち込み、強い自己嫌悪を覚える。過食のことで罪悪感や後ろめたさを覚えるため。

不安が治まる。ストレス、悲しみ、怒りを感じる気持ちが、食べることで一時的に麻痺するため。

過食する。大量の食べ物を一気に食べる（空腹でも、そうでなくても）。たいていは人目を盗んで。意識がもうろうとした状態で食べたり、後で不快な満腹感を覚えたりする。

異食症

異食症の患者は、土やペンキなど食べ物ではない物を繰り返し食べる。摂取すると危険な物を食べてしまう場合、深刻な合併症につながる可能性がある。

どのような疾患か？

異食症の大人や子どもは、動物の糞や、粘土、土、体毛、氷、クリップなどの金属、ペンキ、砂などを食べる。大人よりも子どもに多く見られ、1〜6歳の子どもの10〜32%が異食症である。こうした異常な摂食行動は鉛中毒や、尖った物による腸管の損傷などの合併症を生むことがある。

医師が診断を下す際は、異食行為が1か月以上続いていることを判断基準とする。身体的検査により、栄養不足や貧血などが根本原因である可能性を除外した後、医療専門家が発達障害やOCD（pp.56-57）といった別の疾患が併存していないか確認する。

治療法

- ◆ **行動療法**（pp.122-29） 健全な食事と正の強化や報酬を関連づける。ポジティブな行動支援で家族や家庭環境に働きかけ、再発をできる限り抑える。
- ◆ **薬物療法** ドーパミンのはたらきを向上させる。サプリメントで栄養不足を改善する。

28%の妊婦は異食症を患う

症例の少ない摂食障害

摂食障害は、異常な食習慣、ふつうは食べない物の摂取、食べることや食事の時間に関する苦痛や回避行動、体重や体型に関する心配などを特徴とする。

病名	どのような疾患か？	原因	症状	影響	治療法
排出性障害	食後の意図的な嘔吐を、体の健康に影響するほど頻繁に繰り返す。	子どもの頃に受けた虐待や育児放棄、ソーシャルメディアによるストレス、家族歴。	食後の嘔吐、下剤の利用、体重や外見への強迫的なこだわり、歯の侵食、目の充血。	不安、抑うつ、自殺念慮。それらによる人間関係や仕事への悪影響、自尊心の低下。	医療的問題への対処、健康的な食事の計画、栄養指導、心理療法。
夜間食行動異常症候群	1日に必要な食べ物の大半を、夜間に食べたくなる衝動。	抑うつ、自尊心の低さ、ストレスやダイエットへの反動。	不眠。夜間にだらだらと食べ続けたり、夜中に目を覚まして食べたりする。	仕事や公私の人間関係の問題、体重増加、物質乱用。	この疾患に関する心理教育、栄養療法、行動療法。
反芻症／反芻性障害	途中まで消化した食べ物を、口に戻して咀嚼し直す。知的障害を持つ幼児に多く見られる。	親などの保護者との異常な関係性、または育児放棄。注意を引くための行動という場合もある。	食べた物を口に戻して、咀嚼し直す。体重が減る。歯が悪くなる。胃痛。唇が荒れる。	通常は成長に伴い、幼いうちに自然と解消される。そうでない場合、日常生活に影響を及ぼす。	家族療法およびポジティブな行動支援。

コミュニケーション症群／コミュニケーション障害群

コミュニケーション症群は、言語的、非言語的、または視覚的概念をやり取りしたり、処理したり、理解する能力に関する疾患である。症状は言語の習得や使用、話すこと、聞くことのいずれか、またはすべてに現れる。

どのような疾患か？

主要な4つの疾患として、言語症、小児期発症流暢症、語音症、SCD（social communication disorder: 社会的コミュニケーション症）がある。これらは多くの場合、複雑な疾患となる。乳幼児期に症状が現れる場合もあれば、就学後にはじめて、明らかになることもある。

原因は多岐にわたり、自然発生的に発症する場合もあれば、神経学的疾患から生じる場合もある。

遺伝的原因もあり、発話や言語に関する障害の家族歴がある子どもの20～40％は、コミュニケーション症を患う。胎児期の栄養状態も、関係している可能性がある。また、精神疾患、ASD（pp.68-69）、ダウン症候群、脳性麻痺や、唇裂、口蓋裂、聴覚障害といった身体的な問題も、患者のコミュニケーション能力を制限する可能性がある。

診断の仕方は？

患児の発達の可能性をできる限り高めるため、早期に介入することが大切だ。疾患によっては、生涯にわたる対応が必要になる。

言語聴覚士が、家族歴を含めた病歴、現在の身体疾患、教師や保護者からの情報を確認して、治療計画を立てる。

治療法

- **言語聴覚療法** 言語能力や、語音の産出（明瞭な発音の仕方）およびその規則の理解、言葉の流暢さ、身振り手振りなどの改善に非常に重要である。吃音のある人には、発話や息つぎのペースをコントロールしたり、意識したりできるよう支援する。
- **ポジティブな行動支援** 患者が適切なコミュニケーションをとれるように行動を改善する。
- **家族療法** 言語の発達を助けるための特別な教育支援、および環境調整。

コミュニケーション症の原因

コミュニケーション症には複数の要因が関わることがあり、その影響は軽度から重度までさまざまである。

障害 \ 要因	言語障害の家族歴	小児期の発達障害	遺伝性症候群	難聴または聴覚障害	情緒障害または精神疾患	早産	神経学的疾患または損傷	栄養不良
言語症	✓	✓	✓	✓	✓	✓	✓	✓
語音症		✓	✓	✓			✓	
小児期発症流暢症	✓	✓			✓		✓	
社会的コミュニケーション症	✓	✓	✓		✓	✓	✓	✓

第2章 さまざまな精神疾患
コミュニケーション症群／コミュニケーション障害群

言語症

周りの人の言葉を理解できない（受容性言語障害）、または自分の考えを伝えられない（表出性言語障害）、あるいはその両方（受容―表出混合性言語障害）。

- **乳児期に親に笑い返したり、喃語を返したりしない。** 生後18か月までに2、3語しか覚えない。
- **周りの子どもと遊ばず、1人でいることを好む。** 内気になったり、よそよそしい態度をとりがちになったりすることもある。
- **嚥下に困難がある**ことで、話す能力に影響する。

語音症

音声のパターンに従って明瞭に話すのが難しく、言葉を誤って発音する。通常なら正確な発音を身につける年齢を過ぎても、それが解消されない。

- **不明瞭な話し方。** 幼い子どもであればふつうだが、8歳を過ぎても改善しない。
- **言葉を正しく発音できない**ため、人の言っていることは理解できるが、自分の言いたいことが伝えられない。
- **語音の規則の理解が不十分**なことが明らかに見て取れる。

この疾患を患う子どもは……

思い違いやコミュニケーションの不手際が、日々の人との関わりを難しくする。不安になり、自信を失っていく。

- **発達の段階が通常よりも遅れる。** 子どもはコミュニケーションを通して学んでいくため。
- **社会的に孤立する。** 自分から人と関わらず、友達をつくれない。いじめの標的になることもある。
- **問題行動**が起きる。コミュニケーションを避けるようになる。また、発話の障害が解消されない場合には、攻撃的になることもある。

小児期発症流暢症（吃音）

どもったり、つかえたりしながら話す、単語やその一部を繰り返す、音を不自然に引き延ばす。

- **うまく話せなくなる**ことがある。息切れしているときのように。
- **相手の気をそらす**ために、せき払いなどの音を使ったり、頭や体を動かしたりして障害を隠そうとする。
- **不安は、障害を隠そうとする中で一層あらわになっていく。**
- **人前で話すことを避ける。** 不安になると、ますます言葉につかえてしまうから。

SCD（社会的コミュニケーション症）

言語的な情報と視覚的な情報を同時に処理することができない。

- **状況に応じた言葉遣いができない**ため、高圧的・独善的な態度をとってしまったり、大人や友達など、話す相手に合わせた適切な対応ができなかったりする。
- **非言語的コミュニケーションがうまくできない。** たとえば集団で会話などをしていて、順番を守れずに割り込んでしまう。
- **挨拶ができない。** 人との関わりにほとんど興味を持たないため。

社会的コミュニケーション症と自閉スペクトラム症の違い

SCD（社会的コミュニケーション症）の多くの症状は、ASD（自閉スペクトラム症）と共通している。SCDの診断を下して治療計画を立てる前に、医師はアセスメントによりその子どもがASDである可能性を除外しておかなければならない。

社会的コミュニケーション症

SCDの子どもは、会話の基本的なルールをうまく身につけられない。会話をどのように始め、相手の話を聞き、質問をし、同じ話題にとどまり、いつ終わるのか判断するのが難しいのだ。言語障害、学習障害、語音症、ADHD（pp.66-67）など、他の発達障害と併発することもある。

自閉スペクトラム症

ASDの子どもは、他者の感情や感じていることを理解し、相手に共感することが難しい。SCDと同様に、ASDでもコミュニケーションに困難があり、ソーシャルスキル（対人関係の能力）が損なわれ、視覚などの感覚認識が通常とは異なっている。だが、ASDではそれに加えて、限定された行動や反復的な行動をとるという特徴がある。

睡眠障害

睡眠障害とは、健全な睡眠をとることが困難になるさまざまな疾患の総称である。精神的要因で起こることもあれば、生理的な問題に起因することもあり、いずれの場合も患者の正常な思考、感情、行動などの妨げとなる。

どのような疾患か？

睡眠の問題はほとんどの人がときおり経験するものだが、それがたびたび起こり、日常生活や心の健康を妨げる場合には睡眠障害となる。心身を回復させる睡眠がとれないと、活力、気分、集中力、そして健康全般への悪影響につながる。すなわち、失見当識(自分のいる場所や時間などがわからなくなる)、錯乱、記憶障害、言語障害などが起こり、それらがさらに睡眠障害を悪化させることもある。

人が眠るときには、3つの異なる状態を推移していく。覚醒状態、夢に関わるレム(Rapid Eye Movement: 急速眼球運動)睡眠、ノンレム(Non-Rapid Eye Movement)睡眠である。睡眠障害の中には、睡眠中だけでなく、眠る直前や覚醒直後に異常が現れるものもある。たとえば不眠障害では、うまく眠りにつけないか、眠ってもすぐに起きてしまう、あるいはその両方の症状が起こり、非常に強い疲労感が1日中続く。

睡眠時随伴症群では、異常な行動や現象によって睡眠が阻害される。この疾患群には、睡眠時遊行症(夢遊病)、悪夢障害、睡眠時驚愕症(夜驚症)、レストレスレッグス症候群(むずむず脚症候群)、睡眠麻痺、睡眠中の暴力行為などがある。錯乱性覚醒の患者は混濁した意識で目覚め、異常な行動をとる。深刻な睡眠時随伴症であるレム睡眠行動障害の患者は、睡眠中にうなり声をあげ、多くは夢で見ている通りに体を動かしてしまう。

何が原因なのか？

睡眠障害は投薬や、身体疾患の影響(ナルコレプシーの場合など)、睡眠時の呼吸の問題との関連で起こることがある。呼吸に関連する疾患としては、いびきから閉塞性睡眠時無呼吸(のどの内壁が緩んで気道が狭まり、正常な呼吸が妨げられる疾患)まで幅広い問題がある。

どのような疾患か

不眠障害では眠りにつくことや、翌日すっきりと回復感を得られるくらい長く眠り続けること、またはその両方に困難が生じる。短期で治まることもあれば、数か月、数年と続くこともある。高齢者に比較的多く見られる。

睡眠時随伴症群では入眠時、睡眠中、または覚醒の際に、望ましくない現象や経験、行動が起こる。その間、患者は眠ったままであり、そうした行動や出来事を覚えていない。

ナルコレプシーは長期的疾患であり、脳が睡眠と覚醒のリズムを正常に調整できないときに起こる。睡眠のパターンが不規則になり、不適切な状況で突然眠り込んでしまう。

過眠障害は、過剰な眠気が生活の妨げになる疾患である。軽度で一過性のこともあれば、重度で長期的になることもあり、多くは抑うつを伴う。おもに10代半ばから成人期初期の若者が患う。

5,000〜7,000万人
睡眠障害を患うアメリカの成人患者数

原因	症状	影響	治療
心配事やストレスなどがきっかけとなる。仕事や家庭でのトラブルや金銭的な問題、親しい相手との死別などの重大な出来事、身体疾患の影響、アルコールや薬物の使用など。	なかなか寝つけない、夜間に繰り返し目覚める、早朝に目覚めて再入眠できない、うたた寝できない、などの症状が起こる。疲労により、いらだちや不安が起こり、物事に集中できなくなる。	リラックスできなくなり、極度の疲労感のために日中の活動が妨げられる。仕事の遂行能力が下がり、人間関係にも悪影響を及ぼす。今夜も眠れないのではないかと不安を覚えるようになることもあり、そのストレスで不眠がさらに悪化する。	刺激制御療法、睡眠制限療法、逆説志向法といった行動療法（pp.122-29）を行う*。睡眠に関する不安を軽減するため、眠ろうとするのではなく、逆にできる限り起きていようと努めるのである。 ＊［訳注］日本では薬物療法が主。
睡眠時随伴症は家系を伝わることが多いため、遺伝的な原因の可能性がある。また、薬物治療や、睡眠時無呼吸などの身体疾患とも関連する。レム睡眠行動障害は、脳疾患の罹患後に起こることがある。	一般的な症状として、睡眠時遊行症（夢遊病）、睡眠時驚愕症（夜驚症）、寝言、錯乱性覚醒、律動性運動障害、こむら返りなどが挙げられる。さらに重度の症状には、夜間食行動異常症候群や、レム睡眠行動障害がある。	睡眠による心身の回復が得られないことで、精神疾患、失見当識、錯乱、記憶障害が起こりうる。レム睡眠行動障害では、睡眠中に暴力をふるう可能性がある。	軽症あるいは無害な睡眠時随伴症には、状況に応じた予防措置を講ずるだけでよい。たとえば睡眠時遊行症では、けがの原因になりそうな物を周囲に置かないようにする。レム睡眠行動障害では、薬物療法が必要になることもある。
ナルコレプシーは遺伝的原因や、オレキシン（睡眠を調整する脳の化学物質）の不足、思春期や更年期のホルモンの変化、ストレスなどによって起こる。また感染症の罹患や予防接種の後で起こることもある。	日中の眠気、睡眠発作（時と場所を選ばずに急激な睡魔が起こる）、情動脱力発作（笑いなどの感情が起きたときに一時的に筋肉をコントロールできなくなる）、睡眠麻痺、入眠時や覚醒直前の幻覚といった症状がある。	ナルコレプシーは日常生活を阻害し、感情面でも扱いが難しい。甲状腺の機能不全や、睡眠時無呼吸、レストレスレッグス症候群といった、他の身体症状によって問題が悪化することもある。	日中の過剰な眠気への対処として、健康的な食事や生活スタイル、入眠儀式（寝つきを良くするための決まった行動）の習慣化、一定時間ごとに昼寝をとることなどが役立つ。
過眠障害は遺伝的要因、薬物やアルコールの乱用、ナルコレプシーや睡眠時無呼吸といった他の睡眠障害などを原因として起こる。また、腫瘍や頭部外傷、中枢神経系の損傷を契機として起こることもある。	夜間に7時間以上眠っているにもかかわらず、日中に強い眠気を感じる。日中に繰り返し昼寝をとったり、意図せず眠り込んでしまったりする。長く眠った後、起きるのに苦労する。14〜18時間眠っても、心身の回復を感じられないなど。	日々の生活をこなすことに困難を覚える。不安、いらだち、落ち着かなさを感じ、ほとんど食欲がわかず、活力がなくなる。考えたり、話したりするのに時間がかかり、記憶障害が起こることもある。	まず身体的原因の治療を行う。それでも症状が続く場合は、日中の活動を観察する。患者に合わせた行動療法として、入眠儀式や規則正しい睡眠時間を定め、それを徐々に調整していくといった方法がある。

チック症群／チック障害群

チックとは、突発的で痛みを伴わず、一定のリズムのない動作（運動チック）や発声（音声チック）である。周囲の環境や状況とは無関係と思われるチックが繰り返し起こる場合、チック症の診断が下されることがある。

どのような疾患か？

チック（自分の意思でコントロールできないちょっとした動作や発声）は、通常は深刻なものではなく、時とともに解消していく。しかし症状が続いた場合、とくに2種類以上のチックがあるときには、煩わしく、日常生活の妨げになることもある。

　チックは、動作を司る複数の脳部位における変化が原因で起こると考えられている。また、おそらくは遺伝的体質も関係している。アンフェタミン、コカインなどの薬物摂取や、脳性麻痺、ハンチントン病といった身体疾患、ADHD（pp.66–67）、OCD（pp.56–57）などの精神疾患も原因となりうる。

　チック症は子どもに比較的多く見られるが、大人になってから発症することもある。有病率は統計によって異なるが、重度のチック症とされる子どもの割合は0.3～3.8%である。軽症であれば治療が不要な場合もあり、多くはストレスや疲労の回避といった生活スタイルの調整だけで事足りる。

チックの前触れ

ほとんどの患者は、チックが起きる前に異常な感覚や不快感を覚える。患者の多くは、これをチックでしか解消できない緊張の高まりだと言う。人によっては少しの間チックを抑制できるが、やがて抑えが利かないほど衝動が強まり、結果的にはより強いチックが起こることもある。

前触れとなる衝動
- 目の奥が焼けるように感じる
- 特定の筋肉が緊張する
- 喉が渇く
- 体がむずむずする

緊張を解消せずにはいられず

チック
- まばたき
- その筋肉をぴくりと動かす
- うなる
- 体をぴくりと動かす

- 顔をしかめる
- 頭をがくんと／びくりと動かす
- 頭を物にぶつける
- 肩をすくめる
- せき払いをする
- せきをする
- うなる
- 頻繁に唾を吐く
- 動物が鳴くような声を出す
- 「シー」と威嚇するような声を出す
- ごくりと唾を飲む
- 腕や手をぐいっと動かす
- 体を曲げる／しゃがむ
- 片足／両足をトントンと踏み鳴らす
- 決まった足の運びでステップを踏む

第2章 さまざまな精神疾患
チック症群／チック障害群

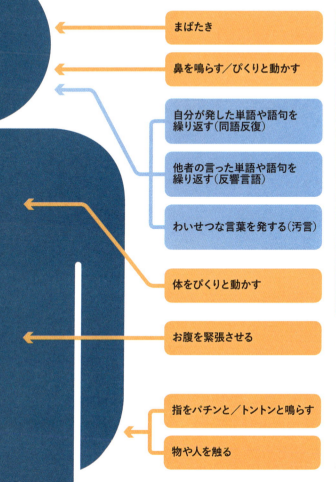

- まばたき
- 鼻を鳴らす／ぴくりと動かす
- 自分が発した単語や語句を繰り返す（同語反復）
- 他者の言った単語や語句を繰り返す（反響言語）
- わいせつな言葉を発する（汚言）
- 体をぴくりと動かす
- お腹を緊張させる
- 指をパチンと／トントンと鳴らす
- 物や人を触る

トゥレット症候群

1884年にはじめて症例を報告したジョルジュ・ジル・ド・ラ・トゥレットにちなんで名づけられた疾患で、複数のチックを特徴とする。1年以上チックが続き、そのうちの1つ以上は音声チックであることがトゥレット症候群と診断される条件である。ほとんどの患者には運動チックと音声チックがともに現れ、それらは単純チックであることも、複雑チックのこともある。トゥレット症候群は遺伝によって伝わることが多い。

トゥレット症候群には大脳基底核と呼ばれる脳部位の異常が関わっていると考えられており、幼少期の連鎖球菌感染による咽頭炎と関連している可能性もあるとされる。診断ではまず、アレルギーや視力の低さなど、症状の原因となりうる別の問題がないかを確認する。その後、神経科医や精神科医がASD（pp.68-69）などの疾患でないことを確かめた上で、患者に心理療法を紹介する。症例全体の3分の1において、チックは10代の間に症状が軽くなり、問題を起こすことも少なくなる。あるいは消失することもある。

> 「音楽のリズムはとても、とても大切です……トゥレット症候群の患者にとって」
>
> オリバー・サックス、イギリス出身の神経内科医、アメリカで作家としても活躍

単純チックと複雑チック

チックはさまざまなかたちで現れる。体の動きとなることもあれば、声として現れることもあり、それらは単純チックと複雑チックに分けられる。単純チックは少数の筋肉群だけに影響するもので、まばたきや、せき払いがこれに当たる。複雑チックは複数の筋肉群が協調して動くもので、まばたきをしながら肩をすくめたり、顔をしかめたり、不意に叫び声をあげたりする。

凡例
- 運動チック
- 音声チック

治療法

- **行動療法（pp.122-29）** トゥレット症候群で、チックが起こる前に感じる不快感を明らかにし、チックを止めるような反応を促すのに広く用いられている。
- **習慣逆転法** チックと同時にできないような代わりの行為をあらかじめ決めておき、その動作に置き換えることによりチックが起こらないようにする。
- **生活スタイルの管理** リラクセーション技法や音楽を聴くことでチックの頻度を下げる。
- **抗うつ薬や抗不安薬（pp.142-43）** 行動的介入の補助として、必要な場合に用いられる*。

*［訳注］トゥレット症候群ではドーパミン拮抗薬（抗精神病薬）が処方される。

パーソナリティ障害群
（PD: personality disorders）

パーソナリティ障害（PD）の患者は思考、行動、社会的機能（人との関わり方）において、長期的で一貫した不健全なパターンを示す。

どのような疾患か？

PDの患者は、自分自身を理解することにも、他者に共感することにも困難を覚える。PDは、長期的に持続し、身体疾患との対比で捉えられない点で、他の精神疾患とは異なっている。

患者の行動は、社会の標準とは著しく異なるが、医療的支援を受けることなく、自分なりの生活を保てることもある。これは、統合失調症（pp.70-71）のような深刻な疾患を持つ患者には難しいことである。多くの場合には、PDは物質乱用（pp.80-81）やうつ病（pp.38-39）、不安症と密接に関わっている。

原因は厳密にはわかっていないが、PDや他の精神疾患の家族歴、幼い頃に虐待を受けたり、不安定あるいは混沌とした生活を送ったりした経験、子ども時代に深刻な攻撃性や反抗的傾向があると診断を受けたこと、などが危険因子となると考えられる。また、脳の構造や化学的なはたらきの特性も関係している可能性がある。

PDには10のタイプが規定されており、それらが大まかな共通性をもとに3群に分類されている。

医師は通常、患者が成人期の初期に達するまでは、PDの診断を下すことはない。PDと診断されるには、症状（右記、pp.104-07）が、日々の生活の妨げとなり、患者の心に苦痛をもたらしていること、そして患者が、PDの10のタイプのうち1つ以上に当てはまる症状を呈していることが、条件となる。

A群：奇妙／風変わり

A群パーソナリティ障害の患者は、大半の人から見て奇妙で風変わりな行動パターンを示し、他者に共感することに困難を覚え、人と関わる状況を恐れる。本人は自分に問題があるとは思わない場合もある。A群に含まれるのは、猜疑性／妄想性PD、シゾイド／スキゾイドPD、統合失調型PDの3タイプである。

猜疑性／妄想性PD

- 他者への不信感や猜疑心が極端に強い。
- 相手が嘘をついている、自分を手玉に取ろうとしている、打ち明けた秘密を誰かにもらしていると考える。
- 他者の悪意のない発言に、隠された意味があると考える。
- 配偶者やパートナーが浮気をしているなどと根拠もなく思い込むことが多いため、親密な関係を保つのに困難を覚える。
- 公然と異を唱えたり、繰り返し不平をこぼしたり、何も言わず冷淡に距離をとったりすることで猜疑心や敵意を表現する。
- 脅威が降りかかることを異常に警戒しているため、患者は用心深く、秘密主義で、ひねくれており、優しい気持ちを欠いているように見える。

シゾイド／スキゾイドPD

- 冷たく、無感情で、他者に関心がないように見える。
- 単独での行動を好む。
- どんな種類の関係であれ、人と親密になりたいという欲求をほとんど持つことがない。性的関係についても同様。
- 人と関わる状況で見せる感情表現の幅が狭い。
- 人との関わりの中でどう振る舞うべきかを他者の言動から読み取れず、批判や称賛に反応を示さない。
- 楽しさや喜びを感じる力が乏しい。
- 女性よりも男性に多く見られる。
- 親族の中に統合失調症（pp.70-71）の患者がいることもあるが、シゾイド／スキゾイドPDは統合失調症ほど深刻な疾患ではない。

統合失調型PD

- 人と関わる状況において、非常に不安で内向的な状態になる。親しい人との集まりでも同様。
- その状況でどう振る舞うべきかを他者の言動から読み取れず、不適切に反応する。
- 妄想的な考えが頭に浮かび、日々の出来事の中に、誤解に基づく過剰な意味を読み取る。たとえば、新聞の見出しの中に自分への隠されたメッセージが含まれていると思い込むなど。
- テレパシーなどの特殊能力の存在を信じたり、人の感情や行動に直接影響を与える魔術的な力が自分に備わっていると思い込んだりする。
- 長く、まとまりがなく、漠然とした発言をしたり、話の途中で話題を変えたりといった、奇異な話し方をすることがある。

治療法

- **猜疑性／妄想性PD** スキーマに焦点を当てた認知療法（p.124）により、患者の抱える複数の問題につながりを見つける。たとえば、子ども時代の記憶がもたらす感情と、現在の生活のあり方の関連を検討する。また、認知療法の技法により、物事の新たな捉え方を身につける。しかし、治療者が患者と信頼関係を築くのは容易でないため、患者は治療を求めたとしても、途中で投げ出すことが多い。
- **シゾイド／スキゾイドPD** 認知行動療法（p.125）や生活スタイルの支援により、不安、抑うつ、怒りの爆発、薬物乱用を抑える。ソーシャルスキル（対人関係の能力）を訓練する。気分の落ち込みや精神病症状が現れる場合には薬物療法（pp.142-43）を用いる。ただし、患者が治療を求めることは滅多にない。
- **統合失調型PD** 人との信頼関係を築くために長期的な心理療法を行う。認知行動療法により不合理な思考を特定し、捉え直す。気分の落ち込みや精神病症状が現れる場合には、薬物療法を用いる。

PD患者は自分に問題があると思わないことが多いため、滅多に治療を求めない。

> パーソナリティ障害群

B群：演技的／感情的／移り気

B群パーソナリティ障害の患者は、自分の気持ちを制御することに困難を覚える。患者の多くは過度に感情的で、予測のつかない言動を見せ、その行動のあり方は周りの目には演技的、移り気で、周囲を脅かし、人の心を乱すものとさえ映る。周囲の人にとって患者とともに過ごすのは居心地が悪いため、患者は公私の人間関係を築き、保つのが困難になる。そしてそれがさらに症状を強めるという悪循環が起こる。

サイコパシー

サイコパシーは診断がきわめて難しく、治療による改善もほとんど見込めない疾患である。反社会性パーソナリティ障害（下記）の下位分類と見なされることもあり、一群の特異な人格特性や行動として現れる。

　診断は、メンタルヘルスの専門医がロバート・ヘア博士の開発したサイコパシーチェックリスト改訂版（PCL-R）などを利用して行う。このリストでは20の項目について、患者の特性をそれぞれ0〜2点で評価する。アメリカでは30点以上、イギリスでは25点以上の場合にサイコパシーと診断される。対人関係に関する特性として、誇大性、人を騙す言動、尊大さなどがある。感情に関する特性としては罪悪感や共感能力の欠如、衝動性に関する特性として、無節操な性行動や、盗みなどの犯罪行為などがある。

　サイコパシーの患者（サイコパス）は抑制が利かず経験から学ぶことがない。はじめは魅力的に見えることもあるが、罪悪感、共感、愛情を持てず、恋愛関係や行動がでたらめで無責任なことがすぐに明らかになる。サイコパシーの特性の多く（とくに感情に流されず明晰な決断を下す力）は、ビジネスやスポーツなど、さまざまな世界で成功している人々にも見られる。サイコパスのほとんどは男性である。また、この疾患は患者の育った文化や社会とは無関係である。

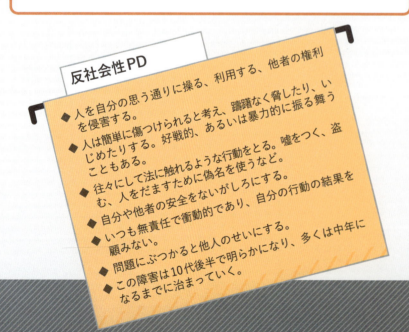

反社会性PD

- 人を自分の思う通りに操る、利用する、他者の権利を侵害する。
- 人は簡単に傷つけられると考え、躊躇なく脅したり、いじめたりする。好戦的、あるいは暴力的に振る舞うこともある。
- 往々にして法に触れるような行動をとる。嘘をつく、盗む、人をだますために偽名を使うなど。
- 自分や他者の安全をないがしろにする。
- いつも無責任で衝動的であり、自分の行動の結果を顧みない。
- 問題にぶつかると他人のせいにする。
- この障害は10代後半で明らかになり、多くは中年になるまでに治まっていく。

第2章　さまざまな精神疾患
パーソナリティ障害群

境界性PD

- もろく不安定な自己イメージを抱く（不安定とも言う）で、気分が激しく揺れ動き、頻繁に激しい怒りを表す。
- 情緒不安定（情動調節不全とも言う）で、気分が激しく揺れ動き、頻繁に激しい怒りを表す。
- 熱情的だが不安定な人間関係。
- 1人きりになったり、見捨てられたりすることを恐れ、むなしさや寂しさを長く抱き続ける。そのことが、いらだちや怒り、抑うつにつながる。
- 思考や認識の仕方が混乱している（認知や知覚の歪みと呼ばれる）。
- 行動が衝動的で、自傷行為をしたり、自殺を考えたり、試みたりする傾向がある。

演技性PD

- 自己本位で、しきりに他者の注目を求める。
- 不適切な服装や行動をし、自分の外見を利用して人の注意を引く。
- 感情が急に変化する。そのことで周囲に浅薄な印象を与える。
- 過度に演技的で、感情を仰々しく表現する。
- 自分を安心させる言動や承認をたえず周囲に求める。
- 被暗示的である（周りの人や環境の影響を受けやすい）。
- 他者との関係が実際以上に親密なものだと思い込む。
- 社交的な状況や仕事の場では、効果的に振る舞えることもある。

自己愛性PD

- 過剰な自負心を持つ。人より優れていると思われることを期待し、自分の才能を誇張する。
- 成功、力、才能、美しさ、完璧な恋人などについての空想にとらわれる。
- 自分が交際できるのは、自分同様に重要な地位にある人々だけだと思い込んでいる。
- 周りから特別扱いされ、自分の希望が無条件に聞き入れられることを期待し、望むものを得るために人を利用する。
- 自分以外の人の求めることや気持ちには目を向けようとせず、気づくことができない。
- 自分がねたまれていると思い込む。

✚ 治療法

- **反社会性PD**　認知行動療法（p.125）が勧められるが、犯罪行為をして裁判所から命令を受けた場合にしか治療に臨まない患者もいる。
- **境界性PD**　精神力動的心理療法（pp.118-21）、認知行動療法（pp.122-29）、システミック療法（pp.138-41）、生態学的アプローチなどの要素を組み合わせたメンタライゼーション療法や弁証法的行動療法、および芸術療法（p.137）など。軽症であれば集団療法を、中等度から重度の症状では、複数の医療・福祉機関などのスタッフが連携して対応する。
- **演技性PD**　支持的心理療法や解決志向の心理療法（pp.118-41）により、感情を調整する力を身につける。ただし、患者は問題なく生活できるかのように振る舞う傾向があるため、治療が難しい。
- **自己愛性PD**　心理療法により、自分の感情の原因を理解し、調整する力を身につける。

パーソナリティ障害群

C群：不安／恐怖

C群のパーソナリティ障害は、思考や行動に心配や恐怖を伴うことを特徴とする。患者は著しい不安や恐怖感に絶え間なく苦しむ。その行動パターンは大半の人の目に非社交的で、引っ込み思案と映るかもしれない。C群には、依存性PD、回避性PD、強迫性PDが含まれる。依存性PD（下記）と境界性PD（p.105）はいくつかの症状が重なるため、鑑別のために精神医学的評価が必要となる。

依存性PD

- ◆ 1人きりになり、自力で生きていかなければならない状況を恐れる。
- ◆ 非難されるのを恐れて、たえず人を喜ばせようとしたり、異論を口にするのを避けたりする。
- ◆ 悲観的で、批判されることに過敏である。
- ◆ 自信が持てず、自己疑念に苦しむ。自らの才能や強みを過小評価し、自分のことを「バカ」だと言ったりする。
- ◆ 主体性がなく従順で、愛に飢えたような、依存的振る舞いをする。虐待を受けたとしても耐え忍んでしまうことがある。
- ◆ 1つの親密な関係がだめになると、必死になって次の相手を見つけようとする。
- ◆ 失敗を恐れて物事に手をつけられないことが多い。

回避性PD

- ◆ 批判、非難、拒絶を強く恐れるため、人と関係を持つことに困難を覚える。
- ◆ 友人をつくることに、極度に慎重である。
- ◆ プライベートな物事や自分の気持ちを人に伝えたがらないため、すでにある人間関係を保つのも難しくなることがある。
- ◆ 人とのやり取りが必要な仕事は避ける。
- ◆ 自分はうまくやる力がない、劣っている、という思い込みが強いため、人と関わる状況に身を置こうとしない。
- ◆ 自分の「正体」を人に知られ、拒絶や嘲笑に遭ったり、恥をかかされたりするのを常に恐れている。

A群

B群

C群

10%
世界人口に占める何らかの
パーソナリティ障害を持つ
人の推定割合

OCPDか、OCDか？

OCPD（強迫性パーソナリティ障害、Obsessive Compulsive Personality Disorder）も、OCD（強迫症、pp.56-57）も、著しい不安をもたらす強迫的な思考や衝動を和らげ、その頻度を減らすために、何らかの行為や観念的操作をせずにはいられないのは同様である。ただし、OCPDが成人期の初期に始まるのに対して、OCDは人生のどの段階でも起こりうる。

OCPDはパーソナリティのあり方を誇張的に表現した疾患名であり、日常生活に支障をきたす問題となる。一方のOCDは、自分や他者に害が及ぶことに対する過剰な責任感からくる障害である。OCPD患者にとって自分の考え方はまったく理にかなったものだが、OCD患者は自分の思考には障害があり、強迫的な思考と行動のサイクルのために不安がなくならないということを自覚している。

強迫性PD（OCPD）

◆ 完璧主義で、物事の決まったやり方や秩序、自分の内面や対人関係をコントロールすることに心をとらわれている。

◆ 物事を行う際、自分の規範や方針を厳しく、かたくなに守ろうとする。

◆ 仕事に熱中するあまり、友人や他の活動を気にかけなくなる。そのため、意義のある人間関係が生まれたり、続いていったりすることがない。

◆ 仕事を過剰なほど注意深く、細部にこだわってやり遂げようとする。完璧さをかたくなに追及するため、締め切りに遅れることもある。

◆ 道徳律や倫理規範に関して融通が利かない。

◆ 使い古した物や価値のない物を、特別な思い入れがなくても捨てられない。

✚ 治療法

◆ **依存性PD** 心理療法——具体的には、アサーティブ・トレーニング（自己主張訓練）で、自信を養う。認知行動療法（p.125）により、他者との関係の中での自己認識や生きる姿勢を力強いものにしていく。また、長期的な精神力動的心理療法（pp. 118-21）により、発達の初期段階（幼少期）における経験を検討し、パーソナリティの再構築を助ける。

◆ **回避性PD** 精神力動的心理療法（p.119）や認知行動療法。自分はどういう人間か、他者は自分をどう見ているかといったことに関する強い思い込みを特定し、適切に行動す

るスキルやソーシャルスキル（対人関係の能力）を向上させることにより、仕事や交友関係の改善を図る。

◆ **強迫性PD** 物事や他者に対する硬直的な見解をはじめ、患者の持つかたくなな思い込みのあらゆる側面に対処できるよう調整してカウンセリングや心理療法を実施する。具体的には、認知行動療法や精神力動的心理療法を通して、状況に対する自分の気持ちを自覚し、なぜ物事をコントロールしても問題が解決せず、むしろ維持されてしまうのかを立ち止まって考える。

その他の疾患

患者の認知や行動に悪影響を与えうる疾患としては、これまでにとり上げた精神疾患の他にも、発達上の問題や生理的、文化的要因に根差す多くの疾患がある。

どのような疾患か?

患者の能力に悪影響を与え、正常に生活する力を制限し、抑うつや不安に加え、行動上の障害を引き起こすほど強い苦しみをもたらす身体疾患は多い。たとえば発達に関する疾患（ダウン症候群など）、生理的疾患（体の各部の協調運動に影響する統合運動障害など）、変性疾患（パーキンソン症候群など）がある。精神医学的な原因によるものでなくても、機能障害や心的苦痛は治療が必要とされるほど深刻

病名	どのような疾患か	症状
身体症状症	痛みや強い疲労感といった身体症状に過度に心をとらわれ、著しい不安や生活への支障が起こる。	身体症状に関する強い不安やパニックに襲われる。その身体症状を、深刻な病気の兆候だと思い込む。
ミュンヒハウゼン症候群（作為症／虚偽性障害）	医療的ケアを受けるために症状をねつ造する、自分を傷つける、または他者が病気、けが、障害を負っていると訴える。	自分自身や子どもなどの被保護者に身体症状があるかのように装ったり、症状を意図的に引き起こしたり、実際以上に誇張して訴えたりして、多くの医師を訪れては治療を求める。
ダウン症候群	知的、身体的、社会的機能にさまざまな影響を及ぼす発達性の疾患。	全般不安症、OCD、睡眠障害、自閉スペクトラム症、子どもではADHDなどを患うことがある。
性別違和	生物学的な性別と、患者が自分本来のものと感じる性のあり方が一致しないことによる葛藤。	生物学的な性別とは反対の感じ方や行動を見せ、思春期に苦しみを覚える。自分の性器に強い嫌悪を感じる。
性機能不全	性的活動の楽しみを妨げる身体的または心理的問題。男性にも女性にも起こりうる。	男性における勃起不全、早漏、射精遅延。女性における性交への欲求欠如、または性交に伴う痛み（性交疼痛症）。
パラフィリア障害群	特定の行為、生命のない対象物、同意を得ていない相手に対してしか性的興奮を感じない。	倒錯的な性的対象や行為によってしか興奮や満足が得られない。性的関心の対象にさげすみを覚える。
子どもの排泄症群	意図的に、あるいは意図せずにトイレ以外の場所での排尿（遺尿症）または排便（遺糞症）を繰り返す。	不適切な場所での排尿または排便。食欲の喪失、腹痛、ひきこもり、抑うつ。
コロ（生殖器退縮恐怖）	妄想を伴う疾患で、生殖器が体内へ縮みこむ、または消えていくという不合理な恐怖を抱く。	ペニス（女性では乳首）が縮んでいっており、それは死の兆候だと、証拠がないにもかかわらず強く思い込む。
アモク症候群	一部の文化や地域に結びついた珍しい疾患で、マレー人などに見られる。患者は沈うつな状態で一定期間過ごした後、突然異常な興奮を起こす。	突然の興奮状態において（多くは武器を持って）人を襲い、他者や自分自身が重傷を負う。そのときのことは後で思い出せない。
対人恐怖症	日本文化に特有の症状で、患者は自分がいることで周りに嫌な思いをさせるのを恐れる。	自分は他者にとって非常に不快で、不必要に人目を引き、否定的な、望ましくない注目を集めてしまうと思い込む。

な場合もある。

　特定の文化の中だけに見られる障害（コロやアモクなど）や、社会・文化と個人の葛藤に根差した疾患もある。また、西洋と東洋で互いに対応する障害が存在することもある。たとえば、日本の対人恐怖症は、社交不安症（p.53）と類似した疾患である。

10〜20%
の日本人が対人恐怖症に苦しんでいる

考えうる原因	影響	治療法
遺伝。痛みに対する精神的過敏さ。悲観的な人格特性。後天的に身につけた行動。感情の処理に関する疾患。	自分は深刻な病気であると思い込む。人間関係や健康状態が悪化する。抑うつになる。医師の意見を信じない。	認知行動療法により、心配の原因となっている不健全な思考や行動を見直す。
さまざまな心理的要因の複合。強いストレスを伴う体験。子ども時代の親しい相手との関係性が入り組んでいたり、心の傷となるものだったりしたこと。	周囲をだますことによる人間関係への影響。不必要な治療を受けることによる深刻な健康問題。	心理療法で自身の内面への理解を深め、ストレスや不安に対処する別の方法を見つける。
染色体の異常。体のすべて、または一部の細胞で、21番染色体の数が1本多いことによる。	軽度から中等度の認知障害。短期記憶および長期記憶の喪失。身体および言語能力の発達の遅れ。	ダウン症児の発達を支援する手法による早期介入。あわせて、親に対するサポートや訓練を行う。
出生前のホルモン異常の影響や、間性状態（生殖器の構造が男性、女性いずれかに判別できず混合した状態）によると考えられる。	ストレス、抑うつや不安、自傷、自殺念慮。	心理療法で自分の好む性のあり方に沿って生きるのを支援する。手術により身体的な性転換を行う。
病気、薬物療法、物質乱用の影響といった身体的原因。ストレス、性交がうまくいかないことへの不安、抑うつ。	自信喪失、人と関わることへの不安、自尊心の低下、抑うつ、不安、パニック発作。	身体的原因には、患者の問題に合わせて対応する。他に、パートナーとともに学ぶストレス・不安への対処やセックスセラピーを行う。
子ども時代の性的虐待やトラウマ。重度のパーソナリティ障害、たとえば反社会性PD、自己愛性PDと関連している可能性もある。	パートナーとの関係への悪影響。危険な、あるいは法に触れる行動をとること。	精神分析療法、催眠療法、行動療法。
トラウマおよびストレス、発達遅延、消化器系の問題。	人間関係における自信を失う。隠れて行動するようになる。学校で孤立、いじめなどの問題に遭う。	行動療法プログラムにより適切な排泄の習慣を身につけさせる。心理療法で恥の意識、罪悪感、自尊心の喪失に対処する。
併存する他の精神疾患の影響。思春期に、性心理に関する教育を受けていないこと。	深い羞恥心や恐怖を感じる。隠れて行動する。抑うつ、不安が起こる。	関連して起こるうつ病、醜形恐怖症、統合失調症に対する薬物療法および心理療法。
周囲の世界との地理的隔絶。その地域の信仰が持つ言い伝えに影響された患者が、その話通りの内容を実行すること。	回復に長期間を要するけが。社会的孤立。精神医療施設への拘留。投獄。	関連する精神疾患やパーソナリティ障害に対する心理療法を行う。心理・社会的ストレス要因への耐性を高める。
赤面、奇形、視線を合わせること、強い体臭などに関する限局性恐怖症と、結びついて起こる。	抑うつ、不安、社会的孤立、自信の低下。	認知行動療法で過大な思い込みを検証し、捉え直す。

第**3**章

心を癒す
さまざまな治療法

心理学にさまざまなアプローチがあるように、心の治療法にも多くの種類がある。心の平穏を取り戻す鍵は、患者1人ひとりの体験する疾患のあり方に適した治療法を選ぶことだ。

心の健康と治療

医療・保健分野に携わる心理職は、人々の精神的健康や、それに関連する身体的健康の改善を目指し、精神疾患の予防法・治療法や、全般的な健康を促進する方法を開発・提供する。また、治療法により健康がどの程度改善されるか、どれが最も有効な治療法かといった評価にも関わる。こうした活動は心理的治療の提供のあり方に、個々の治療においても、公的なレベルでも影響を与えている。

[訳注] 本書の説明はイギリスの制度に基づいており、同じ職種名が使われていても、日本の制度や実情とは異なる場合がある。日本の心理職には、主に国家資格である公認心理師と民間資格である臨床心理士の2つがあり、それぞれ保健医療、福祉、教育、司法、産業など、広い分野で活躍している。学校のスクールカウンセラーもいずれかの資格を有する者が担当することが多い。

心理職の役割

心理職の中には独立して働く者も、集学的医療チームや研究施設に所属する者もいるが、どの立場であっても人々の精神の健康や、広く健康・幸福全般の向上に取り組んでいる。さまざまな役割は、個人や集団の健康改善に対するアプローチの違いを表している。

治療に携わるさまざまな専門職

心理アセスメント、心理療法、カウンセリングは、メンタルヘルス専門職の多くが提供できるが、疾患の治療に際して薬物療法を指示できる資格は限られている。

心理職（サイコロジスト）
クライエントとなる個人や団体の必要に応じて、心理アセスメントや、会話を主体とするさまざまな治療および行動療法を行う。

精神科医
精神疾患の治療を専門とする医師。治療の一環として精神科の薬を処方する資格を持つ。

一般の医療従事者
総合診療医（GP: general practitioner）、専門医、および精神科の上級看護師*は、薬物療法や他の治療法を指示することができる。　*[訳注]日本では投薬指示できるのは医師のみ。

その他のメンタルヘルス専門職
ソーシャルワーカー、精神科看護師、カウンセラーも、単独で、または精神医療チームの一員として治療を行うことがある。

ヘルスサイコロジスト
（health psychologist）

何の専門家か？

ヘルスサイコロジストが目を向けるのは、健康に影響を与える精神的要因や病気への対処法。その活動には、健康増進や病気予防の方法を研究し伝えること（たとえば減量や禁煙を促すこと）や、がんや糖尿病といった特定の病気の患者を支援することなどがある。

誰を支援するのか？

- **慢性疾患患者**が、重い病気のために生活を見直したり、痛みに対処したりするのを助ける。
- **住む場所、年齢層など**の共通点を持つ人々に、病気を防ぐ生活スタイルについて助言する。
- **保健・医療サービス提供者**に、サービスの改善方法を提案する。
- **患者団体**、たとえば糖尿病の患者会などに、症状をコントロールするための助言を与える。

活躍の場は？

病院。地域の医療現場。官公庁の公衆衛生部門。地方自治体。研究施設。

要件

博士号に相当する教育の修了後、臨床訓練を受け、その後も研鑽を続ける。

84%
イギリスの総合診療医（GP）による診療のうち、ストレスや不安に関連する問題が原因とされる割合

心理教育

精神疾患とともに生きることに対する患者や関係者の認識を深めることは、近年、治療を進める上での要となっている。心理教育は、1対1または集団療法のかたちで直接実施されることも、インターネットを通して行われることもある。患者が自分の疾患や選択可能な治療法についての理解を深めるとともに、家族、友人、介護者による支援の効果を高める助けとなる。

詳細な情報を得ることで、患者はそれまでよりも生活をうまくコントロールし、症状に前向きに対処できるようになる。また、心理教育は患者の治療への姿勢を前向きに改善するとともに、精神疾患について回る悪いイメージの軽減にも役立つことがある。

クリニカルサイコロジスト（clinical psychologist）

何の専門家か？

クリニカルサイコロジストは不安症、嗜癖、うつ病、人間関係の問題など、心身の健康問題に取り組む患者を支援する。心理検査、対話、観察を通してアセスメント（診断・見立て）を行った後、患者に適した治療を実施する。

誰を支援するのか？
- 不安症患者やうつ病患者に、1対1または集団での治療を行う。
- 子どもの学習障害や問題行動に対処する。
- 物質乱用の患者が、嗜癖の問題に取り組むのを支援する。
- PTSD患者が、過去のトラウマ体験を乗り越えるのを助ける。

活躍の場は？
病院。地域のメンタルヘルスサービス。地域医療センター。政府・自治体の社会福祉部門。学校。個人開業の診療所。

要件
臨床心理学の博士号。

カウンセリングサイコロジスト（counselling psychologist）

何の専門家か？

家庭内暴力や親しい相手との死別といった難しい問題に直面する人々や、精神疾患の患者を助ける。カウンセリングサイコロジストは変化をもたらすために、クライエントとしっかりとした関係を築く。治療の質を高めるために、自分自身も心理療法を受けることがある。

誰を支援するのか？
- 家族関係の問題への対処を支援する。
- 子どもが、人間関係、感情、行動に問題を抱えていたり、何らかの虐待を経験していたりする場合にケアする。
- ストレスに悩む人が、苦しみのもととなる問題に取り組むのを助ける。
- 親しい相手を亡くした人の気持ちを支え、回復へと導く。

活躍の場は？
病院。地域のメンタルヘルスサービス。地域医療センター。政府・自治体の社会福祉部門。企業。刑事施設。学校。

要件
博士号に相当する教育の修了後、臨床訓練を受け、その後も研鑽を続ける。

体と心の健康

近年の科学的研究により、心の健康と体の健康の密接なつながりが明らかになってきている。こうした研究に携わる心理学者は、心と体の結びつきを評価し、改善するためのさまざまな手法を開発している。

体と心のつながりを捉える

ヘルスサイコロジスト（p.112）は、人々の精神状態（たとえば、日々ストレスに苦しむ）が体に与える影響を調べ、考え方を変えることによって体の健康を改善させる方法を研究している。考え方を変えるとは、生活スタイルや交友関係、物事への姿勢や認識を見直すことなどに及ぶ場合もある。ヘルスサイコロジストは、地域社会で弱い立場にある人や病気を抱える人を助けたり、公的機関に対して助言をしたり、病院に勤めたりと、さまざまな立場で働いている。

アセスメントの際は、患者の疾患や問題に寄与している可能性のあるすべての要因を調べた上で、改善策を考え出す。たとえば、喫煙や食習慣の貧しさなど、健康に悪影響を与えている行動の特定。運動、健全な食習慣、口腔衛生、健康診断、自己検診といった好ましい行動を促すこと。睡眠習慣の改善、そして、予防検診の利用などである。またヘルスサイコロジストは、患者が自分の生活をコントロールしやすくなるように、認知や行動のあり方を変えるよう促すこともある。

生物ー心理ー社会モデル

生物ー心理ー社会モデルは、ぴったりと組み合わさったハチの巣のように、生活の中で密接に関連し合う3つの要因の評価に用いられる。生物学的要因はその人の身体的特性の影響、心理的要因は思考パターンや物事に対する姿勢、社会的要因は生活の中での出来事や周囲の人の影響を意味する。ヘルスサイコロジストは、これら3つの要因が健康や幸福に対して影響を与えることを認識している。

健康への好影響となる要因

心理
ストレスへの上手な対処。前向きな考え方。レジリエンス（心の抵抗力・回復力）。自制心。他者との好意的な交流。

生物（身体）
健康的な食事。運動。依存症でないこと。リラックスする時間。病気になりやすい遺伝的素因がないこと。

社会
所属するさまざまな集団、たとえば友人や家族、同じ信仰などでつながったコミュニティからの支援。および、医療や健康教育が受けられる環境。

第3章　心を癒すさまざまな治療法
体と心の健康　114 / 115

健康問題に対処する

ヘルスサイコロジストは、アルコール・薬物乱用やがんなど、入院や長期の治療を要する疾患と診断された患者を支援することもある。疾患がもたらす体の痛み、不快感、そして人生を変えうるほどの影響に対する患者の精神的な対応力を高めるために、何が変えられるかを判断する。

　また回復や社会復帰を助けるために、さまざまな方法を用いる。精神面では、患者の自尊心とやる気の維持・向上に努め、前向きな考え方をするよう促す。患者の友人や家族、および他の医療従事者に支援を呼びかけるのも、その一環である。身体面では、ヨガや鍼療法などの代替療法によって健康の改善、欲求のコントロール、抑うつへの対処などを図ることがある。また状況に応じて、定期的な運動、栄養プログラムの実践、ビタミン療法などを勧める。

心の健康状態を評価する

正式なアセスメントが必要になると、心理職は質問紙を用いて患者の精神状態を評価・測定する。その際、精神的健康と、情緒的ウェルビーイングは区別される。

精神的健康に関する質問

◆ **不安**　不安に悩まされていますか？

◆ **抑うつ**　気持ちがひどく落ち込んでいますか？

◆ **コントロール**　自制を失っている、あるいは自分の気持ちをコントロールできないと感じていますか？

情緒的ウェルビーイングに関する質問

◆ **気分**　全般的に前向きな気分で過ごしていますか？

◆ **良好な人間関係**　友人や温かい情緒的なきずなのある相手はいますか？

◆ **認知機能**　適切な思考や情報処理ができますか？

悪影響となる要因

心理
ストレス。不安。困難への対処能力の乏しさ。ネガティブな思考。悲観的、懐疑的、または過度に押しの強い性格。

生物（身体）
食習慣の貧しさ。病気になりやすい遺伝的素因。喫煙。環境汚染。アルコールや薬物の過剰摂取。

社会
孤独感。貧困。搾取されること。暴力や虐待を受けること。人間関係におけるトラウマ体験。

ストレスが体に与える影響

ストレスは人の注意を危険に向けさせ、体を原始的な「闘争−逃走」モード（pp.32-33）へと切り替える自然の作用だ。ストレスを感じると、脳ではさまざまな化学物質が産生され、それが全身に変化を引き起こす。

神経系
頭痛やいらだち、緊張が起こる。神経過敏になる。

心血管系
動悸がする、血圧が上昇する。

呼吸器系
筋肉が緊張し、呼吸が速く、浅くなる。

胃腸系
下痢、吐き気、便秘、胃痛、胸やけが起こる。

筋骨格系
筋肉のうずき、痛みが起こる。とくに首、肩、背中や腰に。

生殖器系
女性では月経不順や性欲減退、男性では性交不能症につながる。

治療の果たす役割

心理療法では、さまざまな方略を用いて、自らの心身の健康に害を与えるような思考、行動、感情のあり方を変えるとともに、自己認識を深めるようクライエントに促す。

心理療法がもたらす効果

心理療法は、主に治療者とのコミュニケーションによって変化をもたらすため、「対話療法」と呼ばれることも多い。治療の目的は、困難な状況への対処、クライエントの可能性をできる限り引き出すこと、思考の明確化、支援や励ましを与え、クライエントの取り組みを確認し、問題点や改善点を伝えること、そして心の安らぎや深い意識を養うことである。治療は、クライエントが自分、他者、そしてその両者の関わり方のパターンに対する理解を深めることを目指して行われる。また、クライエントの個人的な目標を明確にし、実行可能な体系的手段に沿って行動していくために利用されることもある。

心理療法は心の古傷をあらわにし、過去のつらい体験が現在の生活に与えている不健全な影響を理解する助けになることがある。また、外部の刺激への反応の仕方や、体験したことを自分の中で処理・解釈する方法を変え、現在の思考や行動のあり方を乗り越える力にもなりうる。そして、自分の魂や、霊的な存在としての自己に分け入り、人生の充足感を高める力になることもある。治療プログラムは自己受容と自信を深め、クライエントの助けにならない消極的で批判的な思考を減らしていくようにつくられている。

治療法の分類

治療のアプローチや手法は、心そのものと同じくらいに多様で創造的なものであり、精神の進歩が成し遂げられる道筋はさまざまである。主要な治療法の種類は、土台となる理念に従って分類されている。実施法についても、治療者と1対1でのセッション、集団療法、インターネットを通じての指導および課題の遂行など、いろいろなやり方がある。

28%
イギリスに住む人のうち、心理療法を受けたことがある人の割合

精神分析療法・精神力動的心理療法

適応を阻害する思考や行動の根底には、無意識の思い込みがあるという考えに基づくアプローチ。そうした思い込みを見極めることが、自分の問題をはっきりと理解し、軽減することにつながる。また、クライエントは治療者とともに、それまで抑圧してきた感情をもっと健全に扱う方法を身につけ、問題に対処する内的な資質や能力を養うよう努める。

認知療法・行動療法

人の心を悩ますのは身に起きる出来事そのものではなく、その出来事に対する考え方、そして体験したことへの解釈である、という理念に基づく心理療法。認知療法や行動療法は、人間には物事についての考え方や、その考えがもたらす反応や行動のあり方を変える力が備わっていることを教えてくれる。

集団療法

12ステッププログラム

嗜癖（薬物、アルコール、セックスなど）や、強迫的行動（摂食障害など）の問題に特化した集団療法。嗜癖や衝動の克服には、仲間とつながり合い、支えを得ることが不可欠。集団療法に参加することで、問題に伴う後ろめたさや孤独感が軽減され、苦しんでいるのは自分だけではないとわかるだけでなく、人とのつながりの中で支援を受けたり、自分の取り組みを共有し助言を得たりできる。

自助グループ

自助グループは自己開示を重視する集まりである。治療者などが主導するグループもあれば、参加者の誰かが主導する会もある。ここでは専門的な知識よりも、体験を共有し合うことに重きが置かれる。

集団で体験を共有する中で、互いに支え合い、相手の話に意見や感想を伝え、変わるための知恵を出し合うことができる。

人間性心理療法

このアプローチでは観察よりも、話を聞くことを重視する。このため治療者は、自由に答えられる質問や、数値に還元されない質的方法を用いて人格を理解する。そしてクライエントに自分の思考や感情、感じていることを自ら探るよう促す。クライエントは本来、自分を成長させる力と責任を持っており、問題をはらんだ無意識の衝動の集まりなどではないと考えるのだ。

システミック療法

システムズ・アプローチとも呼ばれる治療法で、人間関係における相互作用から生じる問題を解決に導く。システム（家族や集団）の全員を対象とし、さまざまな見解に耳を傾け、メンバー同士の関わり合いを観察することにより、個人を対象とした場合よりも問題に対する深い理解が得られる。この方法により、クライエントは集団の一員としての自分のアイデンティティを見つけていくことができる。さらに、このアプローチには集団のつながりを強められるというメリットがあり、孤独によって問題が悪化していく嗜癖などへの対処に有効である。

薬物療法の役割

脳と行動は、常に影響を及ぼし合っている。薬物療法は脳の化学的働きに影響を与えることにより、気分、集中力、記憶力、やる気を改善させ、活力を増し、不安を軽減する。そして、このように脳のはたらきが改善することで、精神疾患の症状が緩和され、行動にも好ましい変化が起こることがある。

精神力動的心理療法

精神力動的心理療法はあらゆる精神分析的心理療法を包括する用語であるとともに、それ自体が1つの治療法でもある。精神分析的心理療法は、ジークムント・フロイトが提唱した根本的な治療目標に沿って行われる。すなわち、無意識の意識化である。

どのような治療法か？

精神力動的心理療法のアプローチの根幹には、無意識の心によって隠された気持ちや記憶（とりわけ子ども時代に起きたもの）が、大人であるクライエントの思考パターンや行動のもとになっている、という思想がある。治療者は、えてして望まれないこうした気持ちを言葉にするようクライエントに促し、意識的な心へと引き出すのを助ける。嫌な記憶にふたをしていれば、不安、抑うつ、恐怖症につながるが、それを白日の下にさらすことにより、1人の大人として精神的問題を解消する手立てが得られる。

埋もれていた記憶を認識することは、つらい現実を受け止めたり、不快な事実や考えに目を向けたりするのを避けるためにつくり上げてきた防衛機制に気づき、向き合い、ひいてはそれを変える助けになる。こうした（通常は意識されない）防衛機制の例として、否認（現実を受け入れるのを拒む）、抑圧（嫌な考えや気持ちが意識にのぼらないよう押しとどめる）、隔壁化（矛盾する感情や信念を心の中で切り離す）、反動形成（感じていることと反対の行動をとる）、合理化（受け入れ難い自分の行いを正当化する）などがある。

あらゆる精神力動的心理療法において、治療者はクライエントが自分の意識的な問題について話すのを聞きながら、その人が意識下で感じていることを示唆する何らかのパターンや行動、感情に注意を向ける。治療の目標は、クライエントが内面の葛藤に前向きに対処できるようになることである。

セッション

精神力動的心理療法はいかなる形式のものであれ、善悪を決めつけず、親密で安心できる敬意に満ちた雰囲気の中で実施する。セッションは通常1対1で50〜60分かけて行われる。

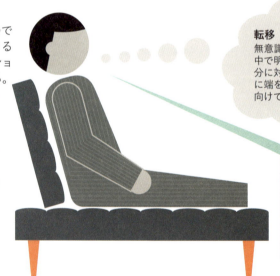

夢分析
無意識へと至る方法の1つ。夢の分析により、心の中の隠された感情、動機づけ、連合（つながり）が明らかになることがある。

抵抗分析
思考、観念、感情において、クライエントが何に、どのように、なぜ抵抗しているかを本人に示すことが、防衛機制の解明につながる。

フロイト的失言
クライエントがうっかり口にしてしまったことの中に、本当の思い（無意識の考え）が表れている。

転移
無意識の葛藤は、治療者との関係の中で明らかになる。クライエントは自分に対して抱いてきた、多くは幼児期に端を発する思いや感情を治療者に向けて表出する。

自由連想法
頭に浮かぶことをどんなことでも編集せず、筋道立てて話そうともせずそのまま口にすることで、本当の思いや気持ちが表れる。

クライエント
古典的な精神分析では、クライエントはカウチ（寝椅子）に横になるため、治療者が見えない。対話的な形式の治療の場合は、相手が見える状態でセッションが行われる。

精神分析療法

精神分析療法と治療法の1つとしての精神力動的心理療法は、どちらも同じように無意識と意識の統合を目的として行われるが、そのプロセスの深さに違いがある。

どのような治療法か?

精神分析療法の創始者ジークムント・フロイトは、パリのジャン＝マルタン・シャルコーの下で学んだ後、「対話療法」とも呼ばれるこの治療法を開発した。シャルコーは患者が過去のトラウマについて語ると、その後症状が軽減されることを発見した神経学者である。

1900年代初頭、フロイトは自由連想法、夢分析、抵抗分析などの、今日でも広く使われる技法を確立した。治療では沈黙も語られる内容と同様に意味を持つことが多い。あらゆる精神分析療法において、精神的な問題は無意識から生まれているとされる。つまり無意識の心に隠された未解決の問題や抑圧されたトラウマが、不安や抑うつなどの症状を引き起こしているのであり、それらの葛藤は治療によって表面化することで、クライエントにとって解決可能になる。

精神分析療法では、クライエントの信念の枠組みをすべて解体し、一(いち)からつくり直すため、数年を要することが多い。この治療法は、強い精神を持ち、外面的には成功した生活を送るが、心に何かすっきりしない思いや苦悩（たとえば恋愛関係がいつも長続きしないといった悩み）を抱え続けている人には有用である。一方、精神力動的心理療法はそれほど集中的なものではなく、恐怖症や不安など、目前の問題への対処に重点を置く。

解釈
治療者はあまり話さず、相手の話の言外に現れる意味を読み取ることで、クライエントが意識下の制約から自由になれるよう手助けする。

治療者
クライエントが非常識なこと、筋の通らないことなども恐れず話せるよう、判断を差し挟むことなく相手の話に耳を傾ける。

	精神分析療法	精神力動的心理療法
回数	週に2〜5セッション	週に1〜2セッション
期間	長期的：数年間	短期〜中期：数週間、数か月
実施方法	クライエントは通常、カウチ（寝椅子）に横になる。治療者は背後におり、クライエントからは見えない。	通常クライエントは治療者に向き合い、相手が見える状態で治療を受ける。
治療者との関係	治療者は専門家として、中立的・客観的にクライエントに接する。	治療者はクライエントと対話しながら、変化が起こるよう働きかける。
重点	深く、長期的な変化や人格の統合をもたらす。	目の前の問題に解決策をもたらす。

精神力動的心理療法

ユング派の治療法

カール・ユングはフロイトの着想をさらに発展させた。ユングによれば、無意識は個人の心だけにとどまらない非常に深遠なものであり、人間の行動様式の核心をなしている。

どのような治療法か？

同僚であったフロイトと同様に、ユングも精神の苦悩は意識的な心と無意識の心の均衡が崩れたときに起きると考えた。だがユングの考えでは、個人の記憶は、それよりもはるかに大きな広がりの一部である。

　ユングは、文化の枠を超えて世界中に共通する神話や象徴が存在することに気づいた。そしてこれを人類全体が共有し、誰しもの記憶の中にある経験や知識からくるものに違いないと考え、集合的無意識と呼んだ。こうした記憶は無意識の最も深い層に、元型というかたちで存在する。元型は、すぐにそれと認識できるような象徴として現れ、人の行動様式を形づくる。

　たとえば、意識的な自我は人が外の世界に見せている人間像であり、その自我の元型をペルソナという。これは、

本当の自己
は、意識・無意識を含む心のあらゆる要素が調和して働くときに見つかる。

意識的な自我

個人的無意識

外的世界

内的世界

ペルソナは他者の目に映る対外的な人間像

アニマ／アニムスは男性の中の女性的側面、女性の中の男性的側面

影は人の心に隠された思いや記憶

集合的無意識はすべての人類に共通する最も深い層の記憶

✓ 知っておきたい

◆ **言語連想法**　治療者が提示する単語に対して、クライエントは頭に浮かんだことをそのまま口にする。

◆ **外向型**　意識が外の世界や他者に向いている人。社交的で、他者への反応が良く、活動的。向こう見ずで思い切った決断をしがちな面もある。

◆ **内向型**　意識が内面へ、自分の考えや気持ちへと向かう人。内気で、思いや気持ちをあまり外に出さない。意識が内面にとらわれ、物思いにふけりがち。優柔不断。

対外的に体裁を保って振る舞うときの人格と見なすことができる。また、ほとんどの人が隠している心の暗部を、ユングは影と呼んだ。この他の元型として、アニマ（男性の中にある女性的特性）、アニムス（女性の中にある男性的特性）があり、これらは意識的な自我や影と衝突することが多い。本当の自己を見つけるためには、人格のあらゆる層が調和して働く必要がある。

　精神分析療法ではクライエントの無意識のうち、最も上の層の分析に注力するが、ユング派の治療者はすべての層を掘り下げる。クライエントが元型を利用して自分の行動を理解し、変えていくのを助けることがユング派の治療者の役割である。

　治療者は夢分析や言語連想法といった技法を用い、内的な元型と外的世界での体験との間で起きている葛藤の所在を明らかにする。こうした分析により、クライエントは心の複数の層のうち、どこでぶつかり合いが起きているかを理解した上で、前向きな変化を起こし、バランスを回復していく。精神分析療法と同様、ユング派の治療も心に分け入っていく魅惑的な旅路であり、時には数年を要する。

自己心理学と対象関係論

自己心理学と対象関係論は、どちらもフロイトの精神分析から派生した理論。治療者は、共感によってクライエント独自の人生観を理解するとともに、人間関係が改善するような行動様式をつくり出すのを支援する。

どのような治療法か？

自己心理学も対象関係論も、子ども時代の体験に焦点を当てることにより、大人であるクライエントの人間関係を理解・改善する。自己心理学の理論の前提には、人生早期に共感や援助を与えられなかった子どもは、長じて精神的に自立できず自分を愛せない大人になる、という考えがある。

治療者は、自分の求めるものを他者に満たしてほしいというクライエントの強い欲求に応えることで、自尊心や自己認識を育み、それを現実の人間関係に活かせるようにする。対象関係論（この名称は、大人になってから不適切なかたちで繰り返される、子ども時代の関係のあり方に由来する）では、治療者との共感を土台として、過去の交流や感情を分析し、新しい前向きな行動様式に沿って振る舞えるようになることを目的とする。

対象関係論では、治療者はクライエントが子ども時代の関係のあり方を捨て去り、大人としてふさわしい行動に変わるのを支援する。

交流分析

交流分析は意識的な心を解明する方法として、無意識を探求するのではなく、クライエントの人格における3つの「自我状態」に着目する。

どのような治療法か？

治療者はクライエントに関することを本人から聞き出すよりも、その交流のあり方を観察・分析する。そして、子どもの頃に養育者が自分を扱ったのと同じように振る舞ったり（親の自我状態）、その扱いに対する子ども時代の自分の感じ方や行動をなぞったり（子どもの自我状態）することなく、大人の自我状態により行動する方法を身につけるのを支援する。

葛藤は、ある人の人格が同時に複数の異なる自我状態により働くとき、たとえば親の自我状態が命令を出す一方で、子どもの自我状態が防衛的に反応するときなどに起こる。

交流分析は、クライエントに3つの自我状態を認識させ、あらゆる状況において大人の自我状態を利用できるよう導いていく。子どもの頃につくられた交流のパターンにとらわれず、自分の思う通りにコミュニケーションを取る力になるのだ。大人の自我状態は現在の状況を足場とし、子どもや親の自我状態が伝える情報を判断材料にして、賢明で理に適った結論を下し、それに沿って行動する。

親（Parent）は支配的・批判的である場合と、成長を促し支えてくれる場合がある。

大人（Adult）は現在の状況に対して理に適った決断をする。

子ども（Child）は子どもの頃の自分と同じ感じ方や行動をする。

自我状態（1人の人間の人格を構成する要素）

認知療法・行動療法

人の考えることは、その人の感じ方や行動のあり方に影響する。認知療法、行動療法、およびそれに基づく一群の治療法は、思考が行動に与える影響に着目し、クライエントの持つネガティブなパターンを変えていくことを目指す。

どのような治療法か？

認知療法やそれに基づく多くの治療法の根幹には、人の心を悩ますのは身に起きる出来事そのものではなく、その出来事に対する考え方である、という思想がある。人は考え方次第では、誤った前提に立って行動してしまうことがある。

認知論に基づく治療は、ネガティブな思考パターンを変えることを目指す。行動論に基づく治療の目標は、問題となる行動を建設的な行動に置き換え、それによって行動のもとになっている感じ方も変えていくことである。多くの治療法は認知論と行動論、両方の要素を取り入れている。そして治療者は、クライエントが自分の頭に浮かぶ自動思考を検証し、それまでとは違う対応法を実践するのを助ける。ものの見方を変えられれば、感じ方や行動の仕方も変えることができるのである。

不合理な思考と行動

現実は絶対的なもののように感じられるが、実は主観的であり、1人ひとりの思考パターンの影響を受けている。同じ状況に置かれた2人の人が、まったく異なる感じ方や反応をすることもあるのだ。無意識に誤った思い込みをして、それに基づいた行動をとる人は多い。治療によってそうした思い込みを見直すことができる。

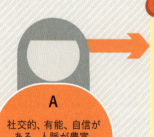

A
社交的、有能、自信がある、人脈が豊富。

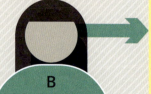

B
自信がない、内気、自尊心が低い、支えとなる人脈が乏しい。

感情の原因となる刺激

AさんとBさんの2人は、共通の友達がパーティーを開こうとしており、そこに自分が招待されていないことを知る。同じ感情的刺激を受けていながら、2人はそれぞれの認知パターンをもとに、まったく異なる方法でその情報を処理する。Aさんは自分が招待されていない理由を理性的に考えたり、その友達に会ってやんわりと尋ねてみたりするのに対して、Bさんは友達が意図的に自分を招かなかったのだという結論に無意識に飛びついてしまう。

理性的な思考

◆ **作業上のミス** 招待状が途中で紛失したのかもしれない。
◆ **仕事関係の催し** 仕事関係者のためのパーティーで、同じ業界の人しか参加できないのかもしれない。
◆ **参加条件** しばらくぶりに会う旧友の小さな集まりで、自分がそこに含まれていなかっただけかもしれない。

不合理な思考

◆ **個人的に嫌われている** 招待されなかったのは、私に対するあの子の気持ちの表れだ。
◆ **意図的に除外された** 人の集まる場でうまく交際できない私を招待したくなかったんだ。
◆ **自虐的思考パターン** 招待されなくて当然だ。私にはいいことなんか起こらないんだから。

協同的アプローチ

認知療法や行動療法では、クライエントが治療プロセスに積極的に関わる必要がある。治療者が指導的役割を果たすというよりも、クライエントと治療者が協同で問題の解決に取り組むのである。治療の進展には、両者が打ち解けて、率直に話し合うことが不可欠である。

治療者が導き手となって積極的にクライエントの問題を診断し、セッションや対話の道筋を決めていくタイプの心理療法は多い。しかし、クライエントがこうした権威的アプローチに疎外感を覚えることもある。とくに、誰かに指導・管理されると感じることに良い反応を示さない人、批判や評価に敏感な人、医療関係者や権威者に関して心にわだかまりのある人、過去に治療で嫌な思いをしたことのある人にはその傾向が見られる。

一方、協同的な治療におけるクライエントと治療者の関係は対等で、互いに寄与し合う柔軟なものだ。両者とも観察し、率直に話し合い、進歩を評価する。セッションにおける話し合いは問題を新しい視点で見ることにつながり、それが行動パターンを変える手段の実行を促す。

これは試行錯誤のプロセスであり、ある行動の仕方が苦痛を悪化させるだけだとしたら、クライエントは治療者と別の方法を検討して、自分に適した行動様式を強化することもできる。クライエントは、全セッションを通して治療プロセスに積極的に関わり、治療者と対等に自分の責任を果たし続ける。

理性的な行動

- **連絡を取る** その友達に電話するか直接会って、気軽に話してみる。
- **理由を聞く** あらかじめ答えを想定せず、相手にプレッシャーをかけずに思いやりを持って尋ね、自分が招待されなかった本当の理由を確認する。

不合理な行動

- **回避する** 心理的負担を強く感じ、その友達や状況に向き合わない。
- **怒って詰め寄る** 過敏に反応して激しく詰め寄り「気遣いがない、思いやりがない、わざとひどい扱いをしている」などと言って友達を責める。
- **過剰反応する** その友達に対して、仕返しにひどい扱いをする。

治療

Bさんは実際の状況を確かめることなく、ネガティブな思考パターンからくる認識に基づき、独特のゆがんだ思い込みで現実を解釈した。こうした問題に対して、認知療法や行動療法により、以下のような改善が期待できる。

- **感情の癖に気づく** Bさんの例では、疎外感を抱きやすく、嫌なことの原因は自分だと考えて自己批判的になる傾向。
- **自己認識** 自尊心の低さや不安などの感情の癖がどのように形成されるか、どんな状況で不合理な考えが生じるかを理解する。
- **行動的技法** アサーティブ・トレーニング（自己主張訓練）や、コミュニケーションスキルの訓練に取り組む。
- **練習** 頭に浮かぶ不合理でネガティブな思考パターンに対する検証・反論の仕方を身につけ、事実は異なっている可能性が高いと認識できるようになる。
- **変容** 行動的および認知的対処戦略を練習し、今後の生活の中で物事にうまく対処できるよう、いつでも利用できる一連の手段を準備しておく。

認知療法・行動療法

行動療法

行動が学習によって身につけられるなら、それは学習によって取り除くこともできる。行動療法はこうした考えに基づき、望まない行動を適切なものに置き換えることを目標とする。

どのような治療法か？

行動療法は、古典的条件づけ（関連づけによる学習）とオペラント条件づけ（強化による学習、pp.16-17）の理論に基づくアプローチである。

古典的条件づけでは、中性刺激と無条件反応を関連づけることで人の行動を変化させる。やがてその中性刺激が、新たな条件反応を引き起こすようになる。たとえば、犬の鳴き声が聞こえている（中性刺激）ときに転んでけがをした子どもは、犬を恐れるようになるかもしれない。行動療法により、この条件づけのプロセスを逆転させ、その子どもの刺激への反応を緩和することができる。オペラント条件づけでは

報酬に基づく体系的な手法を用い、望ましい行動を引き出し強化するとともに、好ましくない行動には罰を与えて阻害する。例として、良い行いにはトークン（達成のしるしとなる物）を与える、あるいは、子どものかんしゃくを和らげるために「小休止」の時間を設ける、といった手法がある。

望ましい行動を引き出す課題を繰り返し行うことにより、クライエントは反応の仕方を学び直せる。行動療法は、恐怖症（pp.48-51）、OCD（pp.56-57、下記）、ADHD（pp.66-67）、物質使用障害（pp.80-81）などの克服に有効である。

認知療法

1960年代に精神科医アーロン・ベックが開発した認知療法は、問題行動につながるネガティブな思考プロセスや思い込みを変えることを目標とする。

どのような治療法か？

ベックの理論によれば、自分や他者や物事についての悲観的あるいは不正確な思考・思い込みを持つことが、感情や行動に悪影響を与える。そして、その行動によりゆがんだ思考プロセスが

さらに強化される悪循環が起こることもある。

認知療法は、ネガティブな思考に気づき、それを柔軟で前向きな考え方に変えることによって悪循環を断ち切ることを主眼とする。治療者はクライエ

ントに、自分の思考を観察・記録させ、それが現実を表しているか、不合理なものかを判断する方法を教える。クライエントは家で日誌をつけるといった宿題をこなしながら、自分の悲観的な思い込みを特定し、その誤りを確かめていく。そして思い込みを変えることが、それに基づく行動の変化につながる。認知療法は、うつ病（pp.38-39）や不安症（pp.52-53）の治療にとくに適している。

治療の実際

認知と行動の両方の要素が関わるOCDなどの障害には、障害を引き起こす思考、その思考によって起こる行動、あるいはその両方の変容を目指す右記の治療法はいずれも効果的である。

行動療法

◆ 恐怖感を軽減するために強迫行為をしている人に適している。

◆ 特定の対象や状況と恐怖感との結びつきを断つ助けになる。

◆ クライエントは儀式的な行為に頼らずに不安に向き合うことを学ぶ。

◆ これによって不安が軽減され、不健全な行動の克服につながる。

認知療法

◆ 認知的に、または現実に回避や儀式的行為を繰り返し、心の中で強迫的確認を行う人に適している。

◆ 思い込みを捨て去り、思考パターンを再構築する助けになる。

◆ クライエントが自分の思考に与えた意味を批判的に検証することで、その思考の持つ力を削ぐ。

◆ 儀式を行う必要がなくなる。

認知行動療法
（CBT: cognitive behavioural therapy）

CBTは気持ちや行動に悪影響を与えうる偏った思考に気づき、それを理解し、修正していく治療法である。

どのような治療法か？

認知行動療法は、実用的で構造化された問題解決型のアプローチであり、もとは認知療法（左記）で利用されてきた理論によりクライエントの考え方を組み替え、行動療法（左記）の技法でその行動のあり方を変える。目的は、クライエントに不幸をもたらすネガティブな思考と行動の悪循環を変えることにある。

こうした思考と行動の関係を理解するために、治療者は問題を細分化し、クライエントの行動、思考、気持ち、身体感覚を分析する。これにより、クライエントの自分自身との対話である（たいていは悲観的で、非現実的な）自動思考が、行動にどう影響しているかが理解できる。そして、この無益な思考がどのような体験や状況によって起こるかをクライエントに認識させ、自動的な反応の仕方を変える技法を教える。

こうした技法を学び、練習することが治療効果を高める鍵となる。治療者はクライエントが家に帰ってから行う課題を設定する。新たに学んだ技法を日常の中で繰り返し使うことで、クライエントは新しい前向きな行動パターンと現実的な考え方を育み、その後の生活で利用できるようになっていく。

スタート

第1フェーズ
クライエントを理解し、信頼を築き、以下の悪循環を説明する

思考、気持ち、行動の悪循環
- ネガティブな思考が気持ちに影響する
- 行動によって思考が強まる
- つらい気持ちが望ましくない行動を生む

第2フェーズ
悪循環を断ち切るために
- 問題となっている思考や行動をよく調べる
- それがクライエントや周りの人に与えている影響を分析する
- そうした思考や行動を変える計画をクライエントとともに立てる

第3フェーズ
悪循環を断ち切るさまざまな技法を利用する

リラクセーション法、クライエントとともに行う問題解決、曝露療法（p.128）

どの技法がクライエントの助けになるかを確認する

第4フェーズ
治療終了後も技法を実践し続けるようクライエントに促す

CBT（認知行動療法）

◆ 特定の状況に恐怖を感じたり、自分の思考を過度に重視したりする人に適している。

◆ 頭の中で、あるいは実際にしている強迫行為をやめる助けになる。

◆ 強迫行為をやめても何も悪いことは起こらないと理解する。

◆ 不安が和らぎ、思考の悪循環が止まることで、問題行動が治まる。

実施計画

セッションとセッションの間に、思考や不安レベルの記録、楽しい活動の日誌などの課題をこなす

変容への道

治療者は、クライエントが細かく構造化されたステップに沿って練習を行い、新たな問題に1人で取り組む力を身につけていけるよう支援する。

認知療法・行動療法

第三世代のCBT（認知行動療法）

CBTのアプローチを発展させつつ、異なる治療目標を掲げ、進化を続ける一群の治療法。第三世代のCBTでは、症状の軽減（これも治療のメリットだが）よりも、無益な思考から距離を置くことに重点を置く。

どのような治療法か？

第三世代のCBTには、アクセプタンス＆コミットメント・セラピー（ACT）や弁証法的行動療法（DBT: dialectical behaviour therapy）などが含まれる。

ACTは、自分の思考に対する関わり方を変えることを目標とする。望まない思考を変えたり、止めたりしようとせず、それを受け入れ、観察することを学ぶ。「何一つうまくできない」と考えるのではなく、「『何一つうまくできない』という考えが浮かんでいる」と見方を切り替える。思考の観察者となることで、その思考が自分の心身の状態に与える影響力が弱まる。そのため、頭に浮かんだ思考の通りに反応・行動する必要がなくなり、自分の価値観に従って行動を選べるようになるのである。

感情的な反応が強く、自分の気持ちの激しさにほとんど対処できない人もいる。こうした傾向は、自傷や物質乱用といった害のある行為につながる可能性がある。DBTは苦痛を受け入れ、それに耐えるスキルや、心を乱したり、強い感情を引き起こしたりする刺激に対処するスキルを学ぶ。治療では、まず行動のコントロールを身につけ、感情を乱すストレスを静めようとせずにしっかりと感じた上で（過去のトラウマ体験を話し合い受け入れる）、自責の念や不健全な思考に対処する。

また、心に映像を描くビジュアライゼーションなど、マインドフルネス（p.129）のスキルは、日常の中で感情のバランスを保ち、落ち着いて問題に対処する自信を築いて、幸せを感じる力を高める助けとなる。

ACTの技法

ACTの治療では、否定的な自己評価の影響を和らげる方法を学ぶ。

◆ **価値**　自分にとって何が一番大切かを明確にする。

◆ **アクセプタンス**　思考をコントロールしたり変えたりしようとせず、判断を差し挟むことなく受け入れる。

◆ **認知の脱フュージョン**　自分の心に起こるさまざまな判断から距離を置き、ただ観察する。

◆ **観察する自己**　外からの刺激にとらわれることなく、安定した内的な意識と気づきを保つ。

◆ **コミットメント**　行動変容の目標を定め、それを妨げるような考えや感情が起こっても、達成に全力を注ぐ。

マインドフルネス
感情を伴う体験に自覚的になる——反応するのではなく、観察する。

対人関係の有効性
冷静さを保ち、他者に敬意を持った関心を向ける。

苦痛耐性
ストレスのかかる状況で、心を落ち着かせるような励ましを自分に与える。

感情調整
ネガティブな感情を抱いていても、前向きに振る舞うことを選ぶ。

DBTの4つのスキル

DBTでは、自分の感情に抗えないと感じているクライエントが、これらのスキルを学ぶことにより、自分自身や自分の思考を受け入れ、不適切な行動を前向きなものに変えていく。

認知処理療法 (CPT: cognitive processing therapy)

CPTは、心に傷を残す出来事を経験した後、恐怖心からくるネガティブな思考（スタックポイントと呼ばれる）が繰り返し起こるのに対処し、それを変えていく治療法。これによりクライエントは、安心感と落ち着きを取り戻していく。

どのような治療法か？

CPTは、PTSD（p.62）の患者にとくに有効な治療法である。PTSDでは心を乱す偏った思いが頻繁に起こり、回復を妨げる。人を信頼できる、物事をコントロールできる、自分には価値があるという感覚が失われ、無力感、自責の念、罪悪感などが起こる。これらはクライエントがPTSDの症状から抜け出すのを妨げるものであり、その多くは実際の出来事に基づいていない。CPTはこうした「スタックポイント」を検証し、「この思いは事実に基づくものだろうか」と問うことを促す。クライエントは治療者の助けを借りながら、トラウマ体験後の歪んだ認知に気づき、ネガティブなものの見方を改めていく。こうした認知の再構築により、やがては本当の危険と安全とを正しく見分け、不健全な思いを正すことができるようになっていく。

治療の段階

CPTの各段階は、トラウマが自分の脳に与えた影響についてクライエントの理解を助けるように組み立てられている。

心理教育
PTSDの症状、および思考、感情について話し合う。

トラウマの本格的な処理
心に浮かぶ思いへの意識を高めるために、トラウマを想起する。

新たなスキルの活用
心に浮かぶ思いを検証し、行動を変えるためのスキルを身につけ、実践する。

論理情動行動療法 (REBT: rational emotive behaviour therapy)

REBTを通して、クライエントは出来事そのものよりも、その出来事について自分がどう考えるかが大切であることを理解していく。

どのような治療法か？

REBTは苦悩や自滅的行動を引き起こす非合理的信念を、生産的・合理的な考え方に変えていく。悪いことばかりに厳しく目を向けたり、白か黒かの絶対主義で（とくに自分自身について）考えたり、極端な評価（「完全なばか」など）をしたりするなどの、クライエントの硬直的な思考パターン（「～すべき」「～して当然」「～ねばならない」といった言葉に縛られていることが多い）を断ち切る。クライエントはABC理論（右記）を理解することで自分や他者を受け入れ、ちょっとした不快な物事と本当の危機を見分け、生活の中での困難に、忍耐力と健全な自己主張で対処することを学ぶ。REBTは、不安症（pp.52-53）や恐怖症（pp.48-51）に効果的な治療法である。

出来事（ACTIVATING EVENT）
非合理的な思考のきっかけとなる出来事。たとえば、昇進の候補から外されるなど。

信念（BELIEF）
「ぼくはどうしようもない無価値な人間だ。何ひとつうまくできないし、幸せも成功もありえない」

結果（CONSEQUENCE）
不健全な感情。たとえば、抑うつ、怒り、非難、自己嫌悪、自尊心の低下。

（ABC理論）

論駁（DISPUTES）
「それほどひどいことは起きていない。人生には困難が伴うものだ。ぼくはこの悔しさや失望を乗り越えられる」

健全な感情（EFFECTIVE EMOTIONS）
「昇進していたとしたら本当にうれしかっただろう。だけど結果がどうあれ、ぼくは価値のある有能な人間だ」

（治療）

認知療法・行動療法

CBTで利用する技法

ストレスや恐怖心をコーピング（対処）技法の乏しさのために悪化させてしまうことは多い。そうした症状への対処に有効な技法に、ストレス免疫療法（SIT: stress inoculation therapy）と曝露療法（エクスポージャー法）の2つがある。

どのような技法か？

SITは、ストレス反応のきっかけとそれを強める偏った思考プロセスを認識するのに役立つ。多くのクライエントは、何らかの状況に対して実際以上に脅威を感じ、それに対処する自分の力を過小評価している。

治療者はクライエントが不安を抱き、ストレスを感じるような状況をロールプレイング、ビジュアライゼーション（心の中での映像化）、またはストレス要因を録音・録画したものを利用してつくり出す。それに対してクライエントは、リラクセーション技法、マインドフルネス（次ページ）、アサーティブネス（健全な自己主張）などのコーピング技法を学び、実践を重ねる。こうすることで、徐々にそれまでのような不毛な対応をやめて、ストレスへの反応の仕方を変え、適切に対処する方法を学んでいく。

トラウマ体験や恐怖症を持つ人は、恐怖を引き起こすかもしれない物や状況、場所（「きっかけ」）にさらされるのを避ける傾向がある。こうした回避によって恐怖が膨らみ、問題が悪化することが多い。曝露療法では、不安を喚起する刺激にクライエントを意図的にさらすことで恐怖感を和らげていく。

曝露は段階的に行われ、最初は「想像」曝露（恐れていることを想像するか、トラウマ記憶を想起する）から始まる。その後の「現実」曝露では刺激の強度を高め、クライエントは本当に危険ではないものの、生活の中で実際に不安を喚起する状況に身をさらす。

さまざまな曝露法

◆ **フラッディング** クライエントが最も恐れているものへの曝露により、恐怖反応を消去する。

◆ **系統的脱感作法** 段階的に刺激を強めながら曝露を行う中で、体をリラックスさせて恐怖心に対処する技法を学ぶ。

◆ **段階的曝露法** 不安を喚起する状況を刺激の強度順に並べ、不安の階層表をつくる。階層表のうち刺激の低い項目から取り組み、最終的に最も強い恐怖を感じる状況への曝露を行う。

◆ **曝露反応妨害法** OCDなどの患者を、儀式的行為をさせずに不安のきっかけとなる刺激にさらす。たとえば、強迫的手洗いを繰り返す患者に手を洗えない状況で過ごさせると、洗わなくても恐ろしいことなど起こらないとわかり、強迫行為が治まる。

◆ **嫌悪療法** 望ましくない行動を不快な刺激と結びつけることにより、その行動を変容させる。

曝露療法の実際

曝露療法は、恐怖症の治療にとくに有効であることがわかっている。

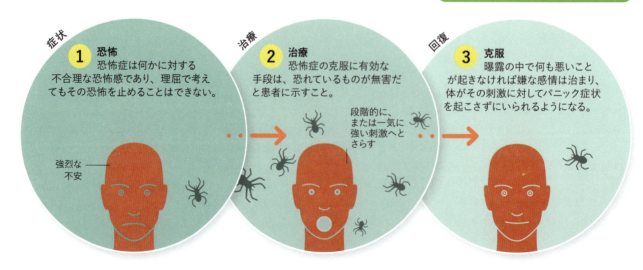

症状
1 恐怖
恐怖症は何かに対する不合理な恐怖感であり、理屈で考えてもその恐怖を止めることはできない。

治療
2 治療
恐怖症の克服に有効な手段は、恐れているものが無害だと患者に示すこと。
段階的に、または一気に強い刺激へとさらす

回復
3 克服
曝露の中で何も悪いことが起きなければ嫌な感情は治まり、体がその刺激に対してパニック症状を起こさずにいられるようになる。

強烈な不安

マインドフルネス

今この瞬間への意識の集中——思考、気持ち、体にそのとき起きていることの観察——を身につけることにより、物事に対する自分の無益な反応のあり方を理解し、コントロールできるようになる。

どのような技法か？

マインドフルネスの技法は、周囲の出来事や自分の身に起きていることに、十分な注意を向けるためのものである。そうした経験や感覚を、判断を差し挟むことなく、距離を置いて観察し受け入れることで、自分の思考や行動が適切なものかどうかを判断する余裕が生まれ、対応の仕方を改めることができる。マインドフルネス（明晰な意識）を養う実践方法として呼吸法、ビジュアライゼーション、音に意識を集中する実践、ヨガ、太極拳、瞑想などがある。

マインドフルネスの効果

自分の頭に浮かぶ考えにとらわれず、それを観察できるようになると、ストレスのかかる経験や不安を見越して、それまでよりも効果的に対処したり、ネガティブな思考パターンを改めたりすることができる。また、マインドフルネスの実践には心を落ち着ける効果もある。ストレスにより活発化する脳領域の活動を静め、気づきや意思決定に関わる部位を活性化させるのだ。これにより、前向きな行動に意識を集中し、健康な生活を育んでいくことができる。

> 「……心の拠り所は、マインドフルネス（気付き）である」
> ブッダ

マインドフルネスの技法

マインドフルに歩く
目に映るもの、聞こえる音、におい、思考、そして歩行に伴う身体感覚への意識の集中により、今この瞬間とつながることができる。

マインドフルに食べる
ペースを落とし、食事に伴う一連の動作や感覚に時間をかけて十分に注意を向けることが、心の集中を高め、物事への反応の仕方を変える力になる。

体へのマインドフルな気づき
ヨガや「ボディースキャン」（体の各部へと順に注意を向けていき、その部分がどのように感じられるか意識する）の実践により、心身の集中を促す。

マインドフルな呼吸
絶え間なく続く呼吸の流れに意識を集中する瞑想は、心を鎮める有効な技法であり、ストレス、不安、ネガティブな感情を軽減する。

ポジティブ心理学

従来の心理療法は、精神疾患や問題行動への対処を主眼としている。これに対してポジティブ心理学では、人間性心理療法と同様、変容への原動力として自己実現やウェルビーイング（健康で充実した意義のある生活を送ること）という目標を重視する。このアプローチでは、前向きに考え、幸福をもたらすものに目を向けることを学ぶ。それにより、個人としても社会的な活動においてもポジティブな行動（自分の強みを育て、人間関係を改善し、目標を達成すること）ができるようになっていく。自分の心と行動をポジティブな活動に集中させるために、マインドフルネスの技法が用いられることが多い。

PERMAモデル

心理学者マーティン・セリグマンが開発した、変容のためのPERMAモデルでは、ウェルビーイングに寄与する要素としてポジティブ感情、エンゲージメント、ポジティブな関係性、意味・意義、達成を挙げる。こうした要素の重要性を理解した上で、日々それらを目指して考え、行動していけば、自らの強みや資質をもとに幸福な未来を手にすることができる。

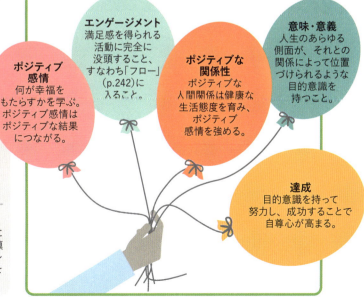

ポジティブ感情
何が幸福をもたらすかを学ぶ。ポジティブ感情はポジティブな結果につながる。

エンゲージメント
満足感を得られる活動に完全に没頭すること、すなわち「フロー」（p.242）に入ること。

ポジティブな関係性
ポジティブな人間関係は健康な生活態度を育み、ポジティブ感情を強める。

意味・意義
人生のあらゆる側面が、それとの関係によって位置づけられるような目的意識を持つこと。

達成
目的意識を持って努力し、成功することで自尊心が高まる。

人間性心理療法

人間性心理療法とは、クライエントが自らの成長する能力に気づき、それをしっかりと把握して活用することにより、悩みや問題を解決し、充実感を高めていく一群の治療法である。

どのような治療法か？

1950年代後半に人間性心理療法が盛んになる以前は、心の問題とは人の欠陥であり、行動療法や精神分析で集中的に治療しなければならないものだと考えられていた。心理学の理論は、行動観察による測定値や、その他の科学的、量的（統計的）研究をもとに人々を評価・分類するものだった。人間性心理学者にとって、こうした即物的で技法重視のアプローチはあまりにも扱える範囲が限られており、人間の幅広く色彩豊かで個性的な経験を捉えるには不十分なものであった。

人間性心理療法は、精神分析療法とは対照的に、人間をあらかじめ定まった欲求、衝動、行動の集まりではなく、自由意思を行使して積極的に物事を選び取っていくことのできる全体的な存在と捉える。治療者は問題を乗り切るための土台として、クライエントの持つ強みや資質、可能性を強調する。人生は時に難しい問題や悲痛な出来事に満ちているが、人間は本来、善良で粘り強い存在であり、困難に耐え、それを乗り越える力があると考えるのである。

また、人間性心理療法は、重度の神経症の治療法と考えられていた心理療法の概念を、自己改善を望

治療におけるクライエントとの関わり

人間性心理療法の治療者はクライエントを認め、偽りのない、無条件の肯定的な関心を示すことにより、前向きで建設的な関係を育もうと努力する。こうした環境の中で、クライエントは自己理解を深め、自らの選択への自信を培い、情緒的に成熟していく。そしてそれが自己実現（自分の可能性を最大限に引き出すこと）を可能にする。

成長を促す治療環境
健全な成長 しっかりと根を張り生い茂る植物のようにクライエントが成長できるよう、建設的な雰囲気をつくる。

治療者による後押し
- **自己認識** クライエントが自らの持つ選択肢を認め、自分の動機づけや目標をしっかりと把握できるよう努める。
- **自己受容** クライエントは治療者に認められることで、自分を受け入れていく。治療者はクライエントの自信や自尊心を育む。
- **自己達成と成長** クライエントが自らに備わった能力や資質を活用して自分を高め、成長していけるようサポートする。

第3章　心を癒すさまざまな治療法
人間性心理療法

むあらゆる人に広く適用可能なアプローチへと発展させた。人々に自然と備わった、問題を解決し、幸福を求め、世界をより良くし、満足で充実した人生を送ることへの欲求を、人間の中心をなす主要な動機と考えたのである。自分の可能性を引き出し、目標や夢に到達しようとする欲求は自己実現と呼ばれる。

人間性心理療法の理念によれば、人は変化を起こし、自己を成長させることが単にできるだけでなく、そうする責任がある。このように考えると、人は自らの選択や目標を完全に自分のものとすることができる。

人間性心理療法でクライエントへの理解を深めるアプローチは、1人ひとりのクライエントと同じくらい創造的で多様なものだが、その共通の土台は対話と信頼である。セッションの中で治療者は、自らの観察に頼るのではなく、自由に答えられる「開かれた質問」をして、クライエント自身が自分の行動や人格について語るのに耳を傾ける。そして人間性心理療法の治療者はみな、共感と理解を示すことで、クライエントに自分自身を受け入れるよう促す。

✓ 知っておきたい

◆ **セラピスト-クライエント関係**
親密で協同的なカウンセリングの中で、治療者（セラピスト）はクライエントに自らの資質を活かして問題の解決策を見つけるよう促す。

◆ **質的方法**　質問紙（量的方法）によって行動を評価するのではなく、クライエントを自らの経験のエキスパートと見なし、その話に耳を傾けることを治療の基本とする。治療者はクライエントが自己認識を深められるよう導く。

「（人間とは）永続的な**可能性の集合**であって、**確定**した数の特性の集まりではない」
カール・ロジャーズ、アメリカの人間性心理学者

クライエントが成し遂げるのは
自己実現　目標や願望を実現し、自らの可能性を最大限に引き出して、理想の自己になる。

クライエントも積極的に治療に関わる
責任　自らの成長に必要な変化を起こすために、クライエントも積極的な役割を果たす。治療者はクライエントが自分の選択、行動、自己の成長に責任を持って取り組めるよう支援する。

人間性心理療法

人間中心療法（パーソンセンタード・セラピー）

このアプローチでは、クライエントは治療者に受け入れられ、支えられる関係の中で自信を養い、自己を成長させていく。

どのような治療法か？

人間中心療法は、人間性心理学と同じ理念に基づいており、誰もが自己を理解し、成長させ、生きる姿勢や行動を変えて自らの可能性を最大限に引き出すこと——自己実現——に必要な資質を備えていると考える。

治療セッションでは、過去よりも現在や未来に焦点を当て、対話はクライエント主導で進む。治療者は判断を差し挟むことなく、クライエントの語る経験に熱心に耳を傾ける。

こうした治療者との関係が、深く偽りのない（「一致」と呼ばれる）ものであることにより、クライエントは自分の考えや感情を自由に表現できる。治療者が無条件の肯定的関心を持つことが、クライエントの気持ちや生きる姿勢、ものの見方への承認となる。そして治療者に受容されることで、クライエントは自分を本当に受け入れられるようになる。自尊心、自己理解、自信が育まれ、罪悪感や自分を守ろうとする反応は減っていく。

自己受容は、クライエントが自らの能力への自信を深め、自己表現や人間関係を改善する力になる。また醜形恐怖症の患者が、自分の体への認識を変えていくのにも役立つ。

セラピスト-クライエント関係
治療者は、クライエントの自己改善の手段として働く。

クライエント
自己実現 自らに備わった能力や欲求を活かして、自己の成長や変化を目指す。

治療者は変化を促すようなセッションの雰囲気をつくり出す。

治療者

自己一致	無条件の肯定的関心	共感
治療者は肯定的、楽観的、誠実である。	クライエントを肯定的に捉える。それにより、クライエントの自己認識も肯定的になる。	クライエントの視点で物事を理解し、体験する。

現実療法（リアリティセラピー）

クライエントが現在の行動や思考のあり方を見直し、変えていけるよう支援する問題解決型の治療法。人間関係の問題にとくに有効である。

どのような治療法か？

現実療法においてクライエントが変えていくのは、まず行為、次いで思考である。これらは、人の行動に関わる要素の中で、感情や生理的反応よりも制御しやすいためだ。現実療法では、人がコントロールできるのは自らの行動だけであり、他者を思い通りにすることはできないと考える。そして行動の動機となるのは5つの基本的欲求である（右記）。治療の焦点は現在に置かれる。治療者は批判、非難、不平、言い訳をしないようクライエントに求める。これらはすべて人間関係の害になるものだ。クライエントは治療者とともに自分の行動パターンに気づき、それを観察して、行動を変えるための実行可能な計画を立てる。

5つの基本的欲求

- **楽しみ** 喜び、充実感、うれしさ
- **生理的欲求（生存）** 食べ物、住む場所、安全
- **愛・所属** 家族の一員であること、友人やコミュニティとのつながり
- **力** 成功する、家族を養う、自分の有能さを感じる、功績を認められる
- **自由** 自分の生活のあり方を自ら選び、コントロールする

実存療法

人間が自ら選択し、自分の行為に責任を負いながらただ生きていくことには、特有の必然的困難が伴う。実存療法はそれを受け入れていくための哲学的な心理療法である。

どのような治療法か？

実存療法の理念によれば、人は実存の所与（右記）を受け入れれば、人生の充実感と喜びを深め、不安なく暮らしていくことができる。人間は自由意思を持ち、人生に主体的に関わる存在であると考えるのである。治療の焦点は自己認識を深めることにある。

そのために、クライエントの人生の意味、目的、価値を探求するとともに、自分は欲求や衝動に翻弄される単なる犠牲者ではなく、自らがそれらに責任を負っているのだという理解をクライエントに促す。セッションでは、たとえば「なぜ私たちはここにいるのか」「人生に苦しみが伴うなら、それはどのようにして良いものとなりうるのか」「なぜ私はこんなに孤独を感じるのか」といった問いに取り組む。

心の動揺の原因となった過去の選択の責任を受け入れられるようになることで、クライエントは自らの経験を自分のものとする力を得る。治療者は1人ひとりのクライエントが、自分に合った解決策を見つけるのを支援する。受容、成長、未来の可能性を積極的に受け入れることなどが、実存療法の重要な主題である。

実存の所与

- ◆ **死の不可避性** 生き続けたいという自然な欲求が、死は必ず訪れるという認識と葛藤を起こす。
- ◆ **実存的孤独** 誰もがこの世界に1人で生まれ、1人で死んでいく。どんな関係やつながりがあっても、人は本来1人である。
- ◆ **付随的な孤独** 人は1人だが、それでもつながりを求める。
- ◆ **無意味さ** 人は生きる目的を探すが、道を求め、生きる意味を理解しようとしても、見つからないことが多い。
- ◆ **自由と責任** 誰もが自分の目標をつくり、生き方を築き上げる責任を持つ。それらはあらかじめ与えられてはいないからである。

ゲシュタルト療法

ゲシュタルト療法は、活力に満ちた即興的な心理療法で、クライエントを束縛から解き放ち、自分の思考、気持ち、行動や、それらが周りに与えている影響への意識を高める。

どのような治療法か？

ゲシュタルト（gestalt）は、「全体」を意味するドイツ語。人間が個別の要素の寄せ集めではなく、全体としてそれ以上の存在であり、独自の感じ方で外界を体験しているという考えを表す。ゲシュタルト療法の治療者は、対話だけでは罪悪感、未解決の怒り、恨み、悲しみを和らげられないと考える。そうした気持ちは、今ここに呼び起こし、体験しなければ解消できない。

治療者はロールプレイング、ファンタジー（空想）、ビジュアライゼーション（心の中での映像化）などの手法を利用して、クライエントが特定の状況に対する自分の反応を理解できるよう導く。こうして自己認識を深めることで、クライエントは自分の反応パターンに気づき、自らの行動の周りへの影響を、独りよがりにならず実際に理解していく。ゲシュタルト療法は嗜癖の治療法として開発されたが、うつ病、深い悲しみ、トラウマ、双極性障害の治療にも利用されている。

エンプティ・チェア技法

誰も座っていない椅子に向かって、自分にとって重要な人物がそこにいるかのように話しかける。次にその椅子に移動して、その人物の視点で自分に話しかけることで相手の立場を理解する。こうして感情や感じていることを解放することにより、自己認識が向上する。

エナクトメント（無意識に言動に現れること）が、自己認識につながる

人間性心理療法

エモーション・フォーカスト・セラピー
（emotion-focused therapy）

自分の感情に対する理解を深め、それを受け入れること、また、そうして得た自己認識に基づく行動を支援するアプローチ。

どのような治療法か？

感情は人のアイデンティティの土台となり、意思決定や行動を左右するという前提に基づく治療法。クライエントは自分にとって助けになる感情とそうでない感情を見定め、自分の感情的な反応を理解するために、今感じていることや、過去に感じてきたことを治療者と話し合い分析する。

　自己認識が深まることで、クライエントはそれまでよりも自分の感情をはっきりと言い表し、感じていることがその状況にふさわしいかどうかを見極め、前向きな感情に沿って行動できるようになっていく。また、トラウマ体験に結びつく気持ちなど、負の感情が自分の選択や行動に与えているネガティブな影響を認識することにより、そうした気持ちを調整し、情緒を変える方法を身につけていく。

　利用される技法には、呼吸法、想像やビジュアライゼーション（心の中での映像化）、前向きな言葉を繰り返すこと（アファメーション）、新しい経験により前向きな感情を引き出すこと、などがある。

エモーショナリー・フォーカスト・セラピー

エモーション・フォーカスト・セラピーと名前が似ているが、異なる治療法である［訳注：日本語ではどちらも「感情焦点化療法」と訳されることが多い］。エモーショナリー・フォーカスト・セラピーは関係修復のための治療法であり、夫婦や家族間の交流を左右する感情の理解を助ける。

　ネガティブな行動や衝突は感情的な欲求が満たされないときに起こるため、治療者はクライエントが自分の気持ちを認識し、家族やパートナーの気持ちを受け入れられるよう支援する。感情の表現や調整の仕方、相手の話の聞き方、感情の建設的な活用法を学ぶことで、パートナーや家族とのきずなを強め、過去の問題を解決し、将来も関係を維持していく方法を身につける。

解決志向ブリーフセラピー

過去のことを詳細に検討・分析するよりも、自分の強みに目を向け、達成可能な目標に向かって前向きに努力するようクライエントを後押しする未来志向の心理療法。

どのような治療法か？

解決志向ブリーフセラピーの理念によれば、人は誰もが自分の生活を改善させる資質を持っているが、そのための手順を組み立てるのに助けを必要とすることがある。治療では、問題が解決したときの生活をクライエントに想像してもらうために、ミラクル・クエスチョンと呼ばれる質問（「もし……だったら、生活がどう変わるか？」）を使うことが多い。クライエントはそこから目標を立て、取りうる解決策を考え、達成のための具体的な手順を決めていく。また、クライエントに以前の成功に目を向けさせ、望ましい成果を得るための能力、機転、レジリエンス（心の抵抗力・回復力）をすでに自分が持っていることを認識させるために、コーピング・クエスチョンという質問（「今までこの問題にどうやって対処してきたか？」）も利用される。

　治療は通常5回程度のセッションで構成される。治療者はクライエントの取り組みを確認しサポートするが、この治療では常にクライエントを自身の問題のエキスパートと見なす。解決志向ブリーフセラピーは過去のことを詳細に分析するよりも、短期間のしっかりと構成されたアプローチを好みがちな若い人に効果的な治療法である。

目標／望んでいた状況に到達する

すでに達成したことを確認する

目標までの距離感を確認し、達成までの現実的で小さなステップを決める

目標を詳しく言葉にし、解決策を思い描く

明確で現実的な目標を選ぶ

身体療法

未解決の感情的問題の影響は心だけでなく、体にも蓄積していくという考えに基づくさまざまな治療法。体に働きかけることにより、ネガティブな緊張感を解放し、心の健康を取り戻す。

どのような治療法か?

人の心を癒す技法の中には、なぜ治癒が起こるのか完全にはわからないがそれでも有効なものもある。心身を統合的に扱う治療法（エネルギー心理学と呼ばれることもある）の多くがこれに当たる。

身体療法では、精神の健康には心と体の統合が不可欠だと考える。マッサージ、ボディーワーク、呼吸法、ヨガ、太極拳、エッセンシャルオイル（精油）やフラワーエッセンスを利用した治療などはみな、心身の緊張を和らげる身体療法に数えられる。

体の特定の箇所には、心の問題との関わりがある。例を挙げれば、多くの人はストレスを感じると肩をこわばらせ、感情的なトラウマは体の痛みや消化器系の問題を引き起こす。また、体の姿勢が変わることで、身体的に感じることも変化する。

たとえば、傷心している人は肩が前に出て、心臓を守るような前かがみの姿勢になることが多く、敗北感は人の目線を下に向けさせる。そうしたとき、肩を後ろに引き、背筋を伸ばして座り、顔を上に向けるよう促すことで、力強く楽観的で開放的な気持ちが強まり、外の世界に向き合えるようになることがある。

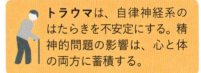
トラウマは、自律神経系のはたらきを不安定にする。精神的問題の影響は、心と体の両方に蓄積する。

ヨガなどの身体療法は、体にたまったネガティブな感情を解放することでバランスを回復させる。

身体療法の治癒力は精神状態を改善するとともに、身体的な苦痛の症状を和らげる。

感情解放テクニック (EFT: emotional freedom technique)

EFTは心身を統合的に扱うホリスティック療法の1つで、鍼灸法や指圧療法と同じ経絡（エネルギーの通り道）に働きかける。トラウマ体験により経絡が遮断されることがあり、それが長く続く苦しみの原因となるという理論に基づいている。治療者は指先でクライエントの経絡上のツボをトントンと叩いていく。クライエントはその間、特定の問題、イメージ、ネガティブな感情を心に浮かべ、アファメーション（なりたい状態を表す肯定的な言葉）を唱える。

経絡上のツボを叩くことには、扁桃体（感情を処理し、闘争－逃走反応を司る脳部位）を静める効果があると考えられる。長く続けることにより、クライエントの思考は組み替えられ、ネガティブな感情が消えて、新しいポジティブな気持ちや行動に置き換わる。また、クライエント自身もツボを叩く手順を身につけることができる。

タッピングポイント（ツボ）
空手チョップポイントをトントンと叩いた後、経絡上の1〜8のツボを頭から下に向かって順に叩いていく。

空手チョップポイント

80% のEFT体験者に改善効果が認められた

人間性心理療法

EMDR: 眼球運動による脱感作と再処理法
（eye movement desensitization and reprocessing）

EMDRは眼球運動によって脳を刺激し、トラウマ記憶を再処理することで、その記憶の心を乱す影響力を消し去る。加えて、クライエントに心の動揺への対処法を教える。

［訳注］EMDRの創始者、フランセス・シャピロは行動主義心理学者。

どのような治療法か？

EMDRでは、クライエントは両側性の刺激（視界を左右に行き来する治療者の手など）を追いながら、過去のトラウマに関するイメージ、状況、気持ちを思い起こす。トラウマと結びついたネガティブな言葉（たとえば、「私には価値がない」という言葉）を頭に浮かべ、それを自分へのポジティブな呼びかけに置き換える。

EMDRの治療は、本当に危険な状況が遠い昔に過ぎ去っていても、ネガティブな信念体系（考え方の枠組み）は解消されずに神経系にとどまっている

両側性の刺激である左右への眼球運動は、脳内でトラウマ記憶を消化し、その記憶が心にどのように保持されていたかを認識する助けになる。

という考えに基づく。そして、眼球運動と心の中での想起を組み合わせて神経系に働きかけ、トラウマ記憶とその悪影響を取り除く。これにより、その記憶を強い苦痛を伴わないものとして保持し、健全な信念体系を取り入れることができる。

EMDRのプロセスは、記憶の処理と、夢を見るレム睡眠中に起きていると考えられている身体的反応を模している。PTSD（p.62）の治療にとくに有効で、90分のセッションを3回行うだけで症状が著しく軽減することもある。

［訳注］EDMRの作用機序（なぜ効果があるのか）は、まだよくわかっていない点も多い。

催眠療法

催眠療法では、クライエントがトランス状態のような深いリラックスに入ることで、意識のはたらきを抑制し、意識下の心のはたらきと感受性を高める。

どのような治療法か？

治療者は催眠状態での暗示により、クライエントの脳の分析的なはたらきを静め、意識下の心へと完全に注意を向けさせる。クライエントを深くリラックスさせた後、徐々に脳の活動パターンが変化するよう暗示をかけることにより、知覚、思考プロセス、行動を変えていく。

催眠療法は、喫煙や過食といった望ましくない習慣を克服するのに、とくに有効である。また、出産、手術、歯の治療など、クライエントから見て苦痛が伴いそうな未来の状況に備えて、その痛みを軽減するのにも利用できる。さらに、心の中で抑圧あるいは隠

蔽された記憶を表面化させ、それに関する問題や感情に取り組むこともできる。

クライエントはセッションとセッションの間に深いリラクセーションを練習し（治療者が録音した音源を利用することが多い）、治療の効果を確かなものにする。

芸術療法（美術療法・音楽療法）

芸術療法とは、言葉ではなく美術や音楽の力で自己発見、自己表現、心の健康や幸福を促す治療法である。そうした表現行為は思いや気持ちをはっきりと表し、感情を調整する助けになる。

どのような治療法か？

自分の感情や感じ取ったことを、言葉ではうまく表現できない人もいる。美術療法はそのような人にとって、内面生活を表現し、自分の思いや気持ちを探求してそれを受け入れ、自己認識を深める手段となる。絵画や造形作品をつくる体の動き自体も、体と心を1つの創造的な目的に集中させるため、治療効果を持つ。

美術療法の主眼は芸術的な技能よりも、一種のコミュニケーションとしての創造のプロセスにある。作品を展示することが自意識や自己批判の克服、自己受容、自尊心の向上につながる。

音楽療法には、美術療法とは異なる効果がある。音楽が脳を刺激すると（左記）、感覚に関わる無数の回路が活性化し、心身の状態が変化することがある。音楽が脳全体の神経回路に働きかけ、情報処理、感情の体験や表現の仕方、言語の使い方、他者との関わり方、体の動きが変化するのである。

音楽によって行動や感情に長期的な変化がもたらされ、抑うつや不安の症状も軽減されることがある。生理的効果としては、気分を改善させるドーパミンなどの物質の放出の促進や、心拍数の低減などがある。

治療にはどんな様式の音楽も利用可能であり、セッションの中では音楽鑑賞、楽器の演奏、歌うこと、即興演奏、作曲などが行われる。

脳内の報酬系ネットワークを活性化する

対人的・感情的情報の処理を助ける

認知機能を高める

心拍数、動作、呼吸、発話を調整する

コミュニケーションを助ける

動物介在療法（アニマルセラピー）

このアプローチでは、動物とのきずなによってコミュニケーション能力、感情をコントロールする力、自立心を高め、孤独感や孤立感を和らげる。

どのような治療法か？

動物との交流により、オキシトシン（他者への親しみや信頼心を高めるホルモン）や、気分を改善させるエンドルフィンのはたらきが向上する。また、動物との接し方を学ぶことで適切な行動のスキルやソーシャルスキル（対人関係の能力）が改善し、自尊心も高まる。

猫をなでたり、犬や馬を日常的に世話したり、イルカと泳いだりすることは、問題を抱えた傷つきやすい人が他者と一定の距離を保ちながら尊重・信頼の念を持って関わることを覚え、自主性や自立心を育んでいくのに役立つ。

アンガーマネジメント（怒りのコントロール）や物質乱用の集団療法では、動物がいることで参加者が心を開き、荒れた生活を送ってきた過去のことを打ち明けやすくなり、自己受容や自分を許す心を深められることがある。

「ペットとは副作用のない薬なのです」
エドワード・クレイガン、アメリカの腫瘍専門医

システミック療法*

*[訳注]システムズ・アプローチとも呼ばれる。

システミック療法では、個人は人間関係の網の目の一部であり、その人の行動、感じ方、考え方を形成しているのはその関係であると考える。治療者はクライエント個人にとどまらず、関係を構成するシステム全体に働きかける。

どのような治療法か？

システミック療法の土台には、個々の要素をより大きく複雑なシステムの一部と捉えるシステム理論の考え方がある。人間の場合、そのシステムとは家族、職場、組織、地域社会などである。

システムの一部に問題が起こると、他の部分も影響を受けたり、不安的になったりすることがある。たとえばうつ病を患う人は、家族の誰かとの関係に問題が起こるだけでなく、職場の同僚や友人との関わりにも影響があるかもしれない。そのためシステミック療法では、個人の問題を個別に治療するのではなく、システム全体との関わりの中でそれに取り組む。システム内の全員に有効な解決策を探すのである。システムの一部を変化させること（職場の中の1人のメンバーへの支援を改善することなど）が、そのネットワーク内の全員に利益をもたらすこともある。

また、システミック療法では、システムを全体として捉えるだけでなく、システムの力学にも目を向けて深く根づいたパターンや傾向を見つけ出そうとする。たとえば、多くの家族の力学は、いくつもの暗黙のルールと無意識の行動に支配されている。

治療では、個々のメンバーに、自分たちがお互いどのようにやり取りし、影響を与え合っているかを意識させることにより、集団の力学を好転させる前向きな変化を促す。そのために治療者は、その集団に関わるすべての人のものの見方、期待、求めること、人格を考慮し、1人ひとりが他のメンバーの役割や求めることを深く理解できるように対話を促す。

問題を解決するには、集団のすべてのメンバーが変化の必要性を認め、自分の行為が他者に与える影響を認識しなければならない。多くの場合、個々の小さな変化が集団全体の行動に大きな変容をもたらす。

また、問題をシステムとして捉えることで、時には一見関係のない事象の間に密接な関係が見つかる。そのため、1つの問題を解決すれば、そのシステムの別の部分にもプラスの効果が現れるという思わぬ収穫に出会うこともある。

> 「家族という坩堝（るつぼ）には
> 型、枠組み、規律が必要だ
> ……そして治療者はそれを提示
> しなければならない」
> オーガスタス・ナピア、アメリカの作家・家族療法家

関係のバランスをとる

集団内の2人のメンバーの間に不和が起こったとき、自分たちだけで問題を解決するのではなく、第三の人を巻き込んで関係を安定させようとすることがある。こうした感情的な関係は三角関係として捉えることができる。ただし、既存の関係に3人目が加わること（夫婦が赤ん坊を迎えるなど）は、必ずしもプラスに働くとは限らず、元の2人の間に摩擦をもたらす場合もある。

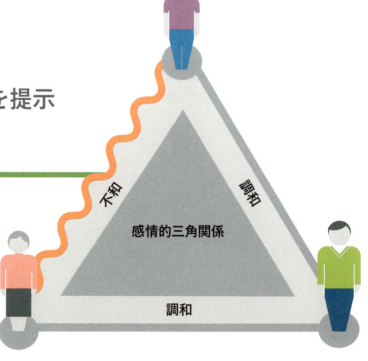

家族システム療法

このアプローチでは、家族内の関係は問題を形成する原因であるとともに、それを解決しうる手段でもあると考え、集団の力学に重点を置いて治療を行う。

どのような治療法か?

家族システム療法は、精神科医マレー・ボーエンの理論に基づいている。ボーエンは8つの連関概念を用い、出生順位、その人の家族内での役割、人格、遺伝的特性といった要素がみな、家族システム内でのメンバー同士の関わり方に影響していることを明らかにしようとした。家族のメンバーと、その関わり方の両面から家族を捉えたのだ。

家族をこのように1つの感情的なまとまりと見ることで、メンバーは協力して問題解決に取り組める。それは、死や離婚など、家族全員に影響する感情的な問題のこともあれば、特定の1人に関する問題が家族内の残りの人々に影響を与える場合もある。

治療者は家族のメンバーが自分の役割をどのように捉え、言動に表しているかを探る。これにより、家族1人ひとりが自分の行動の他のメンバーへの影響、そして自身が周りから受ける影響への理解を深める。

加えて、外的要因が家族内の関係に与える影響や、世代を超えて同じパターンが繰り返し現れうることへの理解も重要である。たとえば、親が高圧的であったなどの理由で、自分は1人の独立した人間だという感覚が希薄なまま育った子どもは、同じように分化(個の確立)が未熟なパートナーを求めるかもしれない。こうして結びついた2人は、自分たちのそうした特性に伴う葛藤や問題をわが子に受け渡す。

治療により、コミュニケーション、自己認識、共感性を改善することは、このような世代を超えて伝わるパターンを断ち切り、家族が自分たちの強みを活かして、相互依存関係を前向きな変化へとつなげていく力となりうる。

ボーエンによる8つの連関概念

自己分化
集団の一員として役割を果たしながらも、自分は1人の独立した人間だという感覚を保っていること
[訳注]情緒と知性の分化という意味もある。

感情的三角関係
人間関係のシステムにおける最小単位(多くの場合、両親と1人の子どもから成る)のはたらき

家族投影過程
両親の感情、不和、問題が、その子どもに受け継がれること

感情遮断
家族内の不和に対し、メンバーが感情的に距離を置いて対処すること

同胞順位
出生順位が家族内での子どもの扱いに影響し、期待される内容によってその子の役割が異なったものになること

多世代間伝承
人は分化の度合いが自分と同レベルのパートナーを求めるため、世代を超えて同じパターンが繰り返されること

社会の感情過程
家族内の感情的システムが、職場など、社会の中のさらに大きなシステムにも影響すること

核家族の感情過程
家族内に起こる緊張が、その家族関係のパターンに与える影響

システミック療法

戦略的家族療法

戦略的家族療法では、治療者が中心的な役割を果たし、家族の問題を解決に導く。クライエントである家族が自分たちの関係に影響している問題を見つけ、その問題を解決する計画を練り、的を絞った対応ができるよう支援する。

どのような治療法か？

戦略的家族療法はジェイ・ヘイリーの理論に基づく問題解決志向の技法で、個々の家族の構造や力学に合わせた戦略を用い、あらかじめ合意した成果を出す。主眼は過去の出来事や原因の分析ではなく、常に現在の問題とその解決に置かれる。

治療者は積極的に介入し、家族が自分たちの問題を見つけられるよう支援する。治療者と家族は、比較的短期間に達成できる目標に合意する。そして治療者は、メンバー間のコミュニケーションを、それまでとは異なったものにするための戦略的計画を立てる。この計画は、家族にとって思いもよらないものかもしれない。家族のメンバーに普段のやり取りや会話を再現するよう求めることもある。そうした交流のはたらきと、問題が発生するパターンへの自覚を深めさせるためである。

変化を起こすための戦略は、家族のメンバーの強みに基づいて立てる。これにより、家族は自分たちの資質を活かして支え合いながら、行動に前向きな変化を起こし、家族全体として目標を達成することができる。

> 「（戦略的家族療法では）**治療者**が直接**人々に働きかける責任**を負うのです」
> ジェイ・ヘイリー、アメリカの心理療法家

治療者の戦略的役割

◆ **解決可能な問題の特定** クライエントの家族を観察し、問題を特定する：たとえば、10代の息子トムがコミュニケーションをとろうとしない。

◆ **目標設定** 家族が明確な目標を定めるのを支援する：トムが居場所を必ず両親に知らせる。

◆ **介入計画** その家族の問題に的を絞った計画を立てる：トムが定期的に家に連絡する。

◆ **計画の実行** ロールプレイング、話し合い、家で行う課題などの計画を立て、実施後に振り返ることで、トムがコミュニケーションをとりたがらない理由について、家族の理解を助ける。

◆ **成果の検証** 両親とトムが、ともに前向きに変化していることを確認する。

二者関係発達療法 (dyadic developmental therapy)

二者関係発達療法は、心に傷を負った子どもに、保護者との安定した情緒的結びつきや、愛のある関係を築くためのしっかりとした土台を与えることを目指す治療法である。

どのような治療法か？

育児放棄や虐待に遭ったり、適切な養育を受けなかったりした子どもには、さまざまな問題が起こりやすい。規則違反や攻撃的な行動が多くなり、思考や注意の障害、パーソナリティ障害、不安症、うつ病を患いやすく、健全なアタッチメント（情緒的結びつき）の形成が難しくなることがある。

二者関係発達療法はそうした背景を持つ子どもに、危険から守られ、安心で共感に満ちた環境を与え、その中で新しいコミュニケーションや行動の仕方を身につけられるようにする。保護者と子どもとのきずなを強めるための土台として、治療者はその両者と協力的な関係を築く必要がある。

治療者はPACE――Playful（楽しく）、Accepting（受容的で）、Curious（好奇心を持ち）、Empathetic（共感的な態度で）――を原則として子どもと交流する。これにより、子どもは治療者との関係において、安全で、尊重され、理解されていると感じられ、相手からの支援や成長への後押しを素直に受け入れることができる。

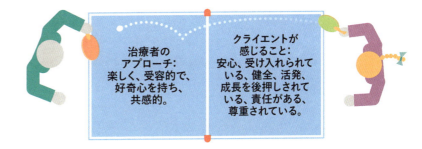

治療者のアプローチ：楽しく、受容的で、好奇心を持ち、共感的。

クライエントが感じること：安心、受け入れられている、健全、活発、成長を後押しされている、責任がある、尊重されている。

文脈療法

文脈療法の目的は、家族内のバランスを回復し、1人ひとりの精神的欲求が完全に、公平に、そして対等に与え合うかたちで満たされることにある。

どのような治療法か？

家族関係の不均衡が起こりうるのは、家族のメンバーが自分は不当な扱いを受けている、求めるものをないがしろにされている、気持ちに応えてもらえていないと感じるときである。

文脈療法では、家族関係の問題を理解する出発点として、関係の倫理（右記）という概念を用いる。これは公平さ、および平等な権利と責任を意味する。関係の倫理はバランスと調和を回復する戦略を練る上での足場でもある。また、メンバーの年齢、背景、心理的特性が、家族の問題の文脈を成しているとされる。治療者は家族の1人ひとりに、問題についての自分の考えを話すとともに、他のメンバーの意見に耳を傾けるよう促す。そして他のメンバーの前向きな努力を認め、自分の行動の責任を受け入れるよう後押しする。

1人ひとりに自分の要求を満たす資格があると理解し、そのために全員が担う責任を学ぶことで、家族は新たな行動様式を身につけ、対等に与え合う関係を築くことができる。

家族の力学を決定づける要素

- **背景** 1人ひとりの個性を形づくる社会・文化的要素、年齢、経験など。
- **個人の心理** 個人個人の人格や心理的性質。
- **システミックな交流** 家族のメンバー同士のやり取りのあり方。感情的三角関係、提携、権力争いなど。世代間の関係や受け継がれた行動様式を含む。
- **関係の倫理** 家族の力学を決定づけるギブアンドテイクのバランス（対等に与え合うこと）や、精神的欲求と満足のバランス。バランスをとるためには、家族の全員が自分の行動や他のメンバーとの交流に責任を負わなければならない。

生物学的治療法

精神疾患には生物学的要因や身体的要因が強く影響している、という考えに基づく治療法。脳の構造やはたらきを変えることにより、症状の軽減を図る。

どのような治療法か？

心理療法が環境や行動の要因に目を向け、セラピスト−クライエント関係を利用して治療を図るのに対して、生物学的治療法は精神科医が指示するものであり、脳の物理的働きに焦点を当てる。

通常は薬物療法のかたちをとるが、極端なケースでは電気けいれん療法（ECT: electroconvulsive therapy）、経頭蓋磁気刺激法（TMS: transcranial magnetic stimulation）、精神外科（脳の外科手術）が行われる。これらの治療法のいくつかは、双極性障害や統合失調症といった精神疾患の症状に関連する生物学的な異常を正すために行われる。そうした生物学的異常は、遺伝的要因や、脳の構造的異常、脳内の各部位の情報伝達の機能不全を原因としている可能性がある。

生物学的治療法は多くの場合、症状を抑えるために利用される。そして、行動療法や認知療法など、他の治療を並行して行うことで、疾患を引き起こしている要因や症状への根本的な対処を図る。

薬物療法

薬物療法は幻覚、気分の落ち込みや変動、不安など、特定の症状の軽減を意図して行われる。薬物を服用しても疾患の原因となっている心理的な問題は解消されないが、患者が問題に対処したり、生活や仕事をこなしたりする上でプラスに働くことはある。

分類	用途	薬の種類
抗うつ薬	うつ病——落胆した気分、無快感症（喜びを感じられない状態）、絶望感などを含む。不安症にも処方されることがある	選択的セロトニン再取り込み阻害薬（SSRIs）、モノアミン酸化酵素阻害薬、セロトニン・ノルアドレナリン再取り込み阻害薬、三環系抗うつ薬
抗精神病薬	双極性障害。統合失調症。幻覚、妄想、思考の混乱、気分の変動などの症状	ドーパミンの伝達を阻害する薬剤。第一世代の抗精神病薬は「定型」、第二世代は「非定型」と呼ばれる
抗不安薬	GAD（全般不安症）、パニック症、社交不安症、PTSD、OCD、恐怖症	ベンゾジアゼピン系薬、ブスピロン、ベータ遮断薬、SSRIs、セロトニン・ノルアドレナリン再取り込み阻害薬
気分安定薬	双極性障害。また、統合失調症、うつ病、発作性障害に関連する気分症状の治療に用いられることもある	リチウム（躁病に）。抗痙攣薬（うつ病に用いられるカルバマゼピンなど）、抗精神病薬（アセナピンなど）
中枢神経興奮薬	ナルコレプシー、ADHD	アンフェタミン、カフェイン、ニコチン ［訳注］日本ではメチルフェニデートとリスデキサンフェタミンが認可。
睡眠薬	睡眠障害	抗ヒスタミン薬、鎮静催眠薬、ベンゾジアゼピン系（BDZ）薬、睡眠覚醒サイクル調節薬* *［訳注］メラトニン、オレキシン受容体拮抗薬。
認知症治療薬	認知症に関連する症状の軽減、および病気の進行の緩和（根治できるわけではない）	コリンエステラーゼ阻害薬

具体的な治療法

精神科の薬物療法は、ドーパミンやノルアドレナリン（どちらも報酬や快感に関わる）、セロトニン（気分を整え、不安を和らげる）などの神経伝達物質（pp.28–29）に働きかける。症状の軽減に大きな効果を発揮しうるが、眠気、吐き気、頭痛などの副作用を伴うこともある。

薬物療法で効果が得られない場合、脳の電気信号を物理的に妨害または促進する治療法が行われることもある。ECTおよびTMSでは、脳に弱い電流を通す。きわめてまれだが、脳のはたらきを変えるために外科手術を行うこともある。たとえば、脳の微小な部位を破壊して、大脳辺縁系（pp.26–27）内の連絡を遮断する方法などがある。

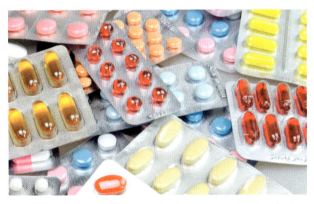

薬剤は脳内のさまざまな神経伝達物質の活動を阻害または促進する。特定の物質の産生を増加させたり、脳内の受容体による神経伝達物質の取り込みを遮ったり、受容体に直接働きかけたりする。

「抗うつ薬の利用は1999年から2014年の間に65％近く増加した」
アメリカ疾病対策センター、2017年

はたらき	効果	副作用
脳における「快感」の神経伝達物質（セロトニン、ドーパミン、ノルアドレナリン）の利用を増やす	気分が上向き、幸福感が高まる。意欲や楽観性が向上する。活力が増す。睡眠のリズムが整う	体重増加、眠気、性欲の減退、オルガズムを得にくくなる。睡眠障害、口渇、吐き気、頭痛
ドーパミン神経系の過剰な活動が精神病症状を引き起こすため、脳内でのドーパミン受容体を阻害する	幻聴や幻視が減る。気分が安定する。思考の明晰さが改善する	いらだちや不安定な気分など、精神的影響。神経や筋肉への影響。体温調整の問題。めまい
種類によりはたらきが大きく異なる。神経伝達物質のはたらきを調整する薬剤もあれば、身体症状を抑えるもの（ベータ遮断薬）もある	ストレスに対処し、問題に向き合う力を向上させる。筋肉の緊張を和らげる。精神的な刺激への反応を軽減する	めまい、体の平衡感覚や協調運動への悪影響、発話不明瞭、記憶障害、集中困難、離脱症状
種類によりはたらきが異なる。ドーパミンなどの神経伝達物質のはたらきを調整する薬剤もあれば、気分を安定させる物質を増やすものもある	躁病の症状を軽減する。躁病と抑うつのエピソードの循環を防ぐ。抑うつを和らげる	体重増加、感情の平板化（感情的な反応がほとんどなくなる）、口渇、にきび、落ち着きのなさ、性機能不全、日光に過敏になる
脳内で利用可能なドーパミンやノルアドレナリンなどの神経伝達物質の量を増やし、活動を促進する	覚醒度や集中力が向上する。思考がより明晰で秩序立ったものになる。活力が増す	不安、不眠、食欲喪失、体重減少、心拍数増加、顎振戦
ヒスタミンの作用抑制（抗ヒスタミン薬）。GABA（p.29）のはたらきを増強（催眠薬、BDZ薬）。メラトニンに作用（睡眠覚醒サイクル調節薬）	入眠や睡眠の持続を促す	記憶の喪失、日中の眠気、転倒の危険性増加、耐性や依存症の危険性
コリンエステラーゼ（記憶に深く関わる神経伝達物質であるアセチルコリンを分解する酵素）のはたらきを抑制する	認知機能の低下を遅らせる	体重減少、吐き気、嘔吐、下痢

第**4**章

実生活の中の
心理学

心理学にはさまざまな専門分野があり、社会のあらゆる側面を研究対象としている。心理学者は、子どもから大人まで、仕事から遊びに至るまで、人々の交流を幅広く理解し、究極的にはすべての人にとってこの世界がより良いものとなることを目指し、研究を続けている。

自己同一性（アイデンティティ）の心理学

自分は何者で、この世界とどのように関わっているのか。その理解は自己同一性（アイデンティティ）を形成し、その人の人格を通して表現される。個人差を扱うこの分野の心理学者は、人には本来、自分自身や自分と世界との関わりについての認識を自然と深めたくなるような自尊心が備わっているという前提に立つ。人によっては、時とともにアイデンティティを変化あるいは進化させ、自己意識を確固たるものにして、自己実現という究極の目標に達することもある。

アイデンティティを紡ぐ網の目

人々の自己認識の一端は、所属する社会や集団のアイデンティティから成っている。所属する集団はその人の信念や価値観を強化し、承認を与え、自尊心を高める。人は生きていく中で、経験を重ね、他者と出会い、職を変え、特定の人や活動を選んで深く関わりながら、このアイデンティティの網の目に新たな要素を加えていく。近年では、ソーシャルメディアや新たなテクノロジーにより公私の自己の境界があいまいになる中で、人々のアイデンティティ形成のあり方が変わりつつある。

個人のアイデンティティ

信仰
同じ信仰を持つ集団に属することが、その人の文化的・社会的アイデンティティや、個人的な信念体型を決定づけることがある。

サブカルチャー
ある社会や文化の中で、支配的なものとは異なる独自の価値観や文化的スタイルで結ばれた小集団に自分を重ねることも、1つの自己規定のあり方だ。

社会化
人は友人や、その他の社会的な集団との関係の中で、自分を理解する。そうした集団内では、同じ考え方や関心が共有されていることもある。

教育
その人が受けた教育の方法、場所、水準も、個人のアイデンティティや、形成される価値観の基本的な性質に影響する。

趣味
同じ関心を持つ人の集団に所属することで、自尊心やアイデンティティが育まれる。

地域
出身地や、自分で選んで住む場所が、アイデンティティに何らかの特質を加えることがある。

仲間
仲間集団（年齢や社会的背景などの似かよった集団）は、とくに青年期には価値観やアイデンティティの形成に重要な役割を果たす。

地位
社会的・経済的地位は、その人が自分のことをどう捉えるか、他者からどう見られていると感じるか、といった認識に影響する。

第4章 実生活の中の心理学
自己同一性（アイデンティティ）の心理学

自尊心と自己意識

◆ **自尊心** 自分の考え、信念、感情、選択、行動、外見への評価に基づく自己価値の認識。心理学では人格特性、つまり長期的に安定した性質と考える。

◆ **私的自己意識** その人の思考、感情、感覚など（外から見えないもの）。自分や他者をどう見るか、どんな人間になりたいかといったことや、自尊心を含む。

◆ **公的自己意識** 容姿の美しさ、ボディーランゲージ、身体能力、人前での行為、所有物など、その人の外面的特性に結びつく自己意識。人前で振る舞う際に、文化や社会の規範にどの程度従うかということも含む。

> 「規範に従順に振る舞うことの見返りは、みんなに好かれること。自分以外のみんなにね」
>
> リタ・メイ・ブラウン、アメリカの作家・活動家

規範
努めて文化的・社会的規範に沿った振る舞いをするか、あるいは公然とそれを無視するかによって、その人の人間像が明確になる。

政治
政党への所属は、その人の共同体意識を反映しており、個人的な価値観や信念の表明でもある。

文化
その人を取り巻く主流な文化は、イメージ、価値観、信念、社会的規範などを通してアイデンティティに影響を与える。

階級
ある階級に属するか、そこから除外されるという社会的分類もアイデンティティの一部を成す。

家族
家族は遺伝的アイデンティティとともに、価値観や社会的つながりを子どもに受け渡す。子どもはやがて、そのつながりの中で役割を担っていく。

年齢
その人の年齢層も、自分自身や他者から見た自分のイメージに反映される。

役割
人前で演じるさまざまな役割（子ども、兄、弟、法律家、妻、テニスチームのキャプテン）は、その人の自己意識の形成に影響する。

ソーシャルメディア
テクノロジーによって、自分と同じ関心や信念を持つ人々とつながり合うことが可能になっている。

性別（ジェンダー）
性別は、その人自身から見た自らのあり方、他者との関係、社会の中での立ち位置を左右する。

価値観
子どもは親の価値観を受け入れる。その後、成長して家族以外の集団の価値体系を取り入れることもある。

仕事
職場や同僚は、その人の地位、自尊心、関心、選択の仕方を決定づけることがある。

アイデンティティ形成

個性化（アイデンティティ形成）の過程は幼年時代に始まり、青年期に自己意識や世界における自分の役割を模索する中で試され、成人後も進展を続ける。

どのような概念か？

「自分は何者だろう？」「自分の個性とは何か？」といった疑問は、個人のアイデンティティ発達の土台となる。幼児にとっては、保護者が自分をどう扱うかがその答えとなる。子どもは3歳までに自分の特質や能力、年齢、性別、文化的・宗教的背景、関心に基づき、自分自身や世界における自分の居場所に関する理解を築いていく。この時期にしっかりと支えられた子どもは、自信や自尊心の基礎となる、強く前向きなアイデンティティを発達させていく。また、安定したアイデンティティは寛容さを育む。自分と異なる性質の人をいとわずに受け入れ、恐れずにいられるようになるのである。

自己の概念をさらに細かくつくり上げていく中で、子どもは自分と他者を比較し始めるとともに（人格、外見、能力）、他者から見た自己像を内面に取り入れていく。

青年期に入ると、それまで抱いてきたアイデンティティに疑問を抱き始め、一時的な混乱に陥ることもある。外部から新たにやってくる影響や、心身の変化が、10代の若者に自己意識の再検討を促す。自分の力でできることが増え、大切なものが家族との結びつきから友人関係へと移る中で、若者のアイデンティティは強化されていく。

アイデンティティや自己意識は、人によっては成人期までにある面で確立されるが、別の面ではその後も進化し続けることがある。その人の個性に加え、内外の要因が生きる姿勢や目標、職業的・社会的人脈を変化させ、公私のアイデンティティがさまざまな面で変わっていくためだ。

アイデンティティ発達の段階

心理学者エリク・エリクソンによれば、アイデンティティはその人の環境との関わり方の影響を受けながら、8つの異なる段階を経て発達する。各段階で、何らかの心理・社会的危機（葛藤）が起こる。人としての成長（「徳」の獲得）は、その危機をどう乗り越えるかにかかっている。

幼年期

子どもはこの時期に「自己概念」（本人にとって自分らしさを表す能力、特質、価値観の認識）を発達させる。保護者、同じ年頃の友達、就学後に出会う教師などとの交流が、こうした自己概念、および自信や自尊心の形成に影響する。

1. 年齢
2. 葛藤
3. 「徳」（人の基本的強さ）

0〜18か月
基本的信頼 対 基本的不信
「希望」

乳児は世界に対して不確かな思いを抱く。適切に養育されれば、信頼がその恐れに取って代わる。

1〜3歳
自律性 対 恥・疑惑
「意志」

自分の力で物事に取り組もうとし始める一方で、失敗を恐れる。

3〜6歳
自主性 対 罪悪感
「目的」

物事を自分の思い通りにしたいと主張し始めるが、保護者にそれを認められないと罪悪感を抱く。

第4章 実生活の中の心理学
アイデンティティ形成 148/149

青年期

アイデンティティ形成を決定づけるこの時期に、若者は自分が何者かを模索し、多くの場合、さまざまな役割や活動、振る舞いを試す。そうして多くの選択肢を検討する中で混乱——アイデンティティの危機——に至ることもある。この危機を乗り越えることが、大人としてのしっかりとした自己意識の確立につながる。

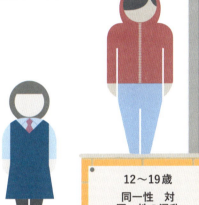

6〜12歳 勤勉性 対 劣等感 「有能感」
同級生などと自分の能力を比べる。そして時には自分の力不足を感じる。

12〜19歳 同一性 対 同一性の混乱 「忠誠」
青年期には自己意識の確立を求め、いろいろな考え方や価値観を模索する。

20〜25歳 親密性 対 孤立 「愛」
初期成人期には、自分にふさわしい相手を見つけることに腐心し始め、孤立を恐れる。

26〜64歳 世代性 対 停滞 「世話」
それまでよりも広い社会への貢献に関心を持ち、それができないとき無力さを感じる。

65歳〜死 統合 対 絶望 「英知」
人生を振り返り、目標を達成できなかったと感じる場合、抑うつに襲われることもある。

アイデンティティ・ステイタス理論

心理学者ジェームズ・マーシャは、青年期の発達に関するエリクソンの理論を発展させ、若者のアイデンティティは学校、人間関係、価値観などの領域で危機を解消（自らの行ってきた選択を省察）し、決断（特定の役割や価値観を選択）するときに発達すると説いた。マーシャの考えでは、アイデンティティの発達段階は連続的に変化していくものであり、そこには4つの状態がある。

◆ **アイデンティティ拡散** 特定のアイデンティティを主体的に選んでおらず、人生の方向性や目的も定まっていない状態。

◆ **早期完了** 独自の考えを模索することなく慣習やお仕着せの価値観に従い、アイデンティティを早期に確定させた状態。

◆ **モラトリアム** さまざまな役割や選択肢を積極的に模索しているが、まだ特定のアイデンティティを選び取ってはいない状態。

◆ **アイデンティティ達成** 幅広い選択肢を模索した上で、自分の目標、価値観、信念を選び取り、アイデンティティの危機を解消した状態。

人格（パーソナリティ）

人格（アイデンティティの現れ方）の発達を理解することは、心理学研究における長年の課題である。そこには遺伝的特徴、人生における経験、環境をはじめとするさまざまな要因が関わっている。

どのような概念か？

人格とは、思考、感覚、動機づけ、行動に関する特有のパターンであり、自分、他者、周りの世界に対する認識に深い関わりを持つ。その人の感じ方、考え方、求めるもの、行動の仕方を左右し、1人ひとりをユニークな存在にするものであり、人間関係から職業人生に至るまで、あらゆる事柄に影響する。

個々人の人格の発達や、人格の特性や類型の分類方法に

人格に対する主要なアプローチ

以下は人格にまつわる複雑な問題の解明を目指すアプローチである。発達の仕方に主眼を置くアプローチもあれば、1人ひとりの違いを説明することに目を向けるものもある。

生物学的アプローチ

ハンス・アイゼンクなどの心理学者は、人格形成における遺伝や生物学的要因の重要さを指摘してきた。このアプローチによれば、個性や特性は脳の構造やはたらきによって決まり、遺伝することもある。つまり、生まれが育ちよりも重要である。

行動主義的アプローチ

このアプローチによれば、人格は環境との関わりの中で発達し、人生を通して変化し続ける。新たな経験、状況、人との出会いはすべて、その人の反応の仕方や特性に影響を与える。

精神力動的アプローチ

フロイトとエリク・エリクソンの理論を包括するこのアプローチの示唆するところでは、人格は無意識の欲動、および人生の各段階で起こる一連の心理・社会的葛藤を、どの程度有効に解消できるかによって決まる。

人間性心理学的アプローチ

人間性心理学者の考えでは、人格を形づくるのは自由意思を行使して自らの可能性を実現したいという人間の生得的欲求と、自由意思の結果として蓄積されていく経験である。この考えによれば、人は自分のなりたい人格に自らの意思で近づいていくことができる。

進化論的アプローチ

このアプローチでは、さまざまな人格特性は環境的要因に反応して遺伝的レベルで進化していくと考える。つまり、多様な人格特性は、自然選択や性選択の結果として進化してきた適応のかたちであり、特定の環境での繁殖や生存の可能性を高めるものである。

社会的学習理論

社会的学習理論は行動主義的アプローチと関連するもので、人との関わりや環境的要因が人格を形づくると考える。この理論によれば、人格特性は他者の振る舞いの観察や、条件づけを通して形成されていく。自他の行動や反応を内面に取り入れて自分の人格に反映していくのだ。たとえば「お前はいたずらっ子だ」といつも言われている子どもは、そのメッセージを心に取り入れ、だんだんとそういう人格を身につけていく。

特性論

特性論によれば、人格はいくつかの一般的な性質ないし特性で構成される。これらの特性がどのように組み合わさり、互いに関わり合うかは1人ひとり異なる（それがその人の「中心的特性」となる）が、一般的な特性（たとえば「外向性」）は同じ文化を共有する多くの人に共通して見られることもある。「基礎」特性とは、ある人の性質をそのまま言い表すような際立った特性を意味する。たとえば、利他はネルソン・マンデラの基礎特性だ。

関しては、多くの理論が広く知られている。生物学的アプローチの示唆するところでは人格特性は変化しないものだが、人間性心理学や行動主義など他のアプローチでは、環境的要因や経験によって、時とともに人格は変化していくとされる。

双子を調査した研究は、生まれ（生物学的要因）と育ち（環境的要因）の両方が、人格に影響することを示唆している。

ビッグファイブ理論（下記）は、個人の人格を構成するさまざまな個性ないし特性を分類・測定するのに、現在広く用いられている。この理論によれば、パーソナリティは可塑的である。つまり、いくつかの特性は一貫して変わらないが、その人の置かれる状況によって、時とともに現れ方が変化したり、強まったりする特性もある。

ビッグファイブ理論

人格特性論のうち、最も広く知られ、受け入れられているビッグファイブモデルによれば、人格は5つの一般的な特性の次元から構成される。個人個人の人格は、これら5つの特性を測るものさし（次元）によって位置づけられる。

低い	特性	高い
実務的、融通が利かない、決まったやり方を好む、慣習に従う	**O** 開放性(Openness) 想像力、洞察力、感情、アイデアなど	好奇心旺盛、創造的、冒険的、抽象的概念への抵抗がない
衝動的、計画性がない、秩序だったことを嫌う、不注意	**C** 誠実性(Conscientiousness) 思慮深さ、能力、衝動制御、目標設定など	信頼できる、勤勉、計画的、細部に気を配る
物静か、内気、控えめ、1人でいることを好む	**E** 外向性(Extroversion) 社交性、自己主張の強さ、表現力など	社交的、考えをはっきりと伝えられる、愛情深い、気さく、話し好き
批判的、うたぐり深い、協調性がない、侮蔑的、人を思い通りに操る	**A** 調和性(Agreeableness) 協調性、信頼性、利他性、親切さなど	協力的、共感的、人を信じる、思いやりがある、礼儀正しい、親しみやすい
心が穏やか、不安がない、感情が安定している、リラックスしている	**N** 神経症傾向(Neuroticism) 心の穏やかさや感情的安定性など	不安、取り乱しやすい、不幸せ、ストレスを感じやすい、気分が安定しない

事例：スタンフォード監獄実験

1971年、若い男性の被験者を看守役と囚人役のグループに分け、監獄を模した施設で生活させる実験がスタンフォード大学で行われた。この実験は開始から6日で打ち切られた。看守役の振る舞いが非常に攻撃的で残酷なものとなり、囚人役は課せられた極度の苦しみをあまりにも従順に受け入れたためだ。

この実験が示唆するのは、誰もが心の奥に醜悪な性質を持っているということだけでなく、環境や状況が人の行動や態度を左右し、実質的に人格を変えてしまいうるということだ。

「囚人は家畜と同じだと思っていたんです」
スタンフォード大学「看守役」

自己実現

自己実現とは、人間の動機づけに関する概念である。それは、人を行動へと向かわせる人生のさまざまな目標や、自分の可能性を最大限に引き出す方法を解き明かすものだ。

どのような概念か？

自己実現は人間性心理学（pp.18-19）の理論と関連する概念であり、自分の可能性を最大限に引き出したいという欲求を意味している。1943年に心理学者アブラハム・マズローは、誰もがその充足を目指す「欲求の階層」の頂点を成すのが自己実現であると提唱した。階層の基底にあるのは基本的な生存の欲求だ。これが満たされると、人はもっと抽象度の高い目標の達成を強く求めるようになる。社会的欲求（所属と愛情）、尊敬や尊重の欲求などを満たし、最終的には人生の目的を求める自己実現の欲求に至る。それは、創作的な活動においてであれ、霊的、あるいは職業的にであれ、本人にとって意味のある領域で自分の本当の可能性を引き出すことによって初めて達成できる。

欲求の階層

マズローは、人間の行動の動機は一連の欲求を満たすことにあると考えた。低次の欲求が満たされると、人は欠乏を埋めることを動機づけとしなくなり、充足感や成長を望むようになる。そして最大限に自己を成長させたとき、「至高」体験が可能になる。

自己実現

充足感
自己実現に至り、自分に備わった能力を最大限に発揮している状態。

――― 地位の喪失 ―――

尊敬の欲求
他者からの承認、名声、達成感を求めて奮闘する。それらを得ることで、自分の能力に自信を持ち、自尊心を高められる。

精神的

――― 離婚 ―――

所属と愛情の欲求
パートナー、家族、友人、コミュニティなどを通じて、愛情と所属を求める精神的欲求を満たそうと努力する。

 家族

――― 失業 ―――

安全の欲求
不安を持たずに安心して過ごすためには、生活の安定、物理的安全、将来にわたり仕事があるという見通し、万一の備え、健康、財産などへの欲求が満たされる必要がある。

 十分なお金　家

生理的欲求
人は空気、食べ物、飲み物、風雨をしのぐ場所、暖かさ、休息などの基本的欲求を満たさなければならない。こうした欲求はふつう、子どもの頃に充足されるものであり、大人になって人生に意義をもたらす高次の欲求へと向かうときには、前提として満たされている必要がある。

 食べ物／水　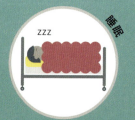 睡眠

基本的

成長を妨げるもの

マズローによれば、人間は誰もが自己実現への欲求とそのための能力を備えているものの、実際にそれを達成している人はわずか1％に過ぎない。低次の欲求は人生を通して何度も表面化し、自己実現への歩みを阻む。離婚、親しい相手との死別、失業などに見舞われれば、人は経済的安定、安全、愛情、尊敬の欲求を満たすことに追われ、自分の精神、創造性、個性に関する可能性を引き出す余裕を持てなくなる。

また、自己実現を阻む要素としては、非常に競争が激しく、情報を中心とする現代社会の重圧も挙げられる。人々は、もっと活動すべきだ、もっと勤勉に働き、収入を増やし、人脈を広げるべきだというメッセージを絶え間なく受け続け、自己の成長に必要な、静かに自分を振り返る時間を奪われている。

自己実現に近づくために

- ◆ **比べない** 自分を他者と比較せず、自分個人の進歩に意識を集中する。
- ◆ **受け入れる** 自己批判的にならず、自分の強みと弱みを理解し、受け入れる。
- ◆ **防衛機制を手放す** 不快な事実や気持ちの否認、あるいは子ども返り（退行）などの防衛機制は、人の成長を妨げる。状況へのもっと建設的な対応方法を見つけよう。
- ◆ **正直に選ぶ** 自分が本当に求めているものを見極めることにより、心に偽りのない選択をし、正直な気持ちで行動する。
- ◆ **人生を味わい尽くす** 意識を今この瞬間に集中し、経験していることをしっかりと味わう。
- ◆ **自分に備わった力を信じる** 前向きなものの見方をすることにより、自分を信じて人生の問題に対処できるようになる。
- ◆ **前進を続ける** 自己実現は、たゆみなく続くプロセスだ。新たな挑戦を求め続けよう。

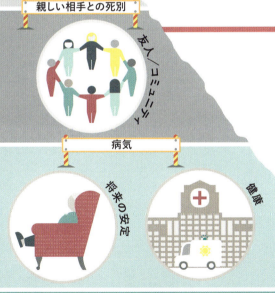

「自分がなりうるものに、人はならなければならない。この必要性を自己実現と呼ぶ」

アブラハム・マズロー、アメリカの心理学者

✓ 知っておきたい

- ◆ **至高体験** 自己実現による超越的な経験や満ち足りた状態。
- ◆ **目的（Purpose）** 自己実現がもたらす人生の意義。
- ◆ **「欠乏」欲求** 低次の階層の4つの欲求。生存欲求が満たされないために起こる。
- ◆ **「存在」欲求／成長欲求** 個人の成長に関わる欲求（自己実現欲求）。

愛情関係の心理学

この分野の心理学者が主に関心を寄せるテーマは、愛情関係がどのようなしくみで展開するか、そしてどのような理由でうまくいったり、ダメになったりするのかということだ。現代の恋愛心理学における研究の前提は、人々のパートナー選びには生物学的、社会的、環境的な要因の影響が組み合わさって働いていること、そして人間が恋愛関係や家族を築く主な原動力となるのは、誰かと関係をつくり維持したいと感じる遺伝的欲動だということである。

愛着(アタッチメント)理論の発展

愛着理論は心理学者ジョン・ボウルビーが、人間と人間、および他種の生物同士の関係に関する研究をもとに、1958年に初めて提唱した。ボウルビーによれば、大人になってからの人間関係を左右するのは、乳幼児の最初期の経験である。ハリー・ハーロウが1950〜60年代に行ったアカゲザルの実験をはじめ複数の研究が、この理論を裏づけている。自分の母親からの愛情を得られない状態で育ったアカゲザルは、長じて他のサルよりも臆病になり、仲間のサルの間で自信を持って振る舞えず、つがいになれないことが多かった。1970年代、メアリー・エインズワースは先行する研究を発展させ、人間の幼児と母親のやり取りをマジックミラー越しに観察した。そして、自分の求めに敏感に反応してくれる母親を持つ子どもには、愛着関係に対する安心感が育まれるが、そうでない子どもにはそれが欠落すると結論づけた。こうした安心感、またはその欠如は、大人になってからの人間関係の土台となる (pp.156–57)。

> 「人生の質……それは
> 人間関係の質なのです」
> アンソニー・ロビンズ、アメリカの作家・ライフコーチ

カップル療法

1990年代に心理的技法の1つとして行われ始めた。当時のカップル療法は、パートナー同士が抱える不和を水に流すためのものだった。しかし、ジョン・ゴットマンの広範な研究成果により、今日の治療者たちは恋愛関係や夫婦間の葛藤が避けられないことを認識している。そのため、カップルには以下のような関わり方が勧められる。

◆ **葛藤を受け入れる** そして関係の亀裂を修復する。
◆ **コミュニケーションを改善する** 自らの気持ちに目をつぶれば、お互いの精神的な溝が広がっていく。
◆ **感情を率直に伝える** 親密さを求める気持ちを恐れずに表現する。

共に遊ぶカップルは、長く共にいられる 日常のちょっとした瞬間を一緒に楽しむことで関係が深まり、長続きしやすくなる。

第4章 実生活の中の心理学
愛情関係の心理学

デート
心理学者の知見によれば、デートには心理学者の共通のサ技術がある。正しい手法を身につけ、デート中に多くの人が発するサインに気づけるようになれば、恋愛が成就する可能性は高まる。

恋愛の科学
人が恋に落ちていく中で通る各段階（性欲、恋愛感情、深い愛着関係）の行為や気持ちには、脳のさまざまな化学物質が影響を与える。

初期の愛着関係
子ども時代の愛着関係は、その後の人生でパートナーに選ぶ相手や、その相手との関係の発展の仕方を左右する。

恋愛関係の発展
新たな恋愛が安定した関係へと進んでいくまでに、カップルは「実験」「強化」「結束」といったいくつかの段階を通過する。

恋愛関係の破綻
恋愛関係がたった1つの不幸な出来事のために終わりになることは減多にない。通常は時間の経過とともに徐々にほころびが広がっていき、段階的に破局を迎える。

恋愛のさまざまな段階

デート中の心の動揺、恋に落ち始めるときの目くるめく思い、そして恋愛の成就または失恋に至るまで、恋愛関係の各段階で起こることは心理学で説明できる。問題を乗り越え、関係を維持していくのに必要な能力は人生の初期に養育者への愛着を形成する中で培われるが、大人になってもそれを改善し、発展させていくことはできる。

愛着（アタッチメント）の心理学

対人関係の心理学における主要な理論の1つに、愛着理論がある。それによれば、子ども時代に経験した愛着関係、とりわけ養育者との関係が、大人になってからのパートナーとの関わり方に影響を与える。

乳児期のきずな

養育者との赤ん坊の頃の結びつきが大人になってからの愛着関係を左右するという理論は、ジョン・ボウルビーの革新的研究から生まれた。精神分析家ジークムント・フロイトと同様、ボウルビーも幼い頃の経験が後の人生に与える影響に興味を抱いた。

1950年代から60年代に発表されたボウルビーの理論によれば、人は誰もが生存のために愛着関係を築こうという本能的欲求を持って生まれてくる。そして生まれてからの2年間、1人の相手との親密で途切れることのない結びつきを必要とする。そうした関係を持てなかった場合、抑うつ、攻撃性の高まり、知能の発達への悪影響が起きたり、成長して大人になっても愛情を表現することに困難を覚えたりする可能性がある。

その後の数十年で他の心理学者たちは、母親などの養育者に対する幼児の振る舞いを観察する方法を考案し、ボウ

愛着スタイル

子どもの愛着パターン		成人の愛着パターン
安定型 自分の欲求を満たしてもらえると確信した子どもは、安定型の愛着スタイルを育む。このスタイルの養育者は子どもの欲求に敏感で、対応は素早く一貫している。欲求を満たされた子どもは自分の置かれた環境を探索することができ、安心感を抱く。	成長すると	**安定型** パートナーとの関係を信頼し、必要に応じて助けを求めることも、相手を支えたり慰めたりすることもいとわない大人になる。精神的に自立していながら、パートナーへの愛情に満ちている。
アンビバレント（葛藤）型 養育者がいつでも自分の欲求を満たしてくれるとは信じていない。養育者の振る舞いには一貫性がなく、子どもの欲求に敏感に応じることもあれば、しっかりと関心を向けないこともある。子どもの心は安定せず、不安や怒りを抱く。	成長すると	**不安・とらわれ型** 拒絶されることを常に恐れるため、パートナーにまとわりつき、要求が過大で、強迫症患者と似た状態になる。片時も相手から離れたがらない。恋愛関係は本当の愛や信頼ではなく、精神的な飢えに突き動かされたものとなる。
回避型 養育者が子どもに対して距離を置き、欲求にあまり応じないと、その子どもは自分の欲求が満たされる望みは薄いのだと意識下で感じ取り、精神的に他者と距離を取るようになる。こうした子どもは安定した愛着関係を育むことがない。	成長すると	**拒絶・回避型** 他者と精神的に距離を置いているため、自分のことに集中し、自立しているように見える。しかしこれは見せかけの自立である。こうした人は、仮にパートナーが取り乱し、もう別れたいと言い出しても、気にかけるそぶりも見せないだろう。
無秩序型 この型の養育者は、予測不能な言動で子どもを怯えさせる。虐待をしたり、自分自身が無気力で恐怖心を抱いていたりするためだ。子どもは欲求を満たす手段を持たないまま、心を閉ざして周囲に関心を示さなくなり、混乱を深めていく。	成長すると	**恐れ・回避型** 極端から極端へと態度が揺れ動き、どんな感情を見せるか予測がつかない。暴力的な関係に陥ることもある。パートナーに安心感を求める気持ちと、相手に近づきすぎて傷つくのを恐れる気持ちとの間で引き裂かれる。

ルビーの仮説を発展・精緻化させていった。こうした研究により、愛着関係の発達の鍵となるのは、食事を与えたりおむつを替えたりする人間ではなく、その子どもと交流し一緒に遊ぶ相手であることが明らかになった。

また、他者への愛着には、人によりいくつかのスタイルがあることが示された。これらの愛着スタイルは幼い頃に形成され、その人が大人になってから誰とつき合い、どのように振る舞うかを決定づける。今日の心理学では、子ども時代と成人期で、4組の対応し合う愛着スタイルが認識されている。

恋愛における愛着関係

実りある恋愛関係を築くために、成人の1つひとつの愛着スタイルが関係の中でどのように働くかを理解することが役立つ。安定型の愛着スタイルを持つ人は、概して最も安定した関係を築く。一方で、安定型以外の愛着スタイルの人は、相手との関係を強めるのに比較的大きな努力が必要になる。

以下に示すのは、心理学者メアリー・エインズワースが1970年代に行った実験（p.154）で、最初に明らかにした3つの愛着スタイルに基づく組み合わせである。一部には不安と回避の性質をどちらも持つ人がいるが、その場合は以下の組み合わせにおける不安・とらわれ型と、拒絶・回避型の振る舞いの両方を知るとよいだろう。

不安・とらわれ型 ＋ 不安・とらわれ型

この組み合わせは熱烈な愛を育む可能性もあるが、両者とも激しい感情を抱えているため、関係が良いときと悪いときで極端な浮き沈みが起こり、最終的には破局に至る場合もある。

不安・とらわれ型 ＋ 拒絶・回避型

互いの自己イメージが強まる、難しい組み合わせ。不安・とらわれ型は拒絶への恐れがあるため、関係維持には心を強くする必要がある。拒絶・回避型は親密さを恐れるため、少しずつ相手との距離を埋めていく必要がある。

不安・とらわれ型 ＋ 安定型

このパターンでは安定型の人が、不安・とらわれ型の相手の傾向を和らげられるかもしれない。両者とも親密さを求める中で、安定型はパートナーの不安を静め、その欲求を満たすことができるからである。

拒絶・回避型 ＋ 拒絶・回避型

両者とも関係に身を捧げられないため、長続きすることがほとんどない。拒絶・回避型の人の多くは誰かとつながりたいという欲求を持っているが、パートナーも回避型の場合、相手から関係を深めてくることは期待できない。

拒絶・回避型 ＋ 安定型

深い関係を築ける可能性のある組み合わせ。安定型の人は、拒絶・回避型のパートナーが息苦しく感じないよう配慮し、束縛される恐怖感を和らげる。回避型はリラックスして関係を楽しみ、相手と親密に過ごせるようになる。

安定型 ＋ 安定型

この組み合わせでは、お互いが気軽に愛情を表現し、求めていることや心配事を共有できるため、両者ともに満たされるすばらしい関係となるだろう。

恋愛の科学

人が恋に落ちるプロセスとはどのようなものか、恋をしている人の心はどのように働くのか。心理学者たちは数多くの実験により、その解明に取り組んでいる。

ロマンスがもたらす報酬

人が恋に落ちたり、恋愛関係に身を捧げたりする理由を科学的に解明しようという考えは、ロマンスのイメージとは相容れないかもしれないが、心理学者はこうしたアプローチによりいくつかの興味深い説を提示している。

1960年代に心理学者ロバート・ザイアンスは、同じアパートに住む人々の観察に基づき、単純接触効果と呼ばれる理論を提唱した。この理論によれば、人が誰かに魅力を感じるようになる主な理由は、単に日常的にその人のすぐ近くにいることである。1980年代にはキャリル・ラズバルトが大学生の恋愛関係を観察し、人がある関係にコミットする（真剣に向き合う）かどうかを選ぶ基準や、時に不幸な関係を続けられる理由についての数学的な説を提示した。「投資モデル」と呼ばれるこの理論によれば、恋愛関係の方程式は、コミットメント＝投資量＋（報酬－コスト）－魅力的な

スタンバーグによる愛の三角理論

心理学者ロバート・スタンバーグによれば、理想的な愛のかたちとは、親密さ、情熱、コミットメント（献身）が組み合わさって生まれる完全な愛である。スタンバーグはこれら3つの要素を三角形の頂点と捉え、それらが互いに影響し合うと考えた。たとえば、コミットメントが大きくなれば親密さも深くなるかもしれない。そして親密さが深まれば、情熱が強まることもある。恋愛関係はこれら3つの要素の1つ以上が組み合わさり、8つの類型のいずれかを形づくる。

コミットメント
短期的には相手を愛そうという決意、長期的にはその愛を保ち続けるという誓いを意味し、パートナーの心を満たすために欠かせない要素だが、コミットメントだけでは愛のあり方としては空虚なものとなる。

友愛

愚愛

完全な愛
理想の愛は親密さ、コミットメント、情熱の3要素をすべてそろえたものである。

親密さ
親しみや、相手とつながっている感覚は恋愛関係の1要素ではあるが、それだけでは本当の親密さというよりも友人同士の好意に近い。

熱愛

情熱
相手に肉体的に惹かれることは恋愛関係のきっかけとなりうるもので、愛情を保つための第1の要素だが、それだけでは単なる執着となる。

非愛
3つの要素のいずれもない状態。

代替関係、となる。投資量とはそれまでに費やした時間や労力、代替関係とは代わりとなりうる相手との関係を指す。

最近の研究では、人類学者ヘレン・フィッシャーらが、恋に落ちていく過程で通る3つの段階――性欲、恋愛感情、愛着――を特定した。これらは、種の存続のために生殖を求める人間の本能的欲求に支配されている面がある。ただし、通常は人の心に深く根づいたこの衝動が自覚されることはない。恋愛におけるこれらの各段階は、感情と行動の両方を司る化学物質に支配されている。

恋の化学反応

人が恋に落ちるときには、脳の化学反応が関わっているということを多くの研究が指摘している。研究者によれば、恋をしている人の脳ではアドレナリン、ドーパミン、セロトニンといった神経伝達物質が大量に放出されることで、心がうきうきとして、好きな相手のことをいつも考えるようになる。こうした身体反応は行動にも現れる。調査によれば、相手と会ってから数分の間に感じる性的欲求は、その人の話す内容よりも、声の調子や話す速さ、そしてボディーランゲージに現れる。

イタリアで行われた研究では、つき合い始めでお互いに夢中のカップルから血液のサンプルを採取したところ、セロトニンの濃度がOCD（pp.56-57）患者に近い水準*まで低下していることが明らかになった。また、においも恋に関わりがある。スイスの研究によれば、女性は自分と遺伝的に異なる免疫系を持つ男性のにおいを好むという。自覚的な好みではないにせよ、免疫系が遺伝的に異なる男性を選ぶということは、現実のパートナー選びに置き換えれば、最も健康な子をつくることを意味する。

*［訳注］募る思いをどうにも止められない状態。

化学物質がもたらす恋愛感情

恋愛関係の異なる段階にある被験者から血液のサンプルを採取することで、研究者は初期の性欲の高まりから、深い恋愛感情、そしてコミットメント（愛着）に至る各段階におけるホルモンレベルの変化を測定した。

- ◆ **性欲** 性ホルモン（男性ではテストステロン、女性ではエストロゲン）によって、初期の恋愛は燃え上がる。
- ◆ **恋愛感情** アドレナリンにより胸が高鳴り、強い興奮が起こる。ドーパミンが活力を高め、睡眠欲や食欲を抑える。セロトニンは幸福感と性的欲求を強める。
- ◆ **愛着** オキシトシンはオルガズムの最中に放出され、セックスの後にパートナーに対して感じる親密さを強める。バソプレッシンもセックスの後に放出されるホルモンで、パートナーに対する献身的な愛情を高めると考えられている。

> 「恋愛とは……欲動です。
> それは脳の中のモーター、
> 何かを欲する部分、
> 強く切望する部分から
> もたらされるものなのです」
>
> ヘレン・フィッシャー、アメリカの人類学者・研究者

嗅覚と脳内の化学反応は、恋のパートナー選びにおける2つの目に見えない要因であり、急激な反応を引き起こすことがある――人は90秒から4分あれば、相手に魅力を感じるかどうかを判断できる。

デートの心理学

恋愛関係はデートから始まることが多いけれど、そこには不安がついて回る。恋愛を成就させたり、自分にぴったりの相手を見極めたりするために、デートがどのような心理に基づいているのかを理解することが役立つだろう。

恋の成就を求めて

デートのアドバイスというと通俗心理学の領分だと思われるかもしれないが、デート中の人々の振る舞いや、恋の成就の可能性を高める方法については、恋愛関係に関する科学的研究が役立つ知見をもたらしている。

心理学者は、従来の方法でのパートナー探しでも、インターネット上のマッチングサービスを利用する場合でも、以下と同じアプローチをとることを勧めている。デートで相性の良いパートナーを探すのは、宝くじを買うようなものだ。当たる確率は高くない。だから、最初のデート（1次審査）は短めにする。真剣な恋愛関係が花開くのはたいてい2度目、3度目のデートに進む段階なのだ。デートを成功させるのに絶対確実な秘訣はないものの、心理学者が声を大にして指摘するのは、心を広く持つことの大切さだ。相手に肉体的に惹かれるかどうかは通常、出会って数分で決まってしまうが、研究によれば、既婚者の約20%は初対面では相手を完全に好きにならず、デートを重ねるうちに親密な気持ちを抱くようになっていく。

真剣な恋愛関係を求めている人には、シンプルな心理学的戦略がある。自分の好きなものや望んでいることを相手に少しずつ伝えていき、どんな反応や行動をとるかを観察することで、その人が自分にぴったりのパートナーかどうかを見極めるのだ。ただし、相手の言動を誤って解釈したり、その反応に過敏になったりすれば、デートがうまくいかなくなることもある。たとえば、メールやメッセージの返事が遅いのは自分に興味がないからだとか、「好きだ」と言う準備ができていない相手について、交際を続ける気がないのだと決めつけてしまえば、関係はダメになってしまうだろう。

デート相手の好意を示すサイン

相手の好意を表すサインには、最初のデートで探るべき明白な手がかりもあれば、非常に無意識的であまり気づかれないものもある。人を特定の相手に惹きつける要素については、ボディーランゲージや話し方だけでなく、さまざまな理論がある。

恋愛感情を示すボディーランゲージ

- 瞳孔が広がる
- 首をわずかに傾ける
- 目、唇、目へと視線を送る（「誘惑の三角形」）
- 微笑むことで好意的な雰囲気を示す
- 相手と同じボディーランゲージを見せる
- 髪を撫でつける、ネックレスをいじる、顔を赤らめる
- 相手の方へと体を傾ける
- 袖をまくって手首を見せる
- 相手の体に意図せず触れる
- つま先を相手に向ける
- 声の大きさや高さが変わる（女性）
- 声をあげて笑う、相手の話を遮る、声の大きさが変わる（男性）

マッチング仮説

エレイン・ハットフィールドらが提唱したマッチング理論によれば、人は自分に似ていて、社会的地位や知的レベルの近い相手と恋愛関係を結ぶ傾向がある。そうした相手は、「住む世界の違う」人よりも手が届きやすいためだ。

フィルターモデル

アラン・カーコフとキース・デービスによれば、恋愛関係は3段階で相手をフィルターにかけながら進む。1つ目のフィルターでは、生い立ち、教育、住む場所の近さ。2つ目は、自分と似た考え方や物事への態度を持っているかどうか、3つ目は、互いの足りない部分を補い合えるかどうか。自分とあまりに違う相手は、こうしたフィルターを通してふるい落とされる。

報酬／欲求理論

ドン・バーンとジェラルド・クロアの理論によれば、人はパートナーを選ぶ際、友愛、セックス、愛情、気分の良さなど、自分の欲求を満たしてくれる相手に惹かれる。

社会的交換

キャリル・ラズバルト (p.158) によれば、人は相手からもらえる利益が、自分がその相手に投資している時間やお金などのコストより大きければ、その関係を維持する。

最初のデートでの自己開示

人は最初のデートで自分に関することを相手に伝えたら、相手も同じようにしてくれることを期待する。そうならないなら、多くのことを開示しすぎたか、相手が自分に興味を持っていないかだろう。もしデート相手が自分に好意を持っていたなら、こちらが自己開示したことで、よりいっそう自分を好きになる可能性が高い。

デートコーチ（恋の指南役）

長くつき合える恋人を見つけられずにいる人や、間違った相手を引き寄せていると感じる人は、心理学に精通したデートコーチに頼るとよいかもしれない。デートコーチは、軽い好意の示し方、ボディーランゲージ、自己呈示、適切な自己開示のペースなど、デートの重要なスキルを磨いたり、コミュニケーションへの自信を深めたりするのに必要なトレーニングをクライエントに施す。また、恋愛の成功を妨げている心理的な障壁を探ったり、出会いたい相手の人物像を現実的に描き出したり、それまでの相手よりも仲良くやっていけそうなパートナー候補に出会う方法を助言したりすることもある。

恋愛関係の段階的変化

恋愛関係はどのような段階を経て発展、あるいは破綻していくのだろう。また、人々がその各段階を認識し、うまく進んでいくにはどうしたらよいのか。心理学者たちは、そうした疑問への答えとなる理論を発展させてきている。

恋愛関係におけるいくつかの段階

数十年にわたる研究の末、心理学者は多くの人が人生で経験しながら、たいていは愛に目を奪われて見えなくなっている事柄を明らかにした。それは、恋愛関係が段階的に発展するということ、そして各段階にはそれぞれがもたらす進展とともに、次の段階に進む前に2人が取り組まなければならない課題があるということだ。

対人関係の理論の中でとくに引き合いに出されることが多いのは、心理学者マーク・ナップの提示したモデルだ。ナップは関係が発展していく登りの階段、2人の結束が維持される踊り場、そし

ナップの対人関係モデル

人間関係が変化していくプロセスを階段にたとえて描き出したナップのモデルには、関係が段階的に発展していく登りのステップと、破綻に向かう場合の降下のステップが5つずつある。このモデルは、関係が望ましくない方向に向かいうるポイントや、カップルがぶつかるかもしれないさまざまな問題に対する理解を与えてくれる。

関係を
◆ 小さな罪を許すこと。親密な関係を保つために、欠点は些細なことと捉え、互いの長所に目を向ける。
◆ 2人で過ごす時間を持つ。

結束
2人の生活が完全に結びつく。自分たちの関係を公にする。結婚などにより、2人の結束を永続的なものにすることを考える場合もある。

統合
それまでよりも関係がはるかに深まり、2人の生活がいろいろな面で1つになる段階。お互いに傷つくことをいとわなくなり、愛の告白なども行われる。

強化
互いにそれまでよりもプライベートな情報を伝え始め、警戒を解いていく。関係が育まれるとともに気持ちが強まっていき、両者とも相手のコミットメントを期待し始める。

実験
相手のことや共通の関心を探りながら、お互いに対する理解を深めていく段階。そうする中で、この関係にとどまるかどうかを判断する。

開始
この段階は通常とても短く、第一印象が物を言う。お互いに興味を示し、外見、服装、ボディーランゲージ、声などから相手を品定めする。

て関係が破綻に向かう場合の下りの階段を描き出した。そうしたプロセスを明確な段階に分けて説明したナップのモデルを参照することで、カップルは自分たちがどの段階にあるのかをいつでも把握でき、それがどこに向かいつつあるのかを予測し、必要な変化を起こすことができる。各段階を乗り越えていくペースは、カップルによって異なる。

また、関係が急激に進展したり、破綻に向かったりする際、いくつかの段階を飛ばして進むこともありうる。

関係の進展と後退

心理学者ジョージ・レヴィンジャーは、関係の進展・後退に関するシンプルな5段階のモデルを構築した。このモデルは恋愛関係だけでなく、企業と消費者の関係にも応用されている。恋人同士の親密な関係を、ブランドと購入者の関係になぞらえて捉えるのである。購入者も、恋愛関係の場合と同じようにあるブランドに引きつけられ、その魅力に射止められて関係を結ぶ。その後、関係を続けることもあれば、しばらくしてさまざまな理由からそのブランドを離れていくこともある。このモデルの5つの段階は魅了（Attraction）から始まり、発展（Build-up）、コミットメント（Commitment）と続く。関係がうまくいかなければ衰退（Deterioration）に、そして最後に終了（Ending）へと至る。

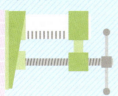

保つ手段
- ◆ 互いの友人関係を共有する。
- ◆ 相手が望むことをしてあげる。自分よりもパートナーを優先することをいとわない。
- ◆ お互いの愛情を同じレベルに保つ。

相違
生活の重圧がストレスをもたらし、自分たちをカップルというより個人個人と考えるようになる。結束が崩れたように感じられる。

制限
鬱積した怒りが2人の間に壁をつくり、コミュニケーションが阻害される。言い争いになるのを恐れて、大切なことを話題にするのを避けるようになるカップルもいる。

停滞
関係が急速に悪化し、改善が難しくなる段階。コミュニケーションは、よりいっそう限られたものとなる。それでも子どものために離婚しない夫婦もいる。

回避
コミュニケーションがなくなり、2人は同じ家に住んでいたとしても、別々の生活を送るようになる。最終的な破局というつらい現実を避けるために、よりを戻したいと思うカップルもいる。

終結
関係が終わりになる段階。夫婦の場合は離婚が確定する。まだ別居していなければ、この段階で別々の家に住むようになり、それぞれの人生を歩んでいく。

48% の男性が一目ぼれを経験している 対する女性は28%にとどまる

崩壊のプロセス

恂愛関係の段階的変化

コミュニケーションの大切さ

夫婦や恋人同士のコミュニケーションは、時に2人の関係に劇的な変化をもたらす。そして、自分たちの会話のパターンに気づくかどうかによって関係が発展するか、破綻するかが決まることもある。心理学者によれば、コミュニケーションのしくみを理解し、関係悪化の予兆に敏感になることによって、パートナーの選び方から、配偶者や恋人との関係のあり方に至るまで改善できるようになる。

パートナーになるかもしれない相手と初めて出会う段階から、自分のことをどれだけ伝えるか（心理学用語で「自己開示」と言う）は、その関係の展開に深く影響する。ほとんどの恋人たちは初期の段階で、お互いについてできるだけ多くのことを伝え合う。話題は表面的なものから始まり、将来の希望など、個人的で詳しい内容へと移っていく。ここでどちらか一方が、相手よりもずっと多くのことを伝えているようだと、2人は関係に対する本気度の違いを感じ取るかもしれない。一方

で、個人的な話をあまりに早い段階でしてしまっても、お互いがその関係に本気で向き合う準備ができていなければ、相手をおじけづかせてしまう可能性がある。

良好なコミュニケーションは関係の悪化を防ぐのに不可欠だが、それだけでは足りない場合もある。社会心理学者スティーブ・ダックは、恋愛関係の破綻について4つの類型を提示した。根本的に不釣り合いなカップルに起こる「定められた悲運」、貧しいコミュニケーションに起因する「機能不全」、同じくコミュニケーション不足のために潜在的な可能性を引き出せない「プロセスロス」、そして信頼を裏切ることに

よる「突然死」だ。夫婦関係の権威ジョン・ゴットマンもまた、関係の破綻は貧しいコミュニケーションの直接の結果であるとしている（下記、右記）。

破局に向かって

ジョン・ゴットマンと共同研究者のコアン、カレール、スワンソンの研究によれば、ネガティブなコミュニケーションは4つの段階を経て愛を終わらせる。この4つの段階はそれぞれが関係破綻の先触れとなるため、聖書に記された破滅の前兆にちなみ、「ヨハネの黙示録の四騎士」と呼ばれる。

65%
コミュニケーションの問題を原因とする離婚の割合

恋愛関係におけるコミュニケーション

アメリカの心理学者ジョン・ゴットマンは、家族システムや夫婦生活の研究で知られている。その理論は「ゴットマン・メソッド・カップル療法」の基礎を成すもので、恋愛関係の心理学やカップル療法に多大な影響を及ぼしてきた。無数の夫婦関係を観察してきたゴットマンによれば、ひどい口論の後でカップルが関係を修復し、立ち直るために有効なのは、相手の話を（反応的ではなく）積極的に聞くことをはじめとする、穏やかなスタイルのコミュニケーションである。

反応的な聞き方
（Reactive listening）

パートナーの言葉を自分への非難と受け取ってやたらと自分を守ろうとすれば、ほぼ確実に会話はヒートアップする。ゴットマンによれば、大事なのは、「それは嘘だ」「そんなことしていない」などと相手の言葉を反射的に否定するのではなく、現実的に考えて、自分の振る舞いが相手に嫌な思いをさせるものでなかったかよく見直してみることだ。自分への怒りをそらすために、「少なくとも……ではない」とか「大げさに反応しすぎだ」などと言って反撃することは避けるべきだ。

積極的な聞き方
（Active listening）

話をするときは、一般論を言うのではなく、その状況について自分がどう感じているかを伝えることを意識すべきだ。またゴットマンは、相手への対応の仕方として、「あなた」でなく「私」を主語にして話すことを勧めている。たとえば「（あなたは）聞いていないでしょう」ではなく、「（私は）話を聞いてもらえていないように感じている」と伝えることで、一触即発となりかねない会話を穏やかなものにする。声の調子と大きさを抑えることも、緊張を和らげ、建設的に不和を解消するこのアプローチのプラスになる。

非難	自己弁護	侮辱	逃避
第1段階 嫌な行動をなくしてもらうために互いに話し合うのではなく、相手の個性や人格への非難を口にする。非難された側は、自分はダメな人間だと感じるかもしれない。	**第2段階** パートナーの非難に対してネガティブに反応する。言い訳をしたり、逆に相手を責めたりして、ケンカの責任が自分にもあることを認めない。相手は不満を募らせることになる。	**第3段階** 侮蔑的な態度をとり、あからさまな軽蔑を顔に出す。この段階から尊重し合う気持ちを取り戻すためには、お互いに大きな努力が必要になる。	**第4段階** パートナーと顔を合わせたり、気持ちを通わせたりしなくなり、関係から身を引く。相手は見捨てられ、拒絶されたように感じる。逃避は、最初の3つの段階が手に負えなかったときに起こりうる。
建設的な代替策	**建設的な代替策**	**建設的な代替策**	**建設的な代替策**
積極的に話を聞き、直接責めることなく、相手に対する自分の気持ちを伝える。パートナーの個人的な性格よりも、その行動がなぜ嫌なのかを説明することに注意を向ける。	そうすべきときには、自分の行動について謝って責任を認めることをいとわない。パートナーの話に耳を傾け、それを自分への非難と受け取るのではなく、相手の不満を理解するよう努める。	なぜ相手に侮辱的な振る舞いをしてしまうのか、なぜ自分の気持ちの動揺を建設的に伝えるのが難しいのかを考える。パートナーの欠点を数えるよりも、良い面に目を向ける。	1人で考える時間が必要なときは、相手にそのように伝え、準備ができたときに会話を再開する。そうすれば、拒絶するために距離を置いているわけではないことをパートナーが理解できる。

教育心理学

教育心理学の第1の目的は、最も効果的な学習方法を見つけることにある。教育サイコロジスト*は、脳がどのように情報を処理し問題を解決するか、記憶がどう働くか、同級生から教室のレイアウトに至るまで、外的な要因が学習者にどう影響するかを観察・研究する。こうした研究の成果は、子どもや大人の学習を助けたり、行動や学習に障害を持つ人を支援したりするのに利用される。

*［訳注］イギリスの教育サイコロジストとは、クリニカルサイコロジストと同様に、医療専門家協議会（HCPC）が定める大学院課程を修了した者が認定される資格職を指す。

学習効果を高める方略

教育サイコロジストはさまざまな方略によって、学習者が物事を効果的に習得し、記憶にとどめられるよう支援することができる。個人の学習目標の達成には、1人で自習するよう促すのが有効かもしれないが、集団の連帯感を高め、自信を養うためには、人と知識を共有し、共同で作業することも重要だ。

「学校教育の
第1の目的は、
新しいことができる……
創造的な男女の育成
であるべきなのです」
ジャン・ピアジェ、スイスの臨床心理学者

学習方法

人は学習に対する動機づけがあり、能力を向上させる強い意志を持って取り組むとき、学んだ情報を最も効果的に保持できる。1人で学ぶことにより、自立心や個人的な達成感が養われる。

教育サイコロジストの働く場所

◆ **学校** 教育サイコロジストにとって最も一般的な職場は、学校などの教育施設だ。ここでは分析や新しいプログラムの導入を通じて、教育効果の改善方法を助言する。教室の運営方法、教員への指導法、問題のある生徒を特定し、必要に応じて特別なプログラムを施す方法の改善について指示を出す。

◆ **企業** ビジネスの世界で働く教育サイコロジストは、社員の生産性改善を求める企業に、職員または外部コンサルタントとして関わる。新入社員の能力や正直さを検査する心理テストを開発・運用したり、社員の意欲や業績を改善する専門教育を実施したりする。

◆ **政府** 政府機関で働く教育サイコロジストは、教育政策に関する助言というきわめて重要な役割を担う。公立学校の教員のためにカリキュラムや学習方略を検討したり、学習障害を持つ子どもの支援方法や、そうした支援を行う教職員の訓練法に関する助言を行ったりする。また、軍事関係者をはじめとする、専門人材の訓練への支援にも携わる。

教室の環境
少人数のグループで学習に取り組むと、質問がしやすくなり、自信が育まれる。人は物理的にも気持ちの上でも安心できる学習環境では、自分の考えを積極的に試すことが多い。

指導方法
教師は、さまざまな手法で生徒の学習効果を高めることができる。たとえば、1つひとつの概念について角度を変えて繰り返し説明する、情報をいくつかのチャンク（かたまり）に分けて伝える、生徒の積極的な参加を促す、といった方法がある。

さまざまな教育理論

人が情報を処理、記憶、検索し、自らの考えを展開していく複雑なプロセスについては、さまざまな理論による解釈が可能だ。代表的な理論には以下のようなものがある。

教室にて
科学や研究技法が進歩する中で、人の心が新しい情報を取得・保持するしくみに関する理論も発展してきている。こうした理論を教育現場で応用すれば、学習の助けとなるだろう。古典的だが現在でも支配的な説として、大きな影響力を持つ心理学者、ジャン・ピアジェの研究に基づく認知学習理論（CLT: Cognitive Learning Theory）がある。

CLTによれば、学習とは内外の要因の影響を受けた心的

ピアジェの認知発達論

ジャン・ピアジェの理論によれば、人は赤ん坊から大人へと成長していく中で膨大な知識を集めていき、物事を理解する際の枠組みを構築する。そして新しいことに出会うたびに、既存の知識を利用してこの枠組みの中に取り入れていく（これを同化という）。それができない場合には、新たな情報を学び取り、自分の知識の枠組みを修正する必要に迫られる（調節）。

感覚運動期（0〜2歳）
初めに獲得するのは、見えない状態のときにも物（対象）が存在しうるという理解である（対象の永続性と呼ばれる）。たとえば、毛布の下に隠れていても、おもちゃがそこにあることを理解できるようになる。

前操作期（2〜7歳）
この段階の子どもは言語能力が発達し始めるが、まだ論理をしっかりと操れるわけではない。しかし、象徴を利用し始め、ある物が別の何かを表象できることを理解する。たとえば、人形を人に見立てて遊ぶことができる。

コルブの経験学習サイクル
デービッド・コルブはピアジェの研究を発展させ、1984年に4段階からなる学習理論を発表した。4つの段階はつながり合って循環し、継続的プロセスを形成する。第1に具体的経験があり、それが経験した内容に対する省察（第2の段階）へとつながる。ここで省察したことは、第3段階で抽象的概念に変換される。言い換えれば、アイデアとなる。そして第4の段階では、生まれたアイデアを実践に移す。コルブはこれを「能動的試行」と呼んだ。

経験する / アイデアを実際に試す / 省察／反復する / アイデアを練る

レースの波紋理論
フィル・レースの考案した波紋モデルは、コルブの経験学習サイクルとは異なる見方を示している。このモデルによれば、学習とは基本的な欲求ないし願望を核とし、池にできた波紋のような形で近接し合う、統合的な4つのプロセスである。

1. **動機づけ** 学習は強い願望から始まる。
2. **練習** 試行錯誤を通して学習を進め、発見が起こる。
3. **理解** 発見したことを消化する。
4. **結果を見る** フィードバック（結果に対する他者や自分の評価・助言）が、動機づけに影響を与える。

1-学びへの欲求／願望
2-実践
3-学んだことの消化
4-フィードバック

プロセスの結果である。内的要因の一例として、自分の能力に対する考え方が挙げられる。自分の能力を改善できると信じている生徒は学習が進みやすいのに対して、自らの知能はある一定のレベルまでしか伸びないと考えている生徒は、学習効果が上がりにくい。外的な要因としては、協力的な教師や、安心できる学習環境などがある。これらの要因の影響を受けながら、人はさまざまな方法で学んでいく。その1つは他者を観察し、まねることだ。他には、教師や親の励ましを受け、学んだことを実践して学習を強化する方法がある。また、反復練習や、再現（新しく学んだ行動をもう一度やってみて、必要に応じて他者のアドバイスをもとに修正すること）も、学習に不可欠の要素だ。

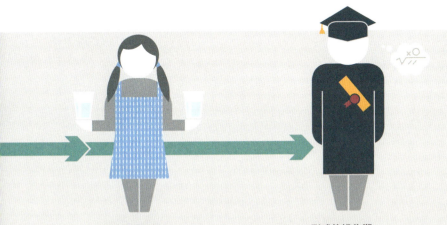

具体的操作期（7〜11歳）
この段階に入った子どもは、論理的に思考し始める。たとえば、1杯のグラスの水を2つのグラスに注ぎ分けるなどして見た目が変わっても、その量は変わらないことを理解できるようになる。

形式的操作期（青年期〜成人期）
10代中頃から成人期にかけて、人は抽象的に考え、仮説を論理的に検証する能力を獲得していく。ある状況から起こりうる結果を想像し、問題を解決したり、計画を立てたりすることが可能になる。

成人後の継続的な学習
人は左記の各発達段階で学んだあらゆることを利用して、成人後もさらに学びを深めていく。ピアジェの示した理論の範囲にとどまらず、成人期を通して新たな技能を学び続けることが、認知や記憶の強化につながる。

社会的学習理論

アルバート・バンデューラの展開した社会的学習理論は、人がどのように行動を学習するかを、認知的アプローチ（内面の心的プロセスが学習に影響するという見方）と行動主義的アプローチ（学習は環境からの刺激によって起こるという考え）の組み合わせによって説明する。この理論によれば、子どもは他者を手本としてその振る舞いをまねることで学習し、それによって行動に好ましい影響を受けることも、悪影響を受けることもある。そして、好ましい行動の学習には、以下の4つの条件が必要であるとされる。

注意
学習するためには、自分の目に入る他者の行動に注意を向ける必要がある。その行動にどこか見慣れない、独特な点があれば、それに意識が注がれる可能性は高まる。

保持
観察した行動や態度を覚えておくことによって、後でそれが行われたときと同じような状況になった際に、思い出して同じような行動がとれる。

運動再生
行動を改善し変化させるには、観察したことを頭の中で、あるいは体を動かして練習することが肝要だ。練習を重ねることで、学習した行動を必要なときに再現できるようになる。

動機づけ
効果的な学習のためには、観察したことを再現する動機が必要になる。特定の振る舞いによって罰や報酬がもたらされるとわかっていれば、人が行動を変化させる可能性は高まる。

さまざまな教育理論

学習のしくみ

近年、神経科学の研究領域には心理学と重なる部分が増えてきている。脳の化学的なはたらきに関する発見が、人間の情報処理についての心理学者の理解を助けているのだ。fMRI（機能的磁気共鳴画像法）などの新しい技術により、脳の活動領域の分布を特定することが可能になり、学習による脳の変化が明らかになりつつある。

神経科学者ネイサン・スプラングが先駆的に行っている研究によれば、何らかの課題を練習することは、脳の構造の変化につながる。新しいことを学ぶときには、対象に鋭い注意を向ける脳領域（意識の領域）の活動が必要だが、特定の課題の訓練を繰り返すと、活動する場所が脳の無意識の領域に移るのだ。さらに、特定の技能を繰り返し正しく練習すると、ニューロンの発火が頻繁になり、その回路を伝わる情報の伝達が強化される。

研究によれば、食生活やストレスのコントロールなどに関する生活スタイルの変化も脳のはたらきに影響を与える。また学習の方法によっても、脳が情報を吸収・保持する能力は大きく向上することがある（右記）。

運動

身体的活動は、ドーパミンをはじめとする神経伝達物質の産生を促す。神経伝達物質とは、脳内や体を流れる化学物質で、脳が信号を発信・解釈・伝達するのに利用される（pp.28–29）。

> 「……特定の行動を思い浮かべるだけで、脳の構造は変わりうるのです」
> ジョン・B・アーデン、アメリカの作家・精神医療プログラム開発責任者

ガニエによる学習の階層

アメリカの教育心理学者ロバート・ガニエは、さまざまな学習の型の分類法を考案した。第1から第8の型があり、順に複雑性が増していく。この分類法の順序に従うと、先に学んだ技能をもとに学習を進めることができ、学習者の意欲が高まるとともに、学んだ内容が長く記憶に残る。

① 信号学習
ある刺激に対して、自然と起こるものとは異なる、望ましい反応を条件づけること。たとえば、熱い物を目にしたときに、無意識に手を引くことなど（古典的条件づけ、pp.16–17）。

② 刺激反応学習
報酬と罰の体系を利用して、望ましい反応を強化する。たとえば、子どもは母親に促されて人にお礼を言うことを覚え、きちんと言えると褒められるという報酬を得る（オペラント条件づけ、pp.16–17）。

③ 連鎖
すでに学習した非言語的な刺激と反応から成る複数の行動をつなぎ合わせる。たとえば、定規を手に取って、紙に書かれた2つの点に合わせて置き、その間に直線を引くことなど。

④ 言語連合
この段階では、すでに覚えた異なる言語的技能を組み合わせる。例として、子どもが自分のぬいぐるみを単に「ベア」と言わず、「わたしのふわふわのテディベア」と言えるようになることなどがある。この力は、言語能力の発達において要となる。

⑤ 複合弁別学習
一連の似かよった刺激を弁別する（見分ける）ことを学ぶ。ここで言う刺激には、感覚的なものも概念的な情報も含まれる。例として、スペイン語話者が、スペイン語と似た単語を多く持つイタリア語を学ぶ場合などが挙げられる。

⑥ 概念学習
この段階の学習者は、さまざまな概念の関係性を学び、それらを見分けられるようになる。具体例から学習して、一般的な法則を導いたり、分類したりする技能を身につける。

⑦ 原理学習
原理学習は、日々の基本的な物事をこなすのに必要となる主要な学習の型。何らかの基本的原理（ルール）に沿って行われる日々の活動や、会話、文章作成などを可能にしている。

⑧ 問題解決
最も複雑な学習の型。すでに学んだいくつかのルール（行動の仕方）を選択し、順序立てて、新たな組み合わせをつくり出す。それを検証して、未知の課題に対する最良の解決策を判断する。

第4章 実生活の中の心理学
さまざまな教育理論

十分な睡眠

研究によれば、生徒の睡眠時間と学校での成績には直接的な関係がある。睡眠研究者のジェームズ・B. マース博士の示すところでは、10代の若者にとっての最適な睡眠時間は9時間15分である。

反復・練習

神経科学の発見によると、何かの練習を（フィードバックを受けて誤りを訂正しながら）何度も繰り返すほど、ニューロンの軸索を覆うミエリン鞘（髄鞘ともいう）の産生が促され、神経を伝わるインパルスは強く、速くなっていく。

段階的な学習

新しい物事を学ぶ際は、学習者ができる限りその情報を処理・保持しやすいよう、細かく区切って伝えるべきである。15分間学習したら、少し休む時間をとってから次の内容へと進むことが望ましい。

ビジュアライゼーション

多くの感覚を動員するほど、脳は情報をよく吸収できる。たとえば、新しい曲を覚えるために楽譜を読むなら、ピアノを弾くことをイメージしながら読んだ方が記憶に残りやすくなる。

脳を組み替える

教育に特別な関心を寄せる心理学者たちは、どうすれば脳のプログラムを書き換えて学習成果を改善できるかを研究してきている。いくつかのシンプルな方略によって、大きな変化をもたらすことができる。しかし、仮説として提示されていた方略の効果が実験によって確かめられたのは、わずかこの数十年のことだ。

学習指導の心理学

教師への訓練は、教育サイコロジストにとって重要な専門領域の1つだ。教室における教師の指導能力を高めるさまざまな方法が開発・検証され、膨大な研究成果が蓄積されてきている。

教師が生み出す違い

生徒の学習に根本的な改善をもたらすには、生得の知能よりも、具体的な課題をこなす能力に目を向けさせることだ。教育心理学では、特定の物事がうまくできるという信念（自己効力感 [self-efficacy] と呼ばれる）を高めることにより、生徒の認知的機能や動機づけが改善されると考えている。自己効力感の高い生徒は、成功できると思えば課題に挑戦し、それをうまくこなすために努力する傾向が強い。一方、自己効力感の低い生徒はちょっとした失敗も挫折と捉えるため、前進したいという強い願望を抱くことがない。そして結果的に低い成績をとり、自己不信の悪循環が続くことになる。物事の成功・失敗は能力ではなく、注ぎ込んだ練習や努力の量であることを教師が理解させられれば、生徒は意欲を削がれずに、やる気を保てる。

学習目標の種類

教師が設定する学習目標には2つの種類がある。遂行目標と熟達目標だ。遂行目標の成否は、生徒が一定の水準（たとえばフランス語でAを取ること）に達する能力を持っているかどうかで決まる。一方の熟達目標（たとえばフランス語に堪能になること）では、粘り強く学ぶ姿勢や、学びへの意欲が重要になる。熟達目標は能力を磨き、改善することを主眼とする点で遂行目標よりも優れている。遂行目標では、良い成績をあげる動機として競争が重視され、その達成は個人の知能水準に左右される。

[訳注] 日本では、小学生は「児童」、中学生・高校生は「生徒」、大学生などは「学生」とされるが、ここではchildを「子ども」、studentを「生徒」と訳している。

ラーニングピラミッド*

アメリカ国立訓練研究所の調査によれば、教育の有効性は指導方法によって異なる。生徒の積極的な参加を求める形式の学びでは学習定着率が高くなるが、参加の度合いの少ない形式では定着率が低くなる。

＊[訳注] このピラミッドはわが国でもよく知られているが、実は科学的根拠が乏しい。

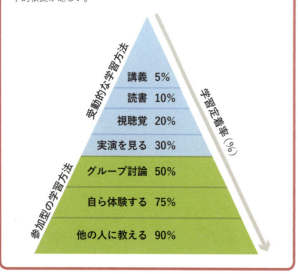

教育の成功を支える要素

生徒の自信や学ぶ楽しみを高めるのに有効な手法は数多くある。教師に求められるのは、これらの手法を組み合わせ、進歩的な学習環境をつくるよう努めることだ。

「自分の**能力**をどう捉えるかによって……その人の**能力**は**影響**されるのです」

アルバート・バンデューラ、カナダの社会認知心理学者

良い関係を築く
生徒を積極的に支援する。生徒との関係を深め、生徒同士や生徒と他の教師の間にも友好な関わりを促す。教室での振る舞い方について求めることを明確に伝える。

技能は具体的に教える
生徒が1つのことを学んだら、それを別の文脈で利用する方法を理解するよう促す。また、練習のためのテスト、活動、課題などを与えて、学んだ内容が長期記憶へと変換されるようにする。

生徒の創造性を養う
生徒に自分の研究プロジェクトを企画させる、課題を実演させる、概念を説明する模型を作らせる。教師は手助けしながらも、生徒が自ら調査し、努力して取り組むのを見守る。

タイミングよくフィードバックを行う
授業のたびに生徒に気を配り、必要に応じて軌道修正させる。褒めたり問題を指摘したりするときには、生徒がどのくらい練習や努力をしているかを基準にする。

短期的な目標を定める
生徒が圧倒されてしまうような大きな課題ではなく、段階的な目標を与えることにより、順を追って無理なく課題を達成していけるようにする。

生徒のストレスをコントロールする
日々のスケジュールを定め、秩序ある教室で学習を進める。学習の区切りごとに十分な休憩をとって知識の消化を促す。生徒が安心できる環境を保つ。

生徒同士の教え合いや議論を促す
生徒たちに不安や疑問、考えを口にするよう促すことにより、グループに連帯感をもたらし、自信を持って自分の意見を述べられるようにする。

動機づけを高める
生徒に、レベルは高いが達成可能な目標を定める。生来の知性よりも、練習や努力の価値を強調する。自己評価を促す。思いやりのある態度で接する。

学習障害のアセスメント

学習の効果を改善するために教育サイコロジストが第1にしなければならないのは、学習者が直面している問題を見つけ出し、それがどのように起きてきたのか、学習のプロセスにどう影響しているのかを確認することだ。

学習障害の現れ方

教育心理学の研究によれば、学習のプロセスは、対人関係や感情の問題、ある種の生理的障害など、幅広い要因の影響を受ける。

幼い頃に学習障害が発覚し、その段階で親が教育サイコロジストに相談することもある。一方で、幼稚園に入ってから問題が明らかになるケースもある。その場合、子どもが遊んだり、基本的な動作をしたりする上で困難を抱えていることに気づくのは、主に施設の教員である。

また、大人になってから障害が発覚する人もいる。その多くは、学生時代に問題が見過ごされたことが原因である。

障害を見つけ出す

子どもの学習障害が早い段階で明らかになる場合、教師が日々生徒を観察する中で、問題の可能性に気づくことが発端となるケースが多い。その後は、教育サイコロジストがひと通りのアセスメントを行い、生徒の支援計画を立てるなどの対応を行う。

［訳注］教育サイコロジストは、障害をもつ生徒が入学試験等に合理的配慮を求める際にも、アセスメントを実施する。

アセスメントの方法

教師と話す
生徒の問題を実際に目にしているのは一般に、現在または以前の担任である。通常、アセスメントは教師と話すことから始まる。

親と話す
親との会話により、子どもが家で特定の物事をどのように行うか、家族とうまくいっているかといったことを確認できる。

子どもを教室で観察する
教室内での観察により、ペンなどの道具の扱い方、ボタンをうまくはめられるか、教師の指示をどの程度聞けるかなど、問題を見分けるための要点が明らかになることがある。

子どもと話す
アセスメントの中で子ども本人と話すことは必須ではないが、直接話すことで、たとえば言葉の理解や発音の仕方などがわかることもある。

障害の種類

学習障害は環境的要因、生物学的要因、あるいはその両方の組み合わせによって起こる。正確な原因を見極めることは難しいが、症状から障害の種類を特定することが可能だ。ここで簡単にとり上げた4つの障害の英語名はいずれも、「困難」を意味するラテン語の接頭辞 "dys" で始まる。

読字障害（DYSLEXIA）
文字の読み書きや、単語を正確に綴ることが困難。創造的な思考に優れていることが多い。

書字障害（DYSGRAPHIA）
文法や綴りの規則に従って文字を書くことや、文章の構成に困難がある。

計算障害（DYSCALCULIA）
計算することや、基本的な算数の理解における障害。

統合運動障害／発達性協調運動障害（DYSPRAXIA）
体の各部を協調して動かすことが困難なため、動作がぎこちなく、日々の生活で必要とされる基本的な行為をうまくこなせない。

どのように対応するか？

学習者の問題の本質をしっかりと把握することは、非常に重要である。そのため、心理職は教室などにおけるその学習者の行動や情報処理のあり方を、いろいろな方法を用いて正確に描き出す。

以前なら、そのために筆記または口頭での知能テストが行われることもあっただろう。今日でも（とくに読字障害など、特定の障害が疑われる場合に）アセスメントの一環として形式的な検査を行うことはあるが、現在ではより総合的なアプローチを用いる。

教育サイコロジストは精神科医、ソーシャルワーカー、言語聴覚士、教師と協力し、行動主義心理学、認知心理学、社会心理学の理論を取り入れて、教室での問題に取り組むことが多い。このように多様なアプローチを適用することは、生徒が教室で見せる振る舞いの理由や、生徒の脳内での情報の処理や保持のあり方、家族や同級生が学習に与える影響を理解する上で不可欠だ。

こうした複合的なアプローチは、幼稚園や小学校から、成人の通う学習施設や企業の研修プログラムに至るまで、あらゆる教育環境に適用できる。

宿題などを分析する
子どもが取り組んだ学校課題のいくつかを確認することで、その子どもが問題の答えを書くときの一定のパターンや、問題の範囲（計算などの1分野に限られるのか、複数あるのか）がわかることがある。

質問紙などで特定の面から検査する
学習障害に対する標準化された検査法は、数多くある。対人関係や感情面の障害に根差すものから、神経学的問題や発達性の原因によるものまで、さまざまな側面からの測定が可能だ。

問題行動への対処
教室で問題行動を起こす生徒への対処には、アセスメントでその行動のきっかけと解決策を探ることにより教師をサポートする。その際、教育サイコロジストは生徒の親の協力を得て、食生活、ストレス、対人関係の重圧など、生活上の問題を検証することが多い。

100万人
イングランドで特別教育のニーズを持つ子どもの数
イギリス教育省、2017年

アセスメントの種類

異なる種類の検査を組み合わせることにより、生徒の問題を偏りなく捉え、対策に取り組むことができる。

◆ **認知、発達**に関する検査により、情報を処理・解釈する能力を測り、同じ年齢層の生徒の標準と比較する。

◆ **対人関係、感情、行動**に関する検査では、ストレスレベルや、自尊心、逆境を乗り越える力などを明らかにし、対人関係や感情面の要因から起きている問題を特定する。

◆ **動機づけ**の検査では、生徒が学習に向かう動機という決定的な要素を測定する。この種の検査には、質問紙の形式を利用した、高等教育における学習の動機づけアセスメント尺度（EMAPRE）などがある。

◆ **学力**検査は上記よりも定型的な検査であり、生徒が自分の学力に合ったクラスに配属されているかを確認したり、学習障害の兆候を発見したりするのに利用される。IQテストが実施されることもあるが、テスト結果から判断できることは限られている。

仕事場の心理学
（産業・組織心理学）

産業・組織心理学は仕事場での人々の行動を研究する分野であり、心理学の理論に基づいて組織を理解し、従業員の職業生活を改善する。この分野の心理職は、仕事の構造やプロセスを形づくる人間的要素に目を向け、人材の採用、目標設定、チーム形成、動機づけ、業績評価、組織変革、効果的なリーダーシップなどに関する助言を与える。

［訳注］イギリスの産業・組織（I/O）サイコロジストは、HCPCが認定する資格である産業サイコロジスト（occupational psychologist）とも呼ばれる。

素晴らしい組織をつくるために

組織では多くのメンバーがビジョン（未来像）を共有し、協調して働く必要がある。組織の管理者が、有能な従業員の採用、適切な目標設定、成果をあげるチーム形成、優れたリーダーシップの発揮、そして困難な組織変革という課題に取り組む上で、心理学は大きな助けになる。

評価
定期的にフィードバック（業務に関する評価や助言）を与えることで、従業員は自分の強みを伸ばすとともに、改善や成長が必要な分野に取り組むことができる。

採用
組織の成功は、そこで働く従業員の成功に左右されるため、職務にふさわしい候補者を採用することは非常に重要なプロセスだ。

動機づけ
目標の達成には高い動機づけ（内発的なものと、外的報酬による動機の両方）が必要となるため、社員の熱意を高めることが企業の成功につながる。

面接
時間をかけて候補者にさまざまな話を聞けるため、多くの組織が採用の判断に面接を利用している。

90,000時間

一般的な労働者が生涯で
仕事に費やす
おおよその時間数

産業心理学と組織心理学

産業心理学と組織心理学は、どちらも仕事場における人々の心理を扱っている。

2つのうち歴史が古いのは産業心理学で、組織効率最大化のための労働者管理を研究する。従業員の潜在能力を引き出すことを目的とし、職務設計、タレント選抜（職務に合った人材の選抜）、従業員の研修、業績評価などを扱う。

一方の組織心理学は、労働者の人間関係や感情的要素の重要性を強調する人間関係論運動から発展したものである。従業員にとって仕事をより充実した幸福なものにすることを主眼としている。従業員の態度や行動を理解し管理すること、ストレスの低減、有効な管理手法の考案などに取り組む。

チーム形成
協力して働くよう社員に促すことが、チームの連携を強め、企業の業績を向上させる。

目標設定
挑戦的だが達成可能な目標を設定することは、動機づけに強く影響する。そしてそれが、組織の効率性や業績に影響を与える。

リーダーシップ
組織の文化や目標が定まったなら、その目標を達成できるようメンバーの意欲を高めるのはリーダーの役目だ。

変革
企業が目標を達成するためには、組織の構造や方針を変えなければならなくなることも多い。心理学者は、こうした変革がうまく進むよう支援を行う。

世界に健康と幸福をもたらす産業・組織心理学

産業・組織サイコロジストは企業内で働くだけでなく、自らの技能、資質、専門知識を活かし、世界のさまざまな地域で、貧困を減らし仕事場の健康や幸福を増進させるという使命に取り組んでいる。この活動は人道的労働心理学運動と呼ばれ、人々が市場価値の高いスキルを身につけるための支援や、失業者の再就職を助ける訓練プログラムの企画、とくに必要とされる地域への人道的支援の推進、環境に配慮した持続可能な発展に向けた計画策定などが行われている。

最適な候補者の選抜

組織の成功は従業員の業績に左右されるため、募集する職務にふさわしい人物を採用することがきわめて重要だ。産業・組織サイコロジストは、職務要件の分析および候補者評価のための多様な手法を開発してきている。

職務分析

新たな社員を採用する際は、まず、募集する職務の分析が行われる。ここでは、その職務で求められる業務や責任を遂行するのに必要な経験、適性を含む包括的な職務内容を明確化する。そのために産業・組織サイコロジストと人事部門の担当者は、職務分析者、現職の担当者、上司、訓練を受けた観察者など、さまざまな情報源に当たる。その仕事が行われるのを観察したり（時には自ら体験したり）、面接や質問紙などの手段を利用したりして、職務に関する情報を集める。

職務分析には大きく2つの区分がある。実施する具体的な業務に焦点を当てた職務志向分析と、候補者に必要とされる性質に注目する人志向分析である。人志向分析では、うまく職務を遂行するのに必要なKSAO（Knowledge: 知識、Skills: 技能、Abilities: 能力、Other characteristics: その他の性質）を洗い出す。通常、ある職務に関するKSAOのリストには、候補者が応募の時点で備えているべき性質と、その仕事に就いた後で訓練を受けながら身につけるべき性質が含まれる。

職務分析は、キャリア形成の詳細な道順を示す上でも役立つ。分析によって、その職務でステップアップしていく際の各段階で求められる主要な能力が明らかになるためだ。また、従業員の業績を測る基準を設定しておくことで、業績評価の基礎としても利用できる。

人格（パーソナリティ）のタイプによる適性診断

マイヤーズ・ブリッグス・タイプ診断（MBTI: Myers-Briggs Type Indicator）はカール・ユングの理論をもとにしたパーソナリティ診断で、企業などの採用プロセスに広く利用されているほか、学生が自分に合ったキャリアを選ぶのに利用することもある。MBTIでは外向型（E）・内向型（I）、感覚型（S）・直観型（N）、思考型（T）・感情型（F）、判断型（J）・知覚型（P）という4組の対極的な特性の組み合わせにより、16の類型のうち、いずれかの人格と診断される。それぞれのタイプには全般的な傾向や、強み・弱みがあり、適職の種類も異なる。

人格のタイプと適職
ESTJタイプの人は、弁護士や薬剤師などとして成功する可能性がある。一方、ISFPタイプであれば、優れたファッションデザイナーや理学療法士になれるかもしれない。

知覚型（PERCEIVER） 自然の流れで行動する。柔軟性がある。決定を保留することを好む。

外向型（EXTROVERT） 行動が速い。複数の仕事を同時にこなすのが好き。人との交流から活力を得る。

判断型（JUDGER） きちょうめん。決められた計画を重視する。規則に従うことを好む。

内向型（INTROVERT） 個人や少人数で働くことを好む。1つの仕事に集中して取り組む。

感情型（FEELER） 個人的な価値観をもとに決断する。感覚が鋭い。人に対して協力的。

感覚型（SENSOR） 事実や細部を重視する。現実的・実務的。常識を働かせる。

思考型（THINKER） 論理的に決断を下す。公平さを重んじる。

直観型（INTUITIVE） 創造的・革新的。可能性に目を向ける。

タレント選抜

募集する職務にふさわしい人材を引きつけ、自社内にとどめることができれば、すばらしい組織をつくる上でプラスに働く。従業員は自分の能力や適性に合った立場で働けるなら、自らの職務や働く環境に喜びを見いだせる可能性が高くなるだろう。

タレント選抜とは、応募者が職務の要件にどの程度適しているかを判断するための一連の評価手法を意味する。そうした選抜行為は、候補者の教育、職業技能、特性、職歴などを確認する通常の採用手続きと併せて用いられる。

評価手法

候補者の評価に広く用いられている手法には主に以下の5つがあり、このうちのいくつかを組み合わせて利用することが多い。これらの評価法により、候補者のいろいろな分野における強みと弱みを明らかにし、その人を採用したとしたらどのようなはたらきをするかを判断するための貴重な情報を得ることができる。

ワークサンプル
ワークサンプルとは、候補者に職務の一部を模擬的に行わせ、標準化された環境で求められる業務をこなす力を確認する評価法だ。候補者は必要な資料やツール、および業務の遂行方法に関する指示を与えられる。ワークサンプルは、候補者を評価する状況が実際の仕事と近いため、結果から採用後の活躍を予測しやすい手法である。

経歴の確認
質問紙を利用して、募集業務に関連する職務経験や教育を確認する。質問の内容は、通常の採用手続きの中での確認よりも詳しく、学校や以前の仕事における特定の経験などについて尋ねる。また、証明可能な事実を確認することもあれば、個人的経験について質問する場合もある。

面接
面接では、さまざまな面から候補者を評価する。質問に対する回答、面接中の振る舞い、そして自分の意思や物事を相手に伝え、心を通わせる能力は、職務への適性を測る重要な判断材料だ。相手との視線の合わせ方や握手の力強さでさえ評価に影響することがある。候補者から詳しく話を聞き、対人的な能力も確認できるため、たいていの組織が採用評価の際に面接を行う。

アセスメントセンター
アセスメントセンターでは、演習や模擬的業務を通して候補者の職務遂行能力を評価する。演習にはさまざまな種類があり、数日間を要する場合もある。候補者は口頭や文章でのコミュニケーション、問題解決、対人関係、計画などに関する能力をもとに評価される。さまざまなディメンション（項目）の採点から合計点が出され、採用の重要な判断材料となる。

心理検査
採用評価では、一定の条件下で心理検査（pp.246–47）が行われることが多い。問題解決、質問への回答、手先の器用さに関するテストなどにより、パーソナリティ、認知的能力、知識や技能、情動知能、職業的興味などを評価する。テストで出される質問には、閉ざされた（いくつかの選択肢から回答を選ぶ）質問と、開かれた（回答者が自分で答えを考え出さなければならない）質問がある。

面接による評価の信頼性

研究によれば、面接における評価の正確性は面接者の認識の偏りに影響される。人種、性別、好感の持てる人物かどうかといったことは、どれも評価や採用の判断に影響しうる。そのため、面接者には以下のことが求められる。

◆ 面接の訓練を受ける。
◆ 標準化された（あらかじめ定められた）質問をする。
◆ 面接が終わるまでは候補者を評価しない。
◆ 候補者の評価は、技能などの個別の要素に基づいて行う。

タレントマネジメント（動機づけと評価）

組織の成功には、従業員のはたらきを効果的に管理することが不可欠である。そのためには、メンバーの動機づけを高める方策を実施し、定期的なフィードバック（評価や助言）を行うことが有効だ。

動機づけ

動機づけとは、人を特定の行動や仕事へと向かわせる精神のはたらきであり、多くは何らかの具体的な目標を達成しようという欲求と結びついている。人は金銭や称賛の獲得、社会貢献など、さまざまなことに動機づけられて働いている。研究によれば、従業員の動機づけの高さは、仕事の満足感や業績と直接的な相関関係にあり、組織の成功にも間接的に関わっている。適切な知識や技能を備えた従業員は、高い動機づけがあれば、たいていはすばらしい業績を上げる。これは組織の主要な目標を達成する上で決定的に重要である。

　仕事の動機づけに関する心理学の理論は、人によって業績を高めようとする意欲に差がある理由を解き明かすものであり、管理者はそこから従業員の動機づけや業績を最大化する方策を導くことができる。

キャリアパス（職業的な成長・発展の道筋）を持つことにより、従業員は自分の努力が報われるだろうと感じられるようになり、業績を上げようという動機づけが高まることが多い。

欲求階層説では、人の行動は欲求を満たすためになされるものであり、その動機づけは内発的であるとされる。一方、強化理論では、行動は報酬や強化への欲求から起こるものであり、外発的動機づけによると考えている。また、自己効力感理論では自らの能力に対する認識に、目標設定理論では目標とその設定の仕方に注目し、それらが動機づけや業績に与えうる影響を説く。

目標設定

1960年代、エドウィン・ロック博士は、目標を定めて働くことで動機づけと業績が高まるとする目標設定理論を提唱した。博士によれば、動機づけを高めるのに最も効果的なのは、具体的で挑戦的な目標だ。

明確さ
目標は明確、具体的、測定可能で、はっきりと期限が定まっていなければならない。これにより、従業員は何を、いつする必要があるかを認識する。

挑戦
従業員は目標が困難であるほど大きな報酬を期待して、動機づけを高めることが多い。ただし、非現実的なほど高い目標であってはならない。

コミットメント
目標は経営者と従業員の両方が理解し、内容に同意している必要がある。これにより従業員は達成へのコミットメント（参与）を強める。

業績評価

従業員の業績についてフィードバックする機会を設けることで、目標達成への動機づけを高めるとともに、良いはたらきについては認め、業績が良くない場合には建設的な批判や指導を与えることができる。業績評価は、まず良い業績の基準を設定した上で、手順に従って評価するという2段階のプロセスで行う。管理上の判断（採用や解雇など）に役立つ情報をもたらすとともに、長期的な業績の維持・改善に必要な、従業員の成長にもつながるため、組織だけでなく従業員にとってもプラスになりうる。多くの組織では年次の評価スケジュールを定め、目標設定や、従業員とその上司の間での定期的なフィードバック面談などを行っている。

評価のバイアスやエラーを回避する

人間の下す判断は不完全であり、管理者による業績評価には無意識のバイアス（偏り）やエラー（誤り）が現れることが多い。

研究によれば、上司の評価は対象となる部下との親しさ、部下の気立ての良さ、文化や人種的要素などに影響されることがある。また、陥りやすい誤りとして、特定の従業員のすべての評価項目に同じような評価をしてしまうハロー効果（目立つ特徴に引きずられて全体的な評価がゆがむこと）や、すべての従業員に同等の評価をする分布エラーなどがある。

こうした問題への対処として、回避すべき典型的な誤りを評価者に学ばせる研修が有効である。また、複数人で評価を行う360度フィードバックにより、個人のバイアスの影響を軽減する方法もある。

フィードバック
定期的な進捗報告は、期待される成果をはっきりさせ、目標の難易度を調整し、従業員の達成を評価する上で不可欠だ。

作業の複雑さ
成功は、合意した期間内に目標を完遂できるかどうかにかかっている。従業員には、そのための技能を学ぶ時間が必要になる。

達成
成功の条件が満たされるのは、目標が明確・挑戦的で、適度に複雑であり、強いコミットメントと定期的なフィードバックがあるときだ。

60%

の従業員はもっと頻繁に自分の仕事を褒めてほしいと思っている。

チーム形成

仕事におけるチーム（小集団）は、うまく機能すれば強力で変化に富み、組織の隆盛の助けとなる。チームの各メンバーや全体としての強み、有効性、潜在的能力を開発する手段は数多くある。

チームはどのように働くか？

チームワークには集団業績をもたらすという利点がある。チームの協同作業では、メンバーの強みを組み合わせ、1人ではできないような成果を生み出せるため、個人で働く場合よりも業績が高まることが多いのだ。成果を上げるチーム（複雑な手術を行う外科医の集団など）では、各メンバーが共通の目標を達成するために連携して行動する。

それぞれが明確な役割を持ちながら、他のメンバーにも各自の担当をしっかりとこなすことを期待し合う相互依存の関係で働くのである。こうした高度な協同作業には、良好なコミュニケーション、高い技能、コミットメント（献身）、協力から生まれる信頼関係が必要だ。ところが、すべてのチームが期待通りのはたらきをするわけではなく、本来可能であるはずの成果が出せないプロセスロスと呼ばれる現象が起こることもある。これは、社会的手抜き（人がチームの一員として働く際に、1人で同じことをする場合よりも少ない労力しか費やさなくなる現象、p.241）や、ブレーンストーミングの機能不全（同じ人数であっても、集団でアイデアを出そうとすると個人個人で考える場合よりも成果が下がる）などに起因する。

チームに関する主要な概念

- ◆ **役割** チーム内でメンバーが担う仕事。1人ひとり異なった独自の役割を持つ。
- ◆ **規範** チームのメンバーが従っている暗黙のルール（たとえば、夜は何時頃まで働くか）。個々人の行動に強く影響する。
- ◆ **集団凝集性** 連帯感や信頼などの要因により、チームのメンバーが結びつき、ともに働き続けようとする性質。
- ◆ **チームコミットメント** チームに対するメンバーの関与の深さ。チームの目標を受け入れ、そのために懸命に働く意思。
- ◆ **メンタルモデル** 業務、技能、状況に対する理解。優れたチームはこれを共有している。
- ◆ **チームコンフリクト** チーム内の対立・葛藤。不和が生じた際、協力的に対処しようとするか、互いに争うかによってチームの有効性が左右される。

チーム形成の5段階モデル

心理学者ブルース・タックマンは、チームの成長に必要な5つの段階を提示した。これらの段階に沿って進むことにより、チームはみなで課題に向き合い、解決策を見つけていくことができる。

渡り鳥は飛び立ち、飛行中の位置関係が決まっていく。

2. 混乱期

ともに働き始めて間もない段階では、メンバー同士がチーム内での地位を争う。チームとしてすべきことやその方法に関する意見の違いから、コンフリクト（対立・葛藤）が生じることもある。

渡り鳥は長旅を確実に生き延びるために、チームとして行動しなければならない。

1. 形成期

チームメンバーが知り合う段階。互いの情報を共有し、プロジェクトの内容や各自の役割を学び、ともに働く上での基本原則を確立していく。

チーム改善の手法

チームのはたらきの改善には、いくつかの手法がある。たとえば、特定の製品やプロセスに責任を負う自律的作業集団をつくることで効率の改善が図れる。従業員がグループで討議し、直面する問題への理解を深めながら解決策を提案するQC（品質管理）サークルを設ける会社もある。

また、チームビルディング・アクティビティという手法がある。チームの業務遂行能力を高めるためのアクティビティや、メンバーの対人的能力に焦点を当て、チーム内の信頼感、意思疎通、関わり方を改善するものなど、さまざまな種類のアクティビティがあり、専門のコンサルタントの指導の下で行われることが多い。こうしたチーム構築の手法は、チームの連携やはたらきを改善し、各メンバーの技能を高め、チーム全体の姿勢をより前向きなものにしていくことを意図して行われる。

集団思考（集団浅慮）

人が集団で働くとき、その意思決定のプロセスは集団思考によってゆがめられることがある。集団思考とは、メンバーの1人ひとりが問題だと認識している内容の決定を、集団として下してしまう現象だ。強力なリーダーがいて、同調への強い圧力のかかる凝集性の高い集団で生じることが多い。メンバーは周りと意見を合わせるために、自分の認識から目を背け、理屈をつけて疑念を打ち消す。集団が外部の影響から隔絶されていて、メンバーの誰もがリーダーに異議を唱えようとしない場合、集団思考が起こりやすくなる。これを防ぐには、リーダーは会議において公平な議長として振る舞う必要がある。

この群れはV字隊形で飛び、先頭の鳥が最も重い役割を担う。

3. 統一期
メンバーが、チームの一員としての自覚を持ち始める。個人の目標への意識が薄れ、協力して成果をあげることに注力するようになっていく。また、物事に対するチームとしての手順や手続きが生まれる。

鳥たちは定期的にポジションを交代し、順番に先導役をこなす。

4. 機能期
チームが高いレベルで機能する段階。メンバーは協力し合い、風通しの良い信頼感に満ちた雰囲気が生まれる。そして、相互依存の関係の中でチームの目標達成に注力する。

目的地に着くとすぐ、群れは散り散りになって食べ物を探す。

5. 散会期
プロジェクトが完了に近づくと、チームはその仕事を振り返り、成功を祝うとともに改善点を確認する。そしてメンバーは別れ、それぞれ次のプロジェクトへと移っていく。

5〜9人
が成果をあげる
チームに
理想的な人数

リーダーシップ

リーダーは組織内で強い影響力を持ち、その取り組み方によって組織全体の生産性や成功が左右されることもある。優れたリーダーは自らの知識と権威によってチームのメンバーを奮起させ、目標への動機づけを高める。

リーダーのタイプ

リーダーは組織のメンバーの態度、考え方、行動、感じ方に影響を与え、そのリーダーシップのあり方がチームの力学の土台となる。仕事におけるリーダーには主に2つのタイプがある。正式に任命されて管理職を務めるフォーマル（公式）リーダーと、同僚とのやり取りの中で自然とチームを主導する立場になるインフォーマル（非公式）リーダーだ。後者の方が強い影響力を持つことが多い。

インフォーマルリーダーは、専門的知識や技能を周りから認められることによる専門影響力と、メンバーから好かれ、共感や尊敬を受けることで得られる参照（準拠）影響力を持つ。フォーマルリーダーはそれに加え、役職に備わった正当影響力や、部下を褒めたり、昇給・昇進させたりすることによる賞（報酬）影響力、減給や解雇によって部下を罰する罰（強制）影響力を行使することがある。

優れたリーダーは、部下が快適に働けるよう配慮するとともに、期待する役割や行動を明示して組織内に構造（一定の秩序）をつくり出す。良いリーダーを見分けるためのアプローチとしては、特性論（特定の資質を持つ者が生まれながらに優れたリーダーになる、pp.150–51）、自然発生論（リーダーの資質のある者が集団の中から自然と選び出される）、行動論（リーダーに重要なのは生まれつきの特性ではなく、行動の仕方である）などがある。

パス・ゴール理論

ロバート・ハウスが開発したパス・ゴール理論は、リーダーが部下の仕事の遂行や目標達成を助け、業績を向上させるためのモデルである。リーダーは部下や環境、目標に合わせて、ここに示した4つのうち、いずれかのスタイルをとる。

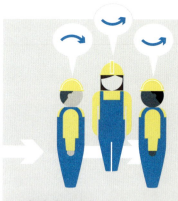

意欲的な目標を定める
達成志向型リーダーシップは、能力が高く複雑な業務に取り組むメンバーを導くのに最適なアプローチ。

達成志向型
達成志向型のリーダーは、困難な目標を掲げ、高い水準のはたらきを自ら示すとともに、メンバーにも求める。そして、部下への信頼を示す。

優れたリーダーの特徴

厳しい倫理観を持つ	権限を委譲する	所属意識を育む	新しい考えを取り入れる	部下の成長を促す
倫理的なリーダーは誠実さの模範となり、組織全体に同様の公正さを求める。厳しい倫理観が生み出す信頼と安心感に満ちた環境の中で、従業員は最善の仕事ができる。	1人ですべてをこなせるリーダーはおらず、他者の力やアイデアを借りられることは大きな意味を持つ。そのため、メンバーに仕事を任せ、権限を割り当てることが重要である。	人は職場で長い時間を過ごすため、精神的な充実感を高め、生産性を改善するには、所属する組織や同僚との結びつきを感じられるようにする必要がある。	組織が進歩していくためには、新しい手法やアイデアを導入し、問題解決に向かう姿勢が必要だ。新しい考えを積極的に取り入れるリーダーは、進歩が可能な環境を生み出す。	人は成長を後押しされるとき、最も意欲が高まる。そのため、メンバーの成長を促すことに注力するリーダーは、動機づけが高く、業務に誠実に尽くす部下を持つようになる。

第4章　実生活の中の心理学
リーダーシップ

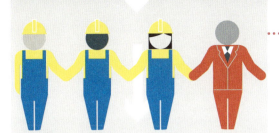

支援型
支援型のリーダーは、部下が必要とすることに配慮し、気遣いを示し、士気の上がる職場環境をつくり出す。

手を取って進む
支援型リーダーシップは、危険、単調、退屈な仕事や、ストレスの多い業務に最適なアプローチ。

「今日において、成果をあげるリーダーシップの鍵は権力ではなく、影響力なのです」
ケン・ブランチャード、アメリカのマネジメントの権威

助言を求める
参加型リーダーシップは、経験豊富なメンバーの助言が必要な業務に最適なアプローチだ。

参加型
参加型のリーダーは、部下と話し合い、その意見や提案を考慮して意思決定を行う。

指示型
指示型のリーダーは、部下にやらなければならないことを伝えるとともに、守るべき期限やスケジュールなど、適切な指示を与える。

命令を出す
指示型リーダーシップは経験の浅いメンバーの指導、とりわけ体系的に整理されていない業務へのアプローチとして最適である。

変革型リーダーシップ
人の心を動かして運動に参加させたり、一連の目標に向かわせたり、大きな達成に向けて絶え間なく努力させたりすることに非凡な力を発揮するリーダーがいる。カリスマ性と強い影響力を持ったリーダーだ。
　こうした人物は自らの創造性、活力、革新的な精神、信頼感、共通の未来像を人々の心に吹き込む。メンバーの成長や幸福を大切にすることで信頼を獲得し、それによって献身的で強い意欲を持った有能なチームをつくる。マーティン・ルーサー・キング・ジュニアをはじめとする政治指導者や活動家に見られるように、カリスマ性と未来像を描く力は、変革型のリーダーになるための重要な資質である。

組織文化とその変革

組織文化はメンバー間で共有された信念や行動様式から成るものであり、繁栄する組織の要となる。成果を生み出す文化となるために、新たなメンバー、考え方、テクノロジーと調和するよう変化しなければならないこともある。

組織文化とは

組織文化は、従業員が自分の職場や他のメンバーをどのように理解しているかを表すものであり、その組織に特有の対人的・心理的環境を形づくる。それはチームを結びつける価値観や慣習、および目に見える一貫した行動様式に現れる。組織の規範、制度、特有の言語、前提とする考え方、ビジョン（未来像）、信念などを含み、従業員の扱い方、意思決定のあり方、メンバーをプロジェクトに専心させる手段などに直接的な影響を与える。また、リーダーシップや、その組織で実施されている成果報酬のしくみも文化の一部である。

組織の変革は、従業員と組織文化との結びつきがあるため、簡単には実施できない。しかし既存の体制や業務の進め方が、必要とされる物事の遂行や目標達成に有効でなくなった場合には避けて通れない。心理的契約（組織に対する従業員の暗黙の期待）へのこだわりもまた、変革への抵抗を引き起こすことがある。変革によってそうした期待も変容を迫られるためである。

変革を実行する

変革を成功させるには説得力のある理由を示しながら、段階的に進める必要がある。不安を抱く従業員が変化の必要性を理解できるよう働きかけることにより、実行中に起こる抵抗が減り、新たな制度や業務の進め方が早く受け入れられるだろう。

1. 現状評価

組織の現状を評価することが、変革への第1歩だ。これにより現状の制度や業務プロセスのうち、どの部分がうまく機能していないかを判断できるため、改善の対象となる主な領域が確定する。

2. 事前調査

事前の調査により、全体として変革が及ぶ範囲（たとえば、何人の従業員が影響を受けるか）や、どのような変化が必要とされるかを確認する。変革の成否は、日々の働き方に変化を迫られる従業員の協力にかかっている。

問題の把握
変革の計画には事前調査が欠かせない。新しく建設する橋には、河の流れにも交通量にも耐えられる強度が必要だ。

変革完了後
リーダーは新しい体制がどの程度うまく機能しているかを継続的に確認し、必要に応じて調整を行う。

5. 調整
リーダーは変革に対する従業員の反応に目を光らせ、問題が起これば対応し、達成具合をはかりながら計画を進めていく。

4. 実行
段階的に移行することにより、変化に抵抗しがちな従業員にとっても変革が受け入れやすいものとなる。新たな運営方法が最終的に受け入れられるよう、組織はしっかりと情報共有し、従業員たちが変革の一員であると感じられるようにすべきである。

ツール（手段）
新たな体制の構築には、それに適した手段が必要となる。研修プログラム、報奨金、時には脅しなども使って従業員の協力を取りつける。

3. 計画
組織の新しい戦略や目標の達成に必要とされる体制を構想する。この計画には主要な業務の特定、新たな部門の創設、部門間の関係構築などが含まれる。

プロセス
新たな体制の構想には時間がかかり、変化は一朝一夕には起こらない。変革のプロセスは段階的で、通常は外部のコンサルタントなどの力を借りて進められる。

変革推進のヒント

さまざまな手段により、従業員の組織変革への取り組みを後押しすることができる。

- ◆ **強力なリーダーシップ** リーダーが変革を推進する姿勢を見せることにより、部下の意欲を高める。
- ◆ **従業員の関与** 意思決定のプロセスに従業員を巻き込み、自分たちも変革に責任を持っているという意識を高めさせる。
- ◆ **コミュニケーション** 実施される変革の特質や実施方法、スケジュールを、整理された計画的な方法で伝達する。
- ◆ **成功のお祝い** 変革のプロセスを通して、何かが成功するごとにお祝いをして、前向きな雰囲気をつくる。

✓ 知っておきたい

- ◆ **Kaizen（カイゼン：改善）** 多くの組織が目標とすることに、Kaizenのしくみの確立が挙げられる。これは継続的な業務改善を可能とする日本発祥の活動で、不要な作業をなくし生産性を高めるために、あらゆる立場の従業員が日常的に改善提案を行う。

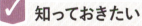

HFE 心理学

HFE（human factors and engineering*／ヒューマンファクター・人間工学）心理学は、労働環境の安全性、生産性、利便性を高め、人々がより効果的に働けるようにすることを目指す研究分野である。その本質は、人間と機械や技術との関わりを研究し、より良いシステム、製品、機器を設計することにより、その関わり方の改善法を生み出すことにある。心理学と工学の交点に位置し、安全を主眼とした研究が行われている。

＊［訳注］HFE の engineering は ergonomics ともいう。HFE 心理学も産業サイコロジストの専門分野の1つ。

HFE 心理学の実社会での応用

実務レベルでは、HFE 心理学者は人間と機械との関わり方についての知識を活かし、従来よりも有効な作業方法や製品の検討に携わる。そのため、工場の生産現場から病院の手術室に至るまで、さまざまな状況下で人間の心、反射行動、視覚などの感覚がどのように働くかを研究する。人々の職場での行動を研究することにより、企業の意思決定者や経営者、政府機関に対して、事故を回避し、生産性を高める方法を助言することもある。

HFE 心理学の主要な応用領域の1つである民間航空産業では、航空安全の向上のために1960年代から研究成果が活用されている。また、病院でのヒューマンエラーによる死亡をなくすことや、原子力発電などの重大な事業におけるリスク低減も重視されている。卑近な例では、自転車も HFE 心理学の研究によって速さ、使いやすさ、快適さが改善されている。

目に見える要素

人間の特性 人々の身体的、知覚的、精神的機能を評価する。

機器の設計 身長や体のバランスの個人差に対応できるように、機器やシステムを設計する。

労働環境 従業員の安全意識を高める。照明や温度を調整し、注意力が適切に働くようにする。

従業員の教育・成長促進 利用する機器やシステムを最大限に活かせるよう、従業員を教育する。

作業内容・職務 人々の仕事の内容や、技術との関わり方を研究する。

組織の連携強化 従業員同士の関係を強めることにより、組織内の連携や、生産性を向上させる。

70%
以上の**航空機事故**が**ヒューマンエラー**によって起きている

人体の計測データに合わせた製品設計

HFE心理学における2つの重要な研究領域として、人体測定学（人体各部の大きさや比率を測定・研究する学問）と人間工学（人間の体に合った機器や製品の設計に関する研究）がある。人間が利用しやすい技術をつくり出す上で、どちらも欠くことができない。全身の測定値をもとに、各部のバランスを考慮して設計されたオフィスチェアなどの製品を使うことで、仕事の効率が高まり、短期的・長期的に体に問題が起こるのを予防できる。測定の対象には、座ったときの目の高さといった単純な値と、尻からつま先までの長さなどの比率的な値の両方が含まれる。

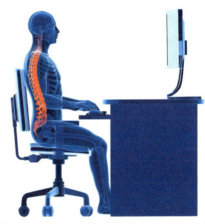

人間工学に基づく椅子は、座る人のひじの高さ、座面の高さ、太ももと机などの間のゆとり、目の高さ、背中の支えなどを考慮して設計されている。

人間と機器の相互作用

HFE心理学では、人間が機器やコンピュータとやり取りする際の行動を、科学的なアプローチで解明する。このやり取りは、双方向に働くプロセスである。粗悪な設計の機器を利用すれば人間の作業効率悪化につながり、利用する人間の行動に問題があれば機器の有効性が下がる。

こうした問題への対処や成果予測のため、HFE心理学者は人間が刺激や出来事をどのように知覚し、それを評価して対応手順を決め、適切な対応を取るかを研究している。

心理的な要素

意思決定
意思決定プロセスの各段階を検証し、作業員に起因する問題に対処する。

ストレス・不安
作業者が不満やいらだちを感じずに操作できるよう、しっかりと設計された機器を利用させる。

作業量
従業員の作業量を調整し、注意力、集中力、適切な判断力が保てるようにする。

チームワーク
チームのメンバーが協力し合うように、職場での人間関係構築を促す。

ヒューマンエラーと安全性向上
エラーの原因を分析し、安全性向上のための対応を行う。

状況認識
業務に関する状況を客観的に評価できるよう、従業員を教育する。

ディスプレイ装置の設計

HFE心理学者は人間の脳の情報処理に関する知識をもとに、製品設計者と協力し、より良い機器の設計に取り組んでいる。

利用しやすい機器設計

HFE心理学者の主な役割の1つは、人間にとって従来よりも有効に利用できる機器、標識、システムを設計することである。そうした技術の設計のためには、互いに結びついた3つの要素を考慮する必要がある。1つはディスプレイ表示の見やすさと理解しやすさ、次に制御装置（ボタン、つまみなど）の使いやすさ、そして誤操作やミスを低減あるいは一掃する方法だ。

ディスプレイ装置は人間とのインターフェース（やり取りが発生する接点）であることから、機器やシステムの最も重要な要素と言える。人間は何らかの機器を扱う際、ディスプレイ装置のダイヤル、ライト、画面などを通して操作に必要な情報や、操作に対するフィードバックを得る。これは、工業設備やオフィス機器から、交通標識、航空機の制御装置、医療機器に至るまで、多種多様な機械製品やシステムに当てはまる。

人間の知覚を考慮した設計

HFE心理学者は、人間が物の色、形、前景と後景、音、感触をどのように知覚・解釈するかを深く厳密に理解しており、その貴重な知見を活かしてディスプレイ装置の設計に貢献する。目的は、脳が説明なしで即座に認識できるような知覚的合図を利用した「自然なデザイン」をつくることだ。たとえば、古典的な手法として「止まれ」を赤色で示すのは、人間が炎や血の色である赤から危険を連想するためである。

注意喚起のディスプレイ

利用者に大事な情報を明確に伝えるディスプレイ装置を設計するため、心理学者は重要度によって階層化された色と音の組み合わせ方を開発してきた。これは特定の刺激に対する人間の目、耳、脳の反応に関する研究を土台とするものだ。

また、人間は2つ以上の感覚を通して伝えられる情報に強い注意を向けるという知識に基づいている。たとえば、警告の情報は赤色の表示とともに警報音を鳴らして伝えられるが、助言的なメッセージは視覚情報だけで伝えられることもある。

優れたディスプレイとは

優れたディスプレイ装置は、人が視覚、聴覚、触覚からの刺激をどのように受け入れ、情報として処理するかを考慮して設計されている。これらの刺激（光、色、コントラスト、音、触った感覚など）は、脳が素早く反応し、正確に対応できるようなかたちで与える必要がある。ディスプレイ設計を貫く4つの要素は、知覚、メンタルモデル（理解の枠組み）、注意、記憶である。

識別しやすさ
混乱を避けるため、1つひとつの標識は互いに大きく異なるものとする。たとえば、警告標識は通常、三角で表される。

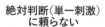

絶対判断（単一刺激）に頼らない
利用者が判断しやすいように、複数の種類の感覚（音の高さや大きさ、色など）に訴える。

情報を得る労力の最小化
とくに確認する頻度の高い情報は、探すのに不必要な時間がかからないよう、すぐに得られる状態にしておく。

可動部分
可動部分は、利用者の予想通りに動く。たとえば、「前進」ボタンは、可動部分と同じ方向に動くようにする。

第4章 実生活の中の心理学
ディスプレイ装置の設計

👁 知覚
利用者が目の前の情報に触れたとき、まず何を感じ取るか。情報は、明瞭に提示しなければならない。

🧠 メンタルモデル
表示されるデザインは、利用者のメンタルモデル（過去に利用した同じようなシステムから得たイメージ）とどの程度一貫しているか。人は通常それをもとに目の前のディスプレイを解釈する。

⚠ 注意
提示される情報はどの程度受け取りやすく、解釈しやすいか。利用者が気の散るような環境にいる可能性も考慮する。

👉 記憶
ディスプレイは利用者に新しい情報を記憶させるのではなく、短期記憶内の情報を思い出させ、既存の記憶を強化するように働いているか。

冗長性利得
メッセージを2つ以上の方法で提示すること（補助のブレーキランプなど）により、印象が強まる。

一貫性
利用者が解釈に迷わないよう、情報は一貫した方法で提示する。たとえば交通信号では、赤は常に「止まれ」を意味する。

近接コンパチビリティ（整合性）
何らかの関連を持つ情報同士（3つのブレーキランプなど）は、近い場所に、あるいは連動して表示する。

図形の現実性
情報は図形を利用して明瞭に伝える。たとえば、燃料の残りが減ってきたら、燃料ゲージも下がることにより減少を表す。

読みやすいディスプレイ
ダイヤルやバックライトで照らす情報は、背景色とのコントラストや十分な文字の大きさにより、読みやすくはっきりと表示する。

複数手段による伝達
情報は、2つ以上の手段で伝える。たとえば、カーナビでは音声と画面表示が利用されている。

外界の知識の活用
利用者が自分の記憶よりもディスプレイ表示をもとに判断できるよう、必要な情報を提示する。

予測サポート
渋滞の事前予測など、利用者が問題に巻き込まれる前に対策できるように、物事の予測をサポートする。

トップダウン処理
ディスプレイは、利用者の過去の経験に基づく予測（たとえば、ボタンを押せば何かが起動する）と一致するようにする。

ヒューマンエラーとその予防

HFE心理学の最も重要な役割は、ヒューマンエラーの影響をできる限り減らし、仕事場の安全性を高めるとともに、事故の発生やそれによって死者が出る危険性を減らすことだ。

エラー予防の取り組みとは？

すべてのヒューマンエラーを防止するというのは不可能な目標かもしれないが、HFE心理学者は仕事場で利用される機器やディスプレイ装置の設計、そして従業員による情報の扱い方を戦略的に改善していくことにより、可能な限りエラーを減らすよう努めている。

エラーの抑制は、道路交通管制センター、原子力施設、病院、飛行機のフライト、交戦地帯といった死の危険性が高い状況でとくに重要になる。

エラーはなぜ起こるのか？

これらの状況における事故のほとんどは、ヒューマンエラーに起因する。たとえば民間航空において、とくに事故の原因となりやすいのは、適切でない荷物の積み方や、航空管制における判

故意ではないエラー

技能に基づくエラー（実行上のエラー）

熟練した労働者が過去に何度も完璧に遂行してきた日常的な仕事をする際、集中が途切れたり、気がそれたりして意図せずに起こすエラー。

ミステイク（判断ミス）

ある状況に対して訓練の不十分な労働者が不適切な判断を下すこと。正しいと思い込んで実施される誤った行為。

スリップ（実行段階のミス）

- 誤った順番で手順を実行する。
- 誤ったタイミングで実行する。
- 数字を取り違える（0.56と0.65など）。
- 誤ったボタンを押す。
- つまみを逆に回す。

ラプス（失念、記憶違い）

- やるべきことを実行し忘れる。
- 重要な手順をとばして実施する。
- 同じ手順を不必要に繰り返す。
- 機器のスイッチを切り忘れる。
- 気がそれて、現在の手順を見失う。

ルールに基づく誤り

- 誤ったルールを適用する。
- 誤報が何度も続いたために、本物の警報を無視する。
- 適切なタイミングでルールを適用できない。
- 不備のあるルールを適用する。

抑止策

- 機器の設計を改善し、技能に基づくエラーを減らす。
- エラーの事例を分析し、その結果に合わせて職場環境を改善する。

断ミス、パイロットによる制御盤の操作や気象条件の判断におけるエラーである。

心理学者は過去のエラーや、それにつながる人間の一連の行動に関する複数の研究において、誤った意思決定のほとんどが状況認識の欠如に起因すると結論づけている。

そのため、HFE心理学の第1の目的は、そうした認識を改善することにある。それは、周囲の状況を正しく捉え、起きていることを理解し、結果を予測する力を高めるということを意味する。

交通心理学

HFE心理学者の中には自動車ドライバーの道路上での行動や、交通管理に対する反応の仕方を専門とする研究者もいる。交通心理学と呼ばれるこの分野には、ドライバーの行動や交通事故に関する研究（年齢やパーソナリティを事故の危険因子と見なす）や、自動車の取り締まりに関する戦略、自動車運転を再開するためのリハビリなどが含まれる。ストレス、疲労、電話の利用、アルコールなどの要因の影響を研究することにより、事故原因を解明していく。

交通安全の訓練や教育は、人々が安全に運転を続けるのに役立つ。

ヒューマンエラー → **意図的なルール違反***

日常的な違反
ありふれたルール違反。エレベーターではなく、非常階段を使って上下の階へ移動するなど。

状況による違反
時間の切迫、不十分な設備、仕事場のレイアウト上の制約などに起因する違反。締め切りに間に合わせるために、不慣れな従業員に手伝わせるなど。

例外的な違反
例外的な状況において、他に取れる手段がほとんどない場合の違反。道が凍結しているときに、バスの運転手が身体の弱い乗客をバス停でない場所で降ろすなど。

知識に基づく誤り
- その仕事をこなすのに必要な知識がない。
- うまくいかない解決策を考え出す。
- 解決策がわからず、試行錯誤しながら仕事に当たる。

違反の防止策
- ルールを適切なものに保つ。ルールの背景を説明する。
- 十分な指導や緊急時のための訓練を行う。
- 誰もが意見を言いやすいようにする。

*[訳注] 意図的なルール違反は一般に、ヒューマンエラーには含まれない。

抑止策
- 定常的でない、リスクの高い業務に対応できるよう従業員を訓練する。
- 経験の浅い従業員には監督者をつけ、作業手順を図表で示した資料を与えて理解を助ける。

司法心理学

心理学を法に関する事柄に応用する司法心理学は、現在急速に拡大している研究分野だ。その主な目的は、裁判に利用する証拠の収集、検証、提示、そして刑務所に入った犯罪者の治療および更生である。自らの専門知識を刑事、民事、家庭事件へと幅広く役立てる司法サイコロジスト*の影響力は、世界中の裁判手続きにおいて強まりつつある。

＊［訳注］イギリスのHCPCが認定する心理職の資格。

警察組織で……

犯罪者の調査・追跡に協力する司法サイコロジストのはたらきは、実のところ、テレビで見るほど劇的なものではない。しかし、犯罪捜査のプロセスに多くの面で貢献する捜査心理学は、ある面ではそうしたはたらきの中から生まれてきたと言える。

警官の候補者を評価する
司法サイコロジストは、警察官の候補者が仕事に必要な資質を備えているかどうかを評価することがある。心理検査や面接によって判断を下し、特定の候補者を推薦する。

情報管理のしくみを整える
1つひとつの事件に関連する膨大な書類や情報を、効果的に収集、整理、理解するための管理方法について助言する。

面接を行う
人間の心理や行動パターンに関する専門知識を活かし、面接のプロセスを改良する。心理職は言葉や顔の表情、声の抑揚、ボディーランゲージを分析・解釈し、嘘や真実の隠蔽を察知することができる。

犯罪と容疑者を結びつける
警察の証拠を心理職が分析することにより、犯行内容と犯人を結びつけるパターンが見つかることがある。

法廷で……

司法サイコロジストのはたらきは法廷において、時に計り知れない価値を持つ。刑事・民事どちらの法廷でも、さまざまなかたちで裁判手続きを支援している。

専門家（鑑定人）として証言する
法廷で訴訟に関する事実を提示するだけでなく、専門家の立場からその事実についての意見や解釈を述べることもある。そうした意見は、評決に大きく影響する。

弁護士などへの助言を行う
訴訟の準備から、陪審員選出（アメリカの場合）、証人や被告人への質問方法に関する助言に至るまで、裁判手続きのあらゆる段階で法律家を支援する。

裁判官や陪審の判断を助ける
人間の行動についての専門家として意見を述べたり、裁判手続き中の被告人の振る舞いに解釈を与えたりすることにより、裁判官や陪審が適切な知識をもとに判断を下せるよう支援する。

第4章　実生活の中の心理学
司法心理学

「刑罰は報復のためではなく、犯罪を減らし、罪人を更生させるために科すものです」
エリザベス・フライ、イギリスの監獄制度改革者

刑務所で……
刑務所は、理想としては犯罪者が社会復帰するための更生施設であるべきだ。しかし、実際には過酷で不自然な環境となっている。刑務所における心理職の役割は、犯罪者の更生を後押しし、職員が被収容者に関する記録や報告を作成するのを支援することだ。

被収容者を支援する
心理職は将来の再犯の危険性を減らすために、被収容者の生活においてどの部分かを検討する。そして集団療法と1対1のカウンセリングを組み合わせて実施する。刑務所で最も治療が必要とされているのは子ども時代のトラウマがよみがえることが多く、被収容者の多くは人間として扱われていないように感じ、互いの不信感から往々にして暴力が起こる。治療は、そうした悪影響を和らげる目的を兼ねて行われることもある。

職員を支援する
担当する被収容者の治療の進捗を刑務所当局に定期的に報告するとともに、仮釈放委員会とも直接連絡を取る。心理職のアセスメントは、仮釈放の可否に非常に大きな影響を与える。

世界初の「専門家」証人
1896年、ドイツの心理学者アルベルト・フォン・シュレンク＝ノッチングは、3人の女性を殺した男の審判で証言を行い、記録に残る最初の専門家証人（鑑定人）となった。フォン・シュレンク＝ノッチングによれば、証言者は公判の前に報道で目にした内容と、自分が実際に見たことを区別できないという。

犯罪者のアセスメント
心理職は犯罪者の背景を調査し、量刑判断や更生に活かすとともに、将来の事件に備えてそのプロファイル（人物記録）を蓄積していく。

- ◆ **家族の中で虐待**がなかったか、犯罪者はいないか？
- ◆ **どのような種類の犯罪**を行ったとされているか、被害者は誰か？
- ◆ **どのような態度**をとっているか、犯罪を正当化しているか、否認しているか？
- ◆ **どの程度の教育**を受けてきたか、学校での成績はどうだったか、全般的な知能水準はどうか？
- ◆ **恋愛関係**を持っているか、これまでに誰かとつき合ったことはあるか？
- ◆ **就職しているか**、経済的に堅実な暮らしをしていたことはあるか？
- ◆ **精神疾患**やパーソナリティ障害の兆候はあるか？

サイバー犯罪
近年、インターネット上での犯罪が増加する中で、司法サイコロジストも研究領域を広げ、そうした犯罪に対応することを迫られるようになっている。

サイバー犯罪者の種類
テロリスト、ハッカー、マルウェア開発者といった犯罪者たちはインターネットの匿名性を足場として盛んに活動している。だが司法サイコロジストは、正体の知れない人間を探し出す専門家だ。犯人特定のために、既知の犯罪者の心理的プロファイルを用いて容疑者を絞り込む。ある種の犯罪は、特定のタイプの犯罪者によって行われることが多いためだ。

- ◆ **フィッシング詐欺師**は、偽のメールを使って個人情報を盗み出す。金銭だけが目的のことが多い。
- ◆ **政治・宗教的なハッカー**は、金銭よりも、敵対する組織のコンピュータを攻撃し混乱を起こすことに関心を持つ。
- ◆ **内部犯**は、攻撃対象の組織において解雇または降格された人間であることが多い。

心理学と犯罪捜査

犯罪を捜査し、犯人を特定するには、長く骨の折れる作業が必要になることが多い。司法サイコロジストは、主にデータ分析や、被害者および容疑者との面接を通してこのプロセスを支援する。

犯罪捜査における心理職の役割

多くの犯罪捜査で行われている多大な労力を要する作業は、本や映画ではめったに描かれない。明らかな容疑者がいない場合、刑事は過去の犯罪や犯罪者に関する資料にはじまり、監視カメラの映像、犯行現場の写真、被害者・目撃者・容疑者への聞き込みまで、膨大な情報を精査しなければならない。これらの情報を収集・分析する上で、犯罪行為やその動機に関する司法サイコロジストの知識は、時にきわめて大きな意味を持つ。

犯行現場から具体的な証拠があがらない場合、捜査で得られた情報をもとに司法サイコロジストがプロファイル（犯人像）を作成し、それが特定の容疑者やその行動を犯行と結びつけることもある（p.198）。精神疾患やその疾患に関する行動パターンについての知見が、容疑者特定の助けになるケースもある。あるいは、巧みな面接技術を駆使して、目撃者や容疑者の話からできる限りのことを突き止めたり、人間の記憶の誤りやすさや行動に関する知識をもとに、ある人が真実を話しているか、誰かをかばっていないかといったことの判断に力を貸したりもする。

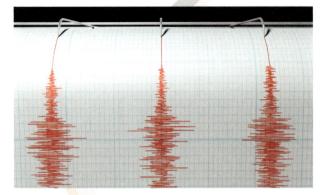
うそ発見器（ポリグラフ）は、質問に対する被験者の反応を検知するもので、無実の裏づけをとる際に有効に利用できる。

認知面接法

被害者・目撃者・容疑者との面接は、犯罪捜査の中核であり、司法サイコロジストの専門知識が欠かせない領域だ。認知面接法は特殊な質問の技法で、経験を積んだ心理職が用いれば、事件に関する被害者や目撃者の記憶を実際に改善させることができる。面接者は相手に安心感を抱かせ、忍耐強く接し、正しい方法で質問を投げかけ、回答のために十分な時間を与えなければならない。ただし、こうした面接法があまりうまくいかない相手もおり、その場合は別のアプローチを試みる必要が生じることもある。

◆ **目撃者が安心できる雰囲気**をつくり、面接者と理解し合えているという感覚を持てるようにする。面接者は意欲的に、注意深く相手の話に耳を傾け、時にはその日の全般的な活動や気分について尋ねたりもする。そうすることで、目撃者はリラックスし、相手を信頼して気兼ねなく話せるようになる。

◆ **自由な想起**を促すために、「はい」「いいえ」の形式で答えるものではない「開かれた質問」を用いる。面接者は相手の答えをさえぎらず、事件をはっきりと思い出す時間がとれるよう、十分な休憩時間を確保しておく必要がある。

◆ **想起の助けとなる文脈**を提示する。たとえば、思い出してもらう事件の背景を説明することで、目撃者の記憶が確かなものになることがある。

◆ **忍耐を保ち続ける**、とくに相手が非協力的な場合。嘘の証言が起こるのを避けるため、面接者は相手が証言を強要されているという気持ちや、いらだちを抱かないよう気をつけなければならない。

第4章　実生活の中の心理学
心理学と犯罪捜査　196 / 197

事件現場で

犯人からの距離
容疑者や事件現場と目撃者の距離が離れているほど、記憶は不正確になる。

人種、性別、年齢
目撃者の年齢層、性別、人種が容疑者と異なる場合、誤認の可能性が高まる。

武器の有無
犯行にナイフや銃が使われると、目撃者はその武器に注意を奪われるため、事件の詳細をあまり覚えていないことが多い。

犯人の言動
目撃者は犯人の外見、話し方、振る舞いの特徴的な面をよく覚えていることが多い。

目撃者のストレスレベル
事件の中で強いストレスを感じると、知覚や記憶に影響を受け、目撃した物や人を正確に特定できなくなることがある。

目撃者の記憶に影響する要素
目撃者の証言は、警察の捜査の要であり、その正確さには事件現場およびその後の状況の中で、いくつもの要素が影響する。目撃者の証言や犯人特定の過程に誤りがあると、無実の人間が有罪とされてしまうことが多い。

目撃者の年齢
子ども、体の弱い人、高齢者は警察に話を聞かれることが心理的負担になり、正確に証言できない場合がある。年長の子どもは幼児と比べて、出来事をよく覚えている。

目撃者の疲労度
疲労は記憶に影響する。話を聞く前に目撃者を十分に休ませることにより、記憶の干渉を防ぎ、想起の正確さを高められる。

記憶の保持期間
事件から警察が面接を行うまでに長い期間が空くと、そうでない場合と比べ、目撃者が思い出す情報ははるかにあいまいなものとなる。

目撃者の被暗示性
面通しで1列に並んだ容疑者から犯人を特定する際、目撃者は警察官が意図せず暗に示した人物を犯人として選んでしまうことがある。

面通しの方法
1度に複数の容疑者を見る方法と、1人ずつ確認する方法がある。後者の場合、目撃者は記憶の中の犯人像だけを頼りに容疑者を確認する必要がある。

面通しの際の説明
目の前の容疑者の列から必ずしも誰かを選ばなくて良いと明確に伝えられていれば、目撃者が犯人を誤認する可能性は減る。

証言を得るときに

心理学と犯罪捜査

「犯罪者タイプ」の人間はいるのか？

ある種の特質を持った人間が必ずしも犯罪に手を染めるわけではないが、犯罪行為に比較的結びつきやすい要素は存在する。たとえば、知能の低さ、多動性、集中に困難があること、不十分な教育、反社会的行動、きょうだいや友人に犯罪者がいること、薬物・アルコール乱用の習慣などである。

加えて、男性はあらゆる年齢層において、女性よりもはるかに不法行為を犯しやすく、とくに暴力犯罪でその傾向が強い。裁判で有罪判決を受けた人々は、混乱や無秩序の中で子ども時代を過ごしていることが多い。ただし、そうした生育環境が常に犯罪行為につながるというわけではない。

若者の場合は、家庭の外で健全な人間関係を築くこと、学業成績の向上、目上の人に対する態度の改善、余暇の有効な過ごし方など、周囲の悪影響から守るようなかたちで介入することにより、問題行動が繰り返されるのを防げるケースが多い。

犯罪者プロファイリング

プロファイリングとは、被害者および事件現場から得た証拠や情報、そして犯行の特徴をもとに犯人の人物像を推定するプロセスである。現場によっては重要な手がかりがほとんどなく、刑事が想像を飛躍させて足りない情報を補わなければならなくなる。近年発展中の研究領域である捜査心理学（プロファイリング）が役立つのはこうしたときだ。プロファイリングには2つのアプローチがある。主にアメリカで行われているのがトップダウン式、イギリスではボトムアップ式が使われる。

「心理学では、人は時と場所によって変わることのない存在であるかのように表されることが多い」

デービッド・カンター教授、イギリスの心理学者

トップダウン式プロファイリング

- 犯罪行為やその動機を、秩序型／無秩序型といった類型に当てはめて分析する。
- 犯人像の一般的類型を、捜査中の事件の特徴と突き合わせる。
- 事件の特徴的な側面や犯人の示すパターンを見いだす。
- 行動主義心理学（pp.16–17）の視点に基づく。
- レイプや殺人などの分析に適している。

ボトムアップ式プロファイリング

- 複数の犯罪の類似点から行動パターンを特定する。
- 明確な心理学的基準に基づくデータ主導のアプローチ。
- 科学捜査による証拠やデータを利用し、段階的に犯人の行動パターンを解明する。
- 緻密に、明確なかたちで犯罪と犯人を結びつける。
- あらかじめ犯人像を想定せずに分析を行う。
- 犯行現場の証拠と目撃者の証言から、犯人の行動の一貫性を探る。

犯罪行為の原因を探る

犯罪行為の裏にある原因の解明は、司法心理学の研究の中心である。生まれつきの「悪人」はいるのか。犯罪は状況のせいで起こったり、助長されたりするのか。犯罪者と一般の人には違いがあるのか。犯罪行為を理解するための切り口には、犯人の精神医学的、心理的、社会的、生物学的要因がある。これらの要素によって、容疑者に対する見立てや扱いが変わり、犯罪抑制のための政策が左右されることもある。

精神疾患
有罪判決を受けた犯罪者が、うつ病(pp.38-39)、学習障害、パーソナリティ障害(pp.102-07)、または統合失調症(pp.70-71)などの精神疾患を患っていることは多い。精神病症状が起こり、幻覚に襲われたり、見えない力が自分を操っているのだと信じたりする者もいる。ただし、犯罪行為の原因が精神疾患にあるのか、生活スタイルなど、他の要因にあるのかは必ずしも明確に割り切れるものではない。

サイコパシー的行動パターン
犯罪者の多くは正常な思考力を持ち、自分の行為の違法性を理解している。それでも嘘をつき、人を虐待し、不意に暴力的になる。そして、他者と信頼関係を築けないように見える。こうした行動は、サイコパシー(p.104)と呼ばれるパーソナリティ障害の兆候だ。サイコパス(サイコパシー患者)は魅力的で、人に対して協力的に見えることもあるが、他者に共感を抱くことはなく、時として邪悪な行為に手を染める。

心理的要因
犯罪者の多くはしっかりとした良心がなく、社会的規範に必ずしも従おうとせず、倫理的判断力が成人のレベルに達していない。その行為の背景にあるのは、行動の結果に対する意識の欠如、自尊心の低さ、犯罪行為は小さな努力で大きな見返りをもたらすという思い、快感を得るのを将来まで待てない傾向、欲求をコントロールする力の欠如といった要因である。

生物学的要因
多くの専門家の考えでは、犯罪行為には神経学的な問題を原因とするものがあり、(出生時、または事故による)脳の損傷や障害が人格に影響を与えた結果として起こるとされる。また、犯罪者は遺伝的に一般の人とは異なっているという見方もある。この考えによれば、ホルモンバランスや神経系における何らかの問題のために、犯罪者は善悪の概念を学ぶことができないとされる。

社会環境
ほとんどの犯罪は、降ってわいたように起こるものではなく、犯人と周囲の人間との関係の中で発生する。犯罪行為の根源は、犯人の他者との関わり方や、交友関係の中に見いだせるかもしれない。周囲の人間を手本として、犯罪行為を覚える者もいるのだ。また、経済的な貧しさが要因となることもある。ただし、貧困だけが原因で犯罪が起こることはない。

暴力のループ

暴力犯罪とは、犯人が被害者に暴力をふるう犯罪だ。多くは、感情をコントロールできないために攻撃に至る。その原因は、犯人の育った家庭環境や文化が、暴力を許容するだけでなく、後押しするようなものだったことかもしれない。こうした犯罪は暴力をふるうこと自体を目的としている場合もあれば、強盗など、暴力が目的を達する手段となるものもある。暴力犯罪者には、たとえばパートナーを支配するために腕力を使う者もいる一方、単に怒り、欲求不満、嫉妬といった感情をぶちまけるために他者を攻撃する者もいる。犯罪者の多くは、怒りと激しい後悔のループ(右記)に陥っている。

緊張の高まり
怒りや非難の気持ちから口論が起こる。

否認

突然の爆発
不意に感情が高ぶり、相手に暴力をふるう。

つかの間の平穏
二度と同じことはしないと約束し、許しを請う。

法廷の心理学

司法サイコロジストは法廷での仕事に長い時間を費やしており、その内容は、被告人のアセスメント、法廷での質問方法に関する弁護士などへの助言、専門家としての意見の提示、判決に関する助言など多岐にわたる。

法廷における役割

法廷での司法サイコロジストの役割は、刑事裁判においては以前から確立していたが、近年では対応範囲が広がって、家庭および民事事件での助言も行うようになってきている。誰かが有罪判決を受けたり、民事事件で出廷したりする場合、とくに無罪を主張しているときには、その人の精神状態や、判断力および訴訟能力の鑑定が行われることが多い。

心理職は鑑定の依頼を受け、被告人に精神疾患や身体疾患を示す症状がないか確認する。また、外部からの影響や、酌量すべき情状を検討する。時には法廷で証言し、被告人の判断力についての所見や、それが事件に与えた可能性のある影響を説明することもある。

判決には陪審員の心理的性質も、深く関わっている。人は個人個人の偏見に従って判断を下すことが多く、その点では陪審員も例外ではない。そうした性質は陪審員としての判断力、ひいては評決にも影響しうる。

時には陪審員の一部または全員が自分の役割をしっかりと理解しておらず、裁判で提示された情報が複雑であるというだけの理由で、被告を有罪とする判断に傾いてしまうこともある。こうした偏見の影響を軽減することも、法廷での心理職の役割の1つである。

被告人の精神鑑定

被告人の犯行時の精神状態や、裁判手続きを理解する能力に疑問がある場合は、警察や検察官などの依頼により心理職がその精神的能力を鑑定することがある。結果によっては、被告人には訴訟能力がないと判断される。鑑定では、以下のようなさまざまな要因に目を向ける。

精神異常
善悪を判断する能力がないと評価された被告人は、精神異常を理由に無罪となる。一方、不正を認識しながら犯行に及んだ場合は、法的に正常(責任能力がある)と見なされる。

頭部損傷
頭部に損傷を受けると、人格の変化、判断力への悪影響、衝動的な暴力行為につながることがある。

責任無能力(心神喪失)
法廷での手続きを理解できないほど精神的能力が損なわれている、あるいは未発達であると判断された被疑者は、訴追を免れる。

IQの低さ
知能指数(IQ)が著しく低い場合、訴訟能力がないと見なされることがあり、起訴された場合の量刑判断にも考慮される。

詐病
起訴を免れるために、短期的・長期的な身体疾患や精神疾患を装ったり、その症状を誇張したりする被疑者もいる。

虚偽自白
誰かをかばうため、尋問や拷問から逃れるため、あるいは自分が罪を犯したと誤って思い込んだために嘘の自白をする人は後を絶たない。

第4章 実生活の中の心理学
法廷の心理学

陪審の判断

裁判の結果に最も強く影響するのは提示される証拠の信頼性だが、陪審の特性や理解度のわずかな違いによって結果が大きく変わることもある。

- **アメリカでは陪審コンサルタント**が依頼を受け、陪審員の偏見を評価することがある。陪審員偏見尺度（Juror Bias Scale）などの質問紙を用いて人格特性を測定し、陪審員が証拠の内容にかかわらず特定の被告人を有罪と判断してしまう可能性を予測する。
- **法廷で使われる言葉**は古風なものが多いため、心理職は平易な言葉や表現、フローチャートなどを利用して情報を分かりやすく伝えることで陪審員をサポートし、誤解が起こらないようにする。

75%
ヨーロッパの刑務所に入る女性のうち、薬物やアルコールの問題を抱える入所者の推定割合

専門家証人（鑑定人）の役割

司法サイコロジストは、民事、家庭、および刑事裁判での意思決定の支援を依頼されることがある。他のすべての証人と同様、決められた手続きは遵守しなければならないが、心理職は専門家証人として、事実の提示にとどまらず、状況に関する自らの解釈を述べることができる。ただし任命には制約があり、誰もがその役割を務められるわけではない。

- **専門家としての意見**は、法的資格を持つ特定の範囲にとどめなければならない。被告人が有罪か無罪かといったことに関する意見は、心理職には求められない。
- **公判の前に**、訴訟の準備や、被告人の精神状態の理解、最適な反対尋問の方法について、弁護士などに助言することもある。

判決のための助言

有罪となった被告には、自由刑（懲役など）、罰金、またはコミュニティ・ペナルティ（コミュニティの管理する無償労働や外出禁止など）といった刑罰や、執行猶予の有無が言い渡される。判決の目的は、罰を与え償いをさせることに加え、受刑者が将来同じような罪を犯さないようにすること（更生のためのアプローチと呼ばれる）、そして社会全般においても同じような犯罪を抑止することだ。裁判官は最終的な判断を下す前に、被告人の精神状態について心理職の助言を求めることがある。

- **判決の厳しさ**は、犯した罪の重さ、および被告人の責任能力に見合うものとすべきである。
- **加重・減軽事由**、たとえば被害者の脆弱性（心身の弱さ・無防備さ）、挑発を受けたことによる犯行であったか、被告が反省を見せているかどうかなどを考慮する必要がある。
- **研究**によれば、刑期の長い受刑者は短い者と比べて、釈放後の再犯の危険性が低い。

刑務所の心理学

有罪判決を受けた犯罪者を対象とする仕事は、司法サイコロジストの職務の大きな部分を占める。心理職はアセスメントや、受刑者が以前から抱える問題への対処、更生プログラムの開発などに携わる。

過酷な環境

刑務所は受刑者の犯罪性向を正し、行動パターンを矯正する場として設けられている。しかし、フィリップ・ジンバルドーが1971年に行ったスタンフォード監獄実験（p.151）が象徴的に示すように、刑務所での実際の生活は、入所者と職員の両者にとって過酷なものとなっている。

ジンバルドーは刑務所生活の影響を研究するため、被験者として集めた一般の大学生を囚人役と看守役に分け、地下室を改修した「監獄」で生活させた。実験はすぐに被験者の態度や行動に影響を与え、立場の強い看守役が圧制的・暴力的に囚人役を扱うようになったため、開始からわずか6日で中止せざるを得なくなった。

治療プログラム

心理職は、受刑者の治療・更生プログラムの立案をするにあたり、刑務所やその職員に助言することがある。そし

刑務所は制約のある施設だ。そこは一般社会とは異質な日常を送る、過酷で不自然な環境であり、受刑者は職員や他の入所者としか交流できない。

て、個別の受刑者を担当するときには、総合的な視点で対象者を捉えるように努める。

たとえば、精神疾患や薬物嗜癖などの問題が、犯罪行為に影響を与えた可能性に目を向ける。また、現在抱えている悩みや問題（有罪判決に対する受け止め方など）への対処を支援したり、受刑者が自分自身や他者を害することのないようケアしたりする。加えて、将来の再犯の危険性を下げる方法を検討する。

暴力犯罪を起こした受刑者の多くは、集団療法に参加して討論やロールプレイングなどを行い、どのような状況が暴力行為につながったのかを検討する。また、その機会を利用して、被害者の心情に対する理解を養うこともある。

その他に、受刑者が集まって話し合う治療共同体も更生の力になることがある。認知行動療法（pp.122–29）は、受刑者の思考や行動のパターンを変える助けとなる。また、思考スキル改善（ETS: enhanced thinking skills）プログラムも、人の話を聞く、人に助けを求める、といった社交的スキルを身につけるのに役立つ。

刑務所の環境がもたらす問題

受刑者は刑務所の管理体制がもたらす難しい問題に対処しなければならず、その悪影響を受けることがある。時には行動パターンに好ましくない変化が起こり、それを解消するのに周囲の助けが必要となる。

◆ **受刑者は職員に依存し**、物事を自分で決められなくなる。厳しく管理された環境で抱く、孤立感や無力感のためである。

◆ **受刑者間に猜疑心と不信**が生まれ、時には神経症的なレベルにまで緊張が高まることもある。

◆ **受刑者たちは「仮面」をかぶり**、気持ちを隠すことで自分を守り生き延びようとする。このため、互いに理解し合うことが難しくなる。

◆ **個性や人間性を否定**するような刑務所の環境で、徐々に自信を失う受刑者もいる。自らの重要性、独自性、価値を感じられなくなっていく。

◆ **過酷で、時には暴力的な環境**が、子ども時代のトラウマを呼び起こすこともある。

◆ **絶望から自殺が起こることもある**。刑務所での自殺率は、最大で一般社会の10倍に達する。

再犯の危険性に対処する

受刑者が釈放後に再犯に走る危険性を下げることは、司法サイコロジストの主要な役割の1つである。再犯予防にはさまざまな方法を用いる。主眼は個人的責任の意識と、倫理観に基づく自尊心を養うことにある。

個人的責任
自身の破壊的思考パターンや犯罪を引き起こすサイクルに、しっかり向き合うよう受刑者に促す。

被害者の心情理解
自分の行った犯罪の破滅的な影響を受刑者にしっかりと理解させ、被害者の心情に対する理解を養う。

健全な性生活
不健全な性交渉と犯罪の関係を強調し、健全な性生活の重要性を伝える。

認知行動療法（CBT）
CBTでは、暴力衝動や異常な性的興奮を和らげるためのリラクセーション技法やイメージ法を用いる。これにより、受刑者は犯罪行為を抑制し、最終的には完全に防ぐ方法を身につけていく。また、ETS（思考スキル改善プログラム）も犯罪行為に関連する多くの問題を扱うもので、社交的スキル、問題解決、批判的思考、倫理的思考、自己コントロール、衝動のコントロール、自己効力感の向上につながる。

個人ごとの再犯防止策
再犯を誘発しうる状況や自らの弱点について、受刑者に把握させる。

精神的健康
治療における話し合いは、受刑者が以前に虐待を受けていたりトラウマを抱えていたりする場合に、その経験を受け入れる助けになる。また、受刑者個人の生活あるいは家庭における機能不全と犯罪行為のつながりを明らかにし、嗜癖や共依存といった問題にも光を当てる。

アンガーマネジメント
自分の感情が高ぶるきっかけを特定し、そうした状況になったときに緊張を和らげる方法を学ぶ。怒りと犯罪行為のつながりに焦点を当てて話し合い、攻撃的ではない、アサーティブな（健全な自己主張による）対応を身につける。

→ **再犯を防ぐ**

10～15%
の刑務所入所者が長期的な精神疾患を抱えている

被害者学とは？

被害者学は、被害者と加害者の関係についての学問である。研究によれば、犯罪者との生活圏の近さや、心身の脆弱性（無防備さ）など、特定の要素を持つ人々が比較的被害に遭いやすい。この分野の心理職は被害者となった人々が標的とされた理由を探り、そのパターンを見つけ出して、被害防止や危険性低減のための方策を立てる。ただし、暴力的な状況では被害者が加害者に転ずることもあるため、犯罪被害者と加害者の区別は必ずしも明白ではない。

政治心理学

政治心理学では、心理学のアプローチやモデルを政治の分野に応用し、市民や権力者の心理を考察することにより、その選択や行動の解明を試みる。また、集団的な政治行動の力学を研究し、極端なレベルでは、テロリズムやジェノサイド（特定の人種などに対する組織的な大量虐殺）といった行為を人々が犯したり黙認したりする理由や、それらを防ぐ方法を検討する。

主要な理論

人は一般に、政治に関する重要な意思決定をする際、ほんのいくつかの具体的な情報をもとに、不足した部分は推測で補って判断を下す。人間が物事を推定する方法を説明する理論には、帰属理論とスキーマ理論がある。

帰属理論

人間には、自分や他者の行動を理解しようとする性質がある。推測によって、物事の原因を説明する理論を考え出し、周囲の世界を理解しようとするのである。人々が物事の帰属（原因の推測）を行う際の主な傾向として、以下の3つが挙げられる。

根本的帰属エラー
他者の行動の原因を考える際、気質や性格特性を過度に重視する傾向。一方で、人は自分の行動については、置かれた状況や事情によるものだと説明（帰属）しがちである。

代表性ヒューリスティック
特定の集団や類型に属す人間のステレオタイプ（固定的なイメージ）にどの程度当てはまるかを基準にして、人を判断・評価する方法。

利用可能性ヒューリスティック
何かが起こる確率を見積もるとき、それが自分の心にどの程度残っている（思い出しやすい）かを基準にすること。たいていは統計的な確率ではなく、自分の最近の経験が判断基準となる。

第4章 実生活の中の心理学
政治心理学

> 「人間が最も得意とするのは、新たに触れるあらゆる情報を、すでに出した結論が変わらないように解釈することだ」
>
> ウォーレン・バフェット、アメリカビジネス界の有力者

投票者はどのように選ぶのか？

人々がリーダーに選び出す候補者は、自分たちの政治的、社会的、文化的、そして個人的な生活を左右する力を持つことになる。人々はこの重大な決定をどのように下しているのか。心理学にはいくつかの理論がある。

◆ **記憶に基づく決定 対 継続評価** 記憶モデルによれば、人は判断を下すことが必要になったときに、関連する情報を長期記憶から短期記憶へと移し、候補者を選ぶ。逆に、オンライン（継続評価）モデルによれば、投票者は候補者に関する新たな情報を取り入れながら、常にそれと同時に見解を更新していく。

◆ **好き・嫌いの集計** この理論によれば、人々は投票ブースにおいて、各候補者に関する好きな要素と嫌いな要素を数え上げ、好きから嫌いを差し引きした得点を比較して判断を下す。

主要な研究テーマ

◆ **政治に関する意思決定** 一般市民は政治に関する情報をどのように解釈し、意思決定を行うのか。人々の投票行動を決定づける要素は何か。

◆ **世論・評価** 政治的問題や選挙候補者に対する人々の評価に、感情、アイデンティティ、ステレオタイプ、集団の力学はどのように作用しているか。

◆ **政治的暴力** 差別、テロリズム、戦争、ジェノサイドはなぜ起こるのか。

スキーマ理論

人は新たな情報を取り入れる際、その1つひとつを別々に扱うのではなく、スキーマ（過去の経験からつくり上げた分類、レッテル、ステレオタイプ）を利用する。

投票行動

人々は数多くの要因に左右されながら、投票する候補者を選ぶ。長期的な要因としては、特定の政党に対する支持があり、短期的には選挙ごとの候補者や争点に対する思い入れが影響を与える。

投票者の意思決定

投票者の選択については、その社会的・経済的地位だけでなく、政党の価値観への共感も主要な要因となりうることが1960年代の研究により明らかになった。

たいていの投票者は幼少期から10代までに、特定の政党に深い感情的な思い入れを抱くようになり、多くはそれがその後の人生における投票行動を決定づける。投票行動は往々にして習慣的、直観的、感情的なものであり、候補者の所属政党だけを理由に決められることが多い。

投票者の中にはあまり情報を持たず、時折政治に関心を抱く程度で、どの政党とも一致しないような考え方をしながら、それでも自分は特定の政党の支持者であると強く感じている人もいる。政党への支持は固定的なものであり、その政党の議員が期待通りに行動しなかったり、失望させるようなことをしたり、政党のイデオロギーから逸脱したりしても、なかなか変わらない傾向がある。一般に、投票者の政党に対する支持は、戦争や不況といった非常に極端な事態がない限り変わら

投票行動に影響する要因

投票行動に影響を与える要因は数多くある。そのうちのいくつかは心理的な性質のものであり、投票者の性格特性と関わっている。他には社会的要因もあり、投票者が属するさまざまな社会集団の影響を受ける。長期的に一貫した要因もあれば、そうでないもの（選挙ごとの候補者や争点など）もある。

長期的な要因

投票者の個人的特徴などの要因は、年月を経ても一貫しており、選挙サイクルごとに変わることがない。

心理的要因

◆ 特定の政党への心理的結びつきは多くの場合、幼少期や青年期に形成され、両親をはじめとする大人や仲間集団（年齢や社会的背景などの似かよった集団）の影響を受けて時とともに強化されていく。こうした結びつき（習慣に従って投票する傾向）は政党や政策に変化があったり、選挙期間中に流れる大量の情報に触れたりしても影響を受けない。

短期的な要因

短期的要因は変化に富んでおり、選挙サイクルごとに新たな候補者や政策に注目が集まる中で、時とともに変わっていく。

投票者の選択

ない。

特定の政党の熱心な支持者は選択的に情報を取り入れ、望ましい特性や政策は過大評価するものの、望ましくない情報や政策方針には目をつぶる傾向がある。有権者の約3分の2は固定的な支持政党を持つが、残りの3分の1は特定の政党を消極的あるいは短期的にしか支持しない。こうした投票者は浮動層と呼ばれ、そのときどきの争点や候補者によって投票先を変える。このため、浮動層は選挙結果を左右することが多いが、その行動は予測が難しい。

感情が投票に与える影響

政治はポジティブな感情とネガティブな感情の両方に満ちており、その多くは強烈なものだ。幸福感、悲しみ、怒り、罪悪感、嫌悪、復讐心、感謝、心許なさ、喜び、不安、恐れなどはどれも、政治に関する選択や行動に影響を与えうる。

政界の人物や出来事に関する投票者の判断が中立的ということは、ほぼありえない。そこには思考だけでなく感情が関わっている。神経科学の研究によれば、嫌悪や共感といった強い感情に関わる脳部位は、政治家の映像を見たときにも活性化する。感情は合理的な意思決定に有用で不可欠なものである一方、非常に不合理な結果を導き、政治に有害な影響を及ぼすこともある。

たとえば、極端なナショナリズムや人種差別は強烈な感情に起因していることが多い。さらに、人々の意思決定は気分の移ろいによっても影響され、長期的な結果をもたらすことがある。例として、抑うつは硬直的で狭量な意思決定につながりうる。

社会的要因

◆ 社会的要因は投票行動に強い影響を与える。人種、民族、性別（ジェンダー）、性的志向、収入、職業、教育、年齢、信仰、居住地域、家族といった要因はどれも投票者の選択を左右する。人は自分の属する選挙区の便宜を図り、所属集団の活動を支援する候補者に自然と引きつけられる。

単一争点

◆ 争点志向の投票者は、（選挙結果に左右されるだろうと自分が考えている）特定の争点についての明確な意見を持っており、それをもとに投票先を決める。そして投票先の政党の他の政策には同意できなくても目をつぶることがある。争点となる問題には、経済、医療保健、同性婚をはじめとする市民の権利問題などがある。

党首や候補者のイメージ

◆ 政党の党首や候補者の人間像は選挙結果に影響しうるため、好ましいイメージをつくりあげることが選挙戦の重要なポイントとなる。投票者はとくに魅力的な特徴のある候補者を選んだり、あまり惹かれる要素のない候補者を支持しなくなったりすることがある。

メディアの影響

新聞、テレビ、ラジオ、ソーシャルメディア

◆ 新聞は、政治姿勢を明確にして報じる傾向がある。テレビは中立的なことが多いが、テレビ討論は視聴者の意見に影響を与えうる。また、政治家たちは好ましいイメージを築き、それを従来の媒体よりも幅広く伝えるためにインターネットを利用することがある。

フェイクニュース

◆ 主にソーシャルメディアに掲載される、誤った情報を含む投稿で、時に投票者をだますために利用される。脳には自分が正しいと思っていることを裏づける情報の誤りに気づかない傾向（確証バイアス）があるため、フェイクニュースを信じてしまうことがある。確証バイアスが働くと、投票者は判断を再検討するよりも、自分の選択を裏づける材料としてフェイクニュースを取り入れる可能性が高い。

服従と意思決定

政治家や市民による意思決定は、あらゆる政府や国において、法律、そして未来を形づくる。しかしその決定は、服従や集団の力学といった心理的作用の影響を受けやすい。

服従

心理学者スタンレー・ミルグラムによれば、人間は社会の階層的なしくみとの関わりの中で自然と服従の傾向を身につけていく。家族、学校、大学、企業、軍隊などはみな、階層を持つ組織（集団）であり、人々の日々の生活のあり方を決め、服従へと向かわせる。ミルグラムの有名な実験では、権威者からの指示を受けた際、参加者が別の人間に対して電気ショックを与えるかどうかを観察した。実際には電気は流れず、ショックを与えられる役の人間が苦しむふりをしていたのだが、参加者はそれを本物と信じながらも指示に従い、致死的なレベルまで「電圧」を上げた。この結果は政治的服従の問題（なぜ人は権威者の命令が自らの道義的基準に反していても、それにたやすく従ってしまうのか）を解き明かす手がかりとなる。

ミルグラムは、人が権威者に従うとき、往々にして自分の行為に責任を感じなくなることに気づいた。責任を感じなければ、時には暴力、あるいは残虐な行為さえ可能になる。そして責任を認めなければ、被害者の人間性を否定し、相手の心情に無感覚になることもできる。ジェノサイドはその極限的な現れ方であり、多くの事例研究が行われている（下記・右記）。

また、アーヴィング・ジャニスが集団思考と名づけた力学も、有害な行為に対する人間の責任意識を弱める。集団に同調したいという思いが現実的な状況評価に優先されるとき、集団の意思決定は、個人の判断よりも無責任で愚かなものとなる。集団思考は、ピッグス湾事件（左下）をはじめとする多くの政治的惨事を引き起こしてきた。

66%
の参加者が
ミルグラムの
服従実験において
指示に従った

事例：ピッグス湾事件における集団思考

アーヴィング・ジャニスは、ピッグス湾事件（1961年）を題材に集団思考を研究した。ピッグス湾事件では、アメリカが訓練を施したキューバ人の部隊がフィデル・カストロの革命政権の転覆を試みたが、当時のアメリカ大統領ケネディとその戦略担当の拙劣な判断のために作戦は失敗に終わった。作戦担当者たちはケネディがカストロ政権の転覆を望んでいることを知っており、大統領を喜ばせたいという思いから、合理性の低い計画を立て、新たな情報に柔軟に対応しなかった。そしてすべての手順がうまくいくという、軍事行動において起こり得ない状況を前提に、複雑な作戦をつくりあげた。結果として、アメリカに支援された小規模な反カストロ部隊は、革命政府軍によってすぐに撃退され（アメリカ軍機による上空援護は中止されていた）、期待されていた反革命派の蜂起も起こらなかった。ケネディは弱さを印象づけ、この事件によりロシアとの緊張が高まった。

「腐った樽」理論

心理学者フィリップ・ジンバルドーは、2003年のイラク戦争中にアブグレイブ刑務所で起きた捕虜への虐待についての研究を行った。残虐行為が少数の邪悪な人間（「腐ったリンゴ」）によって行われたのか、本来は善良な兵士の心が有害な環境（「腐った樽」）で荒廃したのか、システム全体が有害で腐敗したもの（「腐った樽の製造者」）だったのかを確かめるためである。そして「善良な人々」も「腐った樽」に入れられれば、「腐ったリンゴ」になるのだと結論づけた。

腐ったリンゴ

状況にかかわらず、倫理に反する行動は倫理観を欠いた人間だけが行うものだ、という捉え方がある。そうした「腐ったリンゴ」たちの邪悪な行為は、根本的に邪悪な気質を表すものであると見なされる。

状況か気質か

◆ **状況論（Situationism）** フィリップ・ジンバルドーは1971年のスタンフォード監獄実験 (p.151) において、善良な人間も極限状況に置かれれば、状況の力によって本来の善良な気質に反した行為をしうることに気づいた。この考えは「腐った樽」理論と一致しており、誰もが権威者に従って自らの価値観や信念に背く行動をとりうること、つまり、邪悪な行為が邪悪な人々によるものとは限らないことを表している。

◆ **気質論（Dispositionism）** どんな状況よりも、その人の気質の方が影響力を持つという考え方。ある人が悪い行いをするならば、それはその人が根本的に悪人、つまりジンバルドーの言う「腐ったリンゴ」であるということだ。この見解によれば、基本的に善人には邪悪な行為はできないとされる。

> 「**悪とは、良き分別を持ちながら、あえて悪しき行いをすることだ**」
>
> フィリップ・ジンバルドー、アメリカの心理学者

腐った樽

この考え方によれば、腐った樽の中の人々は本来的に善でも悪でもなく、状況に強く影響される存在だ。倫理的な人も有害な状況に置かれれば、倫理に反する行動をとれるようになる。

腐った樽の製造者

悪はシステム全体の問題と捉えることもできる。この考えでは、その社会の文化、法、政治、経済などの広範な影響力が悪の温床となり、結果として倫理に反する行動がなされる。

ナショナリズム

自分の国や民族に対する誇りは、人々を団結させることもあるが、戦争あるいはジェノサイドにつながりうるものでもある。政治指導者にとって、ナショナリズム（民族主義／国粋主義）がどのように働くかを理解することは、それが極端なかたちで現れて害をもたらすのを防ぐ力になるだろう。

「我々」と「彼ら」

ナショナリズムとは、歴史、言語、領土、文化を共有する人々が抱く帰属意識である。ごく穏やかなかたちで現れれば、人々をまとめ、愛国心や連帯意識を生み出す前向きな力となりうる。しかし、極端になると暴力や民族紛争につながることもある。

心理的に、人間は集団に属すことを好む傾向があり、社会的カテゴリーによる区分や、「我々」と「彼ら」を分ける考え方によって、内集団（自分の属する集団）と外集団（それ以外の集団）の違いを過大視しやすい。この考え方では、内集団の結束が強まる一方、外集団への差別が悪化することがある。内集団は外集団を脅威と見なし、自分たちの国や民族の方が優れていると思うようになり、結果的に外集団を悪の根源のように扱うようになる。集団間で土地や富、あるいはより良い生活条件が争われる中、往々にして経済的・政治的な不平等がこれに拍車をかける。時には、こうした問題が政治的な話し合いでは解決できないほど悪化し、戦争やジェノサイドにまで発展する。

ナショナリズムが激化するとき

度を越したナショナリズムは、自分の国や民族集団が他よりも優れており、優遇されるべきだという信念となる。こうした信念は他民族の強制移住やジェノサイドといった行為の口実として利用されることがある。

> 「集団への所属意識ほど心理的に強い満足をもたらすものはない。ナショナリズムは驚くほどの力で人々を結束させることがある」
>
> ジョシュア・サール＝ホワイト、アメリカの作家

極端なナショナリズムにつながるもう1つの要因に独裁主義がある。これは、指導者に信頼を寄せ、従おうとする人間の自然な性向によって起こる。独裁主義者（アドルフ・ヒトラーなど）は外集団に強い偏見と敵意を抱き、物語（どれほど荒唐無稽なものであれ）を使って自分の信奉者たちの不平不満を燃え上がらせることが多い。

1. 分裂の火種　ほとんどの社会には、政治的・宗教的信条の異なる複数の民族が暮らしている。そうした相違が、経済不安、戦争、革命など（状況要因）によって明るみに出ることがある。そして、指導者たちにも市民にも、内集団／外集団を区別する考え方が広まる。

4. 外集団のステレオタイプ化　外集団の人間性を認めなくなると、相手をさまざまな要素を持った1人ひとりの人間と捉えるのではなく、肌の色など、いくつかの固定的で過度に単純化した特質でくくるようになる。内集団が憎み、恐れるあらゆるものの権化と見なすようになるのだ。

ナショナリズムに関連する理論

現実的葛藤理論
内集団と外集団の葛藤は、集団同士が競い合ったり争ったりする現実的な理由によって起こるとする理論。争いの理由となるのは、限られた土地、食料など、集団の生存にとって決定的な（あるいは単にそう認識されている）資源である。

社会的アイデンティティ理論
この理論によれば、競い合いや争いから得るものが現実的には何もなくとも葛藤は起こりうる。自国は他の国よりも優れていると思うことにより、自尊感情を求める基本的な欲求が満たされる。そのため、人々は内集団を好意的に評価し、外集団へは敵意を向けるようになる。

社会的支配理論
人々が集団に基づく階層構造を維持しようとすることにより、他集団への不当な権力の行使は往々にして常態化する。多くの社会には、支配的集団と劣位の集団がそれぞれ1つ以上あり、人種、性別、民族、国籍、階級に基づく不平等をつくり出している。

2. 社会の分裂 民族、信仰、経済状況、政治的信条などの違いから、内集団／外集団の区別が生まれる。指導者たちがこうした区別を利用するとき、社会は危機的な分裂に陥ることがある。こうした状況では、どちらの集団でも憤懣が強まりやすい。

3. 隣に住む「よそ者」 内集団／外集団の区別により、それぞれの集団のメンバーは相手を「よそ者」あるいは外部の人間と見るようになる。こうしたことは、北アイルランドのカトリックとプロテスタントのように、すぐ近くに暮らす似かよった人々の間にもよく起こる。これにより、集団間の隔たりが大きくなり、人々は「よそ者」の人間性を否定し始める。

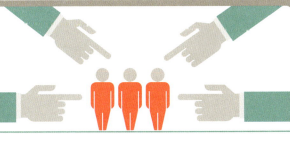

5. 外集団への責任転嫁 外集団はステレオタイプを通して捉えられるため、内集団の持つ弱みや問題のスケープゴート（責任をかぶせる対象）となりやすい。外集団のために起きているとされる問題が多ければ多いほど、内集団の怒りは強まる。

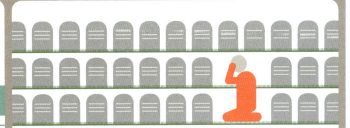

6. 外集団の排除 社会の大勢から排除され、同じ人間と認められず、ステレオタイプを通して問題の責任をかぶせられるようになった人々は、ついには内集団による残虐行為の犠牲となることもある。内集団による外集団の排除・絶滅の試みは、ホロコースト（第二次大戦中の、ナチスによるユダヤ人大虐殺）などのかたちで現れてきた。

ナショナリズム

差別と社会階層

社会の中の個人や集団は、人種、民族、国籍、性別（ジェンダー）、年齢、性的志向、階級などの性質をもとに、互いに差別し合うことが多い。

このような態度は家族や仲間、そして社会全般の規範や価値観と関わる中で培われていき、強固な社会階層を生み出す。

支配的な集団に属する人々は、社会的・政治的制度が自分たちに最も利益をもたらすようなかたちに社会階層を維持しようと欲する。そして、自分たちの影響力や優位性を高めるために、ステレオタイプ、偏見、ゼノフォービア（外国人への嫌悪・恐怖）、エスノセントリズム（自分たちの人種、民族などを中心として他を低く評価する信念）をあおることもある。

ゼノフォービアは、内集団／外集団を区別する考え方を強めることが多く、エスノセントリズムは、往々にして権威主義的行動やテロ行為の核となっている。

近年では、社会が大幅に進歩しており、人種、性別、民族を問わず、あらゆる人々の平等と基本的人権の確立を目指す多くの運動が行われている。また、社会の多様性は増してきており、それが、自分と異なる相手に対する人々の許容力を高める傾向にある。そして、多様性の高い社会ほど、ある集団を「よそ者」として区別し、内集団／外集団の区別を厳密に管理することが難しくなる。

結果として、差別はもはや社会的に広く受け入れられるものではなくなっている。

ただし、さまざまな進歩が起きてはいても、多様性に富んだ社会の多くが今も、既成の社会階層、そして差別的な信念や行為と戦っている。

オールポートによる偏見の尺度

心理学者ゴードン・オールポートは、社会の偏見が差別行動や暴力、ヘイトクライム（特定の人種などに対する憎しみを動機とする犯罪）、そしてジェノサイドにまで発展していくプロセスを、社会、心理、政治、経済の面から研究した。ホロコーストがなぜ起きたのかを解明しようとする中で、オールポートは社会における偏見の度合いと現れ方を示す5段階の尺度をつくり出した。この尺度を順に見ていくと、偏見はまず憎しみの言葉として現れ、次いでそれが憎しみの行動となり、ついには暴力に至ることがわかる。

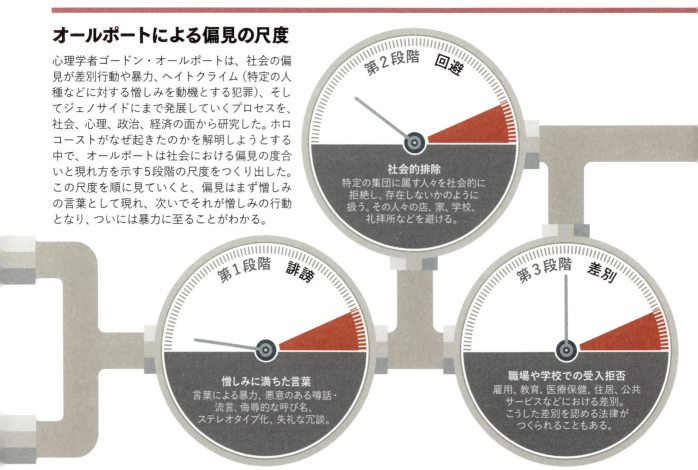

第1段階　誹謗
憎しみに満ちた言葉
言葉による暴力、悪意のある噂話・流言、侮辱的な呼び名、ステレオタイプ化、失礼な冗談。

第2段階　回避
社会的排除
特定の集団に属す人々を社会的に拒絶し、存在しないかのように扱う。その人々の店、家、学校、礼拝所などを避ける。

第3段階　差別
職場や学校での受入拒否
雇用、教育、医療保健、住居、公共サービスなどにおける差別。こうした差別を認める法律がつくられることもある。

テロリズム

テロリズムとは、人々の精神をくじけさせ、恐怖によって支配する目的で（とりわけ政治的武器として）暴力や脅迫を利用することだ。世間の注目を集め、広く社会全般に恐怖心を引き起こすために、テロ行為は凄惨で衝撃的なかたちをとる。通常は組織化された集団によって計画され、標的となる国の政府機関に属さない者が市民に対して実行する。政治心理学者の研究目標の1つは、このような恐ろしい犯罪に手を染める人々の動機を解明することだ。

◆ **どんな人間がテロを行うのか？** テロリストの指導者には恵まれた家柄の出で、高い教育を受けている者が多いが、テロの実行者たちは概して貧しく、教育も受けておらず、社会から疎外されている。そのため、テロリスト集団に属することで得られる連帯感などの見返りに支配されやすい傾向がある。

◆ **なぜテロを行うのか？** 彼らの多くは自らの犯罪行為は実行せざるをえないもので、政治的または宗教的に敵対する集団から身を守るために行っていると考えている。

◆ **原因** 政府の統制力不足や腐敗、社会的不公平、過激派のイデオロギーなど、さまざまな状況要因がテロリズムにつながる。

◆ **影響** テロリストの多くはその潜入のしやすさから、民主主義の国を標的に選ぶ。テロが行われると、今度はそれに対する人々の反応が民主主義を脅かすこともある。将来のテロを防ぐために、民主的価値観に逆行する政策や法律が導入されるからだ。テロ行為はこうして社会の不寛容、偏見、ゼノフォビアを悪化させることが多い。

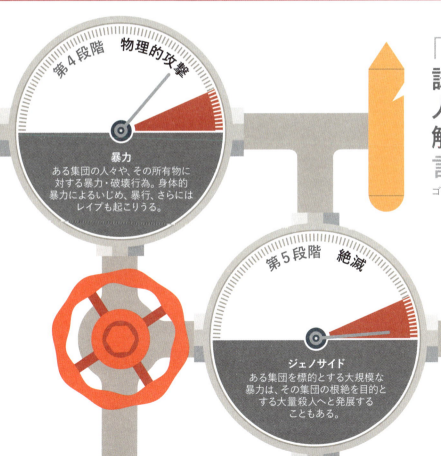

「……自らの偏見を認識し恥じている人々は、それを解消しつつあると言えます」
ゴードン・オールポート、アメリカの心理学者

コミュニティ心理学

人々の暮らすコミュニティ、そして広く社会や文化は、その精神的発達に非常に大きな影響を与える。身近に関わりを持つ人々や場所は、その人が何かを考え、信じ、行動する際の文脈を形づくるとともに、日常生活を方向づける明示的な、あるいは暗黙の規範を形成する。ただし、人々は周囲の環境から影響されるだけでなく、逆に文化やコミュニティを生み出し、発展の方向を決める存在でもある。

研究領域

人々と周囲の世界との相互作用という広大なテーマは、いくつかの心理学的研究分野に分解することができる。どの分野の研究も、人々の生活、交流、組織の質を高めることを目的としている。

コミュニティ

コミュニティは人々の生活の中で、個人、社会、文化、環境、経済、政治に関する側面が交わる部分だ。この分野の心理学者は、社会の大勢から排除された人々に対して、周囲へと働きかける力を与え、その問題の解決を支援することによって、コミュニティ全体の健康と生活の質を向上させる力になる。

文化

人々の態度、行動、慣習の総体は、その文化の言語、信仰、料理、対人的な振る舞い方、芸術を通じて世代から世代へと受け継がれていく。文化心理学者によれば、異なる文化の中で暮らす人々は、それぞれに異なる心理的な反応を身につけていく。

コミュニティセンター

> 「コミュニティ感覚とは……
> ともに生きていくことへの
> コミットメント（決意・関与）
> によってメンバーの求める
> ものが得られるという、
> 共有された信頼感である」
>
> デービッド・W・マクミラン、アメリカの心理学者

ケリーの生態学的視座

心理学者ジェームズ・ケリーは、コミュニティを4つの原則に基づく生態系として捉えた。

◆ **順応** 個人と環境は、互いの要求や制約に応じて継続的に変化していく。

◆ **遷移** コミュニティには歴史があり、それが現在の人々の態度、規範、構造、方針を方向づけている。

◆ **資源の循環** 個人の能力、共有の価値観、そうした資源や資質から得られる具体的な成果を特定し、開発し、伸ばしていく必要がある。

◆ **相互依存** あらゆるシステムでは複数の要素が相互に影響し合っているため、ある環境（たとえば学校）の1つの側面の変化は全体に影響する。

環境

周囲の環境──住宅や職場の建物、周辺の施設や利用できるサービス、気候も含む──は、人々の精神的発達に強い影響力を持つ。都市の荒廃や過密といった問題は、日常生活に悪影響をもたらす。逆に、たとえば日光に十分当たれることや良い住居などは、健康やウェルビーイング（幸福で充実した意義のある生活を送ること）を後押しする力になる。

比較文化心理学

比較文化心理学では人間の行動に文化的要因が与える影響を研究し、文化を越えてさまざまな集団に共通する普遍的特性を探求する。比較文化研究の1つの目的は、欧米で生まれた心理学に西洋的な認識の偏りがあれば、それを正すことだ。以下のような要素が研究対象となる。

◆ **態度** 人や物、問題、出来事を人々がどのように評価するか。

◆ **行動** 人々の行為や振る舞いのあり方。

◆ **慣習** ある場所や社会で受け入れられている、独特な物事のやり方。

◆ **価値観** 行動を左右する信条や基準。

◆ **規範** その文化で受け入れられている表現や交流の仕方。

コミュニティはどのように働くか

コミュニティは継続的に進化していく生態系であり、何かを共有する個人の集まりから成る。そして、コミュニティを取り巻くより広い文化のあり方を反映するとともに、その発展に影響を与える。

どのような概念か？

コミュニティは、住む場所の近さ、共有の関心、価値観、職業、宗教的慣習、民族的背景、性的志向、趣味など、いろいろな共通点によって築かれる。個人にとってはアイデンティティの支えであるとともに、自分よりも大きく、さまざまな要素の統合された存在の一部となれる場でもある。このような関わり合いにより、人は心理的コミュニティ感覚（自分が他者と似ているという感覚、他者との相互依存の認識、所属意識、安定した構造の一部であるという感覚）を得ることができる。

コミュニティ心理学者のマクミランとチャビスは、心理的コミュニティ感覚の要素として、メンバーシップ、影響力、統合とニーズの充足、情緒的結合の共有の4つを挙げ、それぞれを定義している。メンバーシップは安心感、所属意識、メンバーによる献身などを意味する。影響力とは、コミュニティとその各メンバーが互いに影響を与え合う関係を指す。統合とニーズの充足は、コミュニティの一員であることによって、メンバーが報酬（ニーズの充足）を得られるという感覚である。情緒的結合の共有には、共有されたコミュニティの歴史などが含まれ、真のコミュニティ感覚を最もよく表す要素と言える。

> 「コミュニティとは船のようなものだ。誰もが舵を取れるよう備えておくべきなのだ」
>
> ヘンリック・イプセン、ノルウェーの劇作家

文化の循環作用

人間の思考や行動は、自分を取り巻く文化の影響を強く受けるが、同時にその文化を形成し、存続させるものでもある。この相互的プロセスは文化の循環作用と呼ばれ、個人、人々の間の交流、組織、通念という4つのレベルから成る。

交流が生み出す作用
人々の交流の仕方はコミュニティの土台を成す。

個人
文化の循環作用の最小単位。個々人の思考や行動は、全体として人々を取り巻く文化を形づくる。

交流
他者や、社会の生産物（道具、建物、物語など）との日々の交流は、暗黙の行動規範に導かれ、たえず文化の循環作用を反映するとともに、それを強化していく。

組織がもたらす影響
組織は、コミュニティの中で起こる交流の規範をつくり、維持していく。

個人が生み出す作用
個人は、交流、組織、通念を生み出す構成要素である。

コミュニティ心理学者の仕事

コミュニティ心理学者は、集団や組織、機関の中での個人のはたらきを理解し、その理解をもとに生活の質やコミュニティのあり方を改善することを目指している。家庭や職場、学校、礼拝所、レクリエーションセンターなど、日常のさまざまな環境や文脈の中で人々を研究する。

コミュニティ心理学者の目的は、人々が自分の環境をコントロールする力を高められるよう支援することである。そのために、個人の成長の後押し、社会問題や精神疾患の予防、そして誰もがコミュニティに貢献するメンバーとして尊厳のある生活を送ることにつながるような制度やプログラムをつくる。たとえば、コミュニティの問題を特定し是正する方法を人々に教えたり、社会の周縁に追いやられた人や長い施設生活で自立の難しくなった人を、社会の主流に復帰させるための有効な手段を実施したりする。

組織
組織の中での日々の交流は、文化的規範を築くとともに維持する力となっている。経済、法、行政、科学、宗教に関する組織などが含まれる。

通念
文化は社会通念によって1つにまとめ上げられている。通念は、行動などのパターン、慣習、自己意識、他者との交流、社会的組織などを方向づけている。

通念がもたらす影響
社会通念は、コミュニティの各個人やその集合的行動の土台である。

多様性の大切さ

多様性は、人種、性（ジェンダー）、信仰、性的志向、社会経済的な背景、文化、年齢などのいずれにおいても、健全で進歩的なコミュニティに不可欠の要素だ。いろいろな人々を広く受け入れるコミュニティは多くのものを生み出す。その多様性のために人々が自らの前提を疑い、それまでと異なる方法を検討するようになり、勤勉な努力や創造が促されるためだ。加えて、多様性は1人ひとりの生活を豊かにし、物事に対する理解や判断の枠組みを広げ、コミュニティのウェルビーイング（精神的に健康で良好な状態）を向上させる。

多様な背景を持つ人々は、さまざまな視点をもたらし、創意工夫につながる多彩なアイデアを生み出す。

エンパワーメント

エンパワーメントとは、人々が社会に前向きな変化を起こしたり、個人あるいは組織や社会レベルの問題をコントロールしたりする力を得られるよう、積極的に働きかけていくプロセスだ。

どのような概念か?

コミュニティ心理学の目的の1つは、個人やコミュニティ、とりわけ社会の大勢から排除された人々の力を引き出すことだ。

エンパワーメントにより、社会の周縁に追いやられた人々や集団が、それまで受けられなかった援助や情報を得られるよう後押しする。

それは、少数派の人種、民族、宗教に属する人々や、ホームレス、物質使用障害（pp.80–81）などのために、社会規範から逸脱した人々への援助である。社会の大勢から外れた結果、負のスパイラルに陥ることもある──仕事が見つからない。仕事がないので、自活できず、職業的な誇りや達成感を持てない。その結果、自信がしぼむ。ついには、社会性や精神的健康が蝕まれて、慈善団体や社会福祉サービスへの依存を強めていく、といった具合に。

エンパワーメントでは、そうした人々が自律して、自活できるように対策をとる。その土台となる要素は、社会正義、アクション志向（社会や個人に変化をもたらすことを念頭に置いた）の研究、公共政策への働きかけである。

コミュニティ心理学者は支援対象者の職探しや、有用な技能の習得、慈善活動への依存からの脱却などを後押しする。支援対象者やコミュニティにとってどうなることが最善か、そうした前向きな変化をどのようにもたらすべきかを慎重に考えながら、深い敬意を持って援助を行う。

こうしたエンパワーメントの本質とは、あらゆる文化を称え、コミュニティの持つ強みを伸ばし、人権や多様性の尊重により、不当な抑圧を減らしていくことだ。

ジマーマンのエンパワーメント理論

コミュニティ心理学者マーク・ジマーマンは、エンパワーメントを「変化を起こす自らの能力を人々が前向きに捉え、個人および社会レベルの問題をコントロールできるようになる心理的プロセス」と定義している。

ジマーマンは、エンパワーメントにおける実践と理論の違いを強調した。エンパワーメントは実践的活動（社会に前向きな変化をもたらすための行為）と考えられることが多いが、より長期的に、さまざまな状況に適用可能な理論モデルのかたちでも存在する。エンパワーメント理論は、個人からコミュニティ全体に至るまで、社会のあらゆるレベルでの意思決定に影響力を行使するプロセスを理解するのに役立つ。

社会の三層構造

エンパワーメント理論は個人、組織、コミュニティという、社会における3つの層に適用できる。各層は互いに異なるが、関連し合っており、エンパワーメントの影響は相互に波及する。1つひとつの層におけるエンパワーメントの度合いが、社会全体のエンパワーメントに直に影響するのである。

コミュニティの
エンパワーメント
政府機関やコミュニティの持つ情報やさまざまな資源を、社会一般にとって利用しやすくする。

組織の
エンパワーメント
組織のはたらきや健全性を高める。そして、それがコミュニティや社会全体の健全性を決定づける。

個人の
エンパワーメント
個人が組織やコミュニティに効果的に関われるよう支援する。

80%
イギリスの
ホームレスのうち、
精神疾患を持つ
人の割合

イギリスのメンタルヘルス財団の報告

エンパワーメントの2つのレベル

心理学者は、2つのレベルでエンパワーメントに取り組む。第1に、ミクロのレベルで社会問題に取り組み、変化を起こす。これは、社会的な問題の解消を意図した、個人生活の支援である（たとえば、差別を受けた人々が容易に訴訟を起こせるようにする）。

第2のレベルで扱うのは、マクロの変化だ。問題のもとになっている制度、組織構造、力関係に働きかける（たとえば、いじめ防止のための法律を設ける）。この種の変化はミクロレベルのものよりも実現に時間がかかるが、現状を覆し、多くは広範囲に望ましい影響をもたらす。

ウェルビーイングに向けて行動を起こす

コミュニティに基盤を置く組織は、以下の4つの原則（SPECと呼ばれる）を指針とすることで、活動や意思決定を導き、コミュニティに前向きな変化を促す。

◆ **強み（Strength）** 個々人やコミュニティの強みを認識することは、人々の活躍の助けとなる。一方、弱みばかりに目を向ければ、その尊厳を奪うことになる。

◆ **予防（Prevention）** 心身の疾患や社会問題は、定着してしまってから解決するより、予防する方が効果的である。

◆ **エンパワリング（Empowering）** 人々に、物事に働きかけコントロールする力、影響力、選択肢を持たせることが、個人やコミュニティのウェルビーイング（幸福で充実した意義のある生活を送ること）につながる。

◆ **コミュニティの変革（Community change）** 問題の大本となった状況を改善することが、真の変化をもたらす。個々の問題に対処するだけでは不十分である。

都市のコミュニティ

都市のコミュニティに関わる環境心理学は、人々の行動を周囲の環境との関係の中で考察する研究分野である。開かれた空間、自宅や公共のビルなどのいろいろな建物、そして人々が関わり合う社会的な場面など、さまざまな環境が研究対象となる。

環境が人に与える影響

心理学者ハロルド・プロシャンスキーは、人間の行動や発達が基本的に環境に左右されるという説を唱え始めた先駆的な研究者の1人である。周囲の環境による直接的または将来的な影響を理解すれば、望ましい結果やウェルビーイングにつながるような物理的環境を見いだし、設計・構築することが可能になると考えた。

実際、環境心理学の研究によれば、人間は周囲の環境から、心理的にきわめて強い影響を受けており、自分のいる場所に対する認識に強く同化して、場面に応じて行動を変化させる。

たとえば、子どもは環境に合わせて活力のレベルを調整しており、家庭、学校、遊び場で、それぞれ振る舞いが変わる傾向がある。また、人は室内で活動する際、屋外の景色が見える方が集中できることや、ある程度のパーソナルスペース（左下）を保っている方が、心地よく感じることを示す研究もある。

70%
2050年までに世界人口の70%が都市部で生活するようになる
世界保健機関（WHO）

4種の距離

比較文化心理学者エドワード・T・ホールは、プロクセミクス（近接学）を提唱した。人々が空間をどのように利用するか、そして人口密度が行動、コミュニケーション、社会的相互作用に与える影響についての考察である。これによると、人との距離の取り方には、密接距離、個体距離、社会距離、公共距離の4種類がある。これらは文化や年齢により、個人個人で異なることもある。

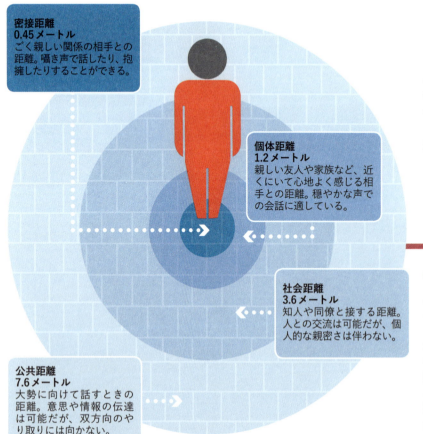

密接距離 0.45メートル
ごく親しい関係の相手との距離。囁き声で話したり、抱擁したりすることができる。

個体距離 1.2メートル
親しい友人や家族など、近くにいて心地よく感じる相手との距離。穏やかな声での会話に適している。

社会距離 3.6メートル
知人や同僚と接する距離。人との交流は可能だが、個人的な親密さは伴わない。

公共距離 7.6メートル
大勢に向けて話すときの距離。意思や情報の伝達は可能だが、双方向のやり取りには向かない。

混雑、騒音、自然光が届かないこと、住居の老朽化、都市の荒廃といった問題で環境が悪化すると、人々の心身の健康や健全な社会性が損なわれてしまう。建物や公共の空間の設計が、個人や社会の全般的な健康や、ウェルビーイングの要となるのはそのためなのだ。

建築家、都市計画者、地理学者、景観設計者、社会学者、プロダクト・デザイナー（さまざまな製品の設計者）はみな、人々が生活をより良いものとするための展望を描くのに、環境心理学の知見を利用している。

混雑感と密度

環境心理学者は、物理的な尺度としての密度（density、ある空間に人が何人いるか）と、混雑感（crowding、十分な空間がないという心理的感覚）とを区別している。通常、人が混雑を感じるには、その場の人口密度が高いことが前提となる。混雑感は人の感覚に過剰な刺激を与え、自制心を奪い、ストレスや不安を高める。

しかし、混雑感は常にネガティブに作用すると言うよりは、中立的なものであり、人口密度は人々の気分や行動を強化するだけだと考える心理学者もいる。

たとえば、楽しみにしていたコンサートに来た人は、会場の混雑を感じることで気分が高揚し、より一層演奏を楽しめる。一方、恐怖を感じる状況にいる人は、混雑感によってその体験をますます不快に感じる。

コミュニティにおいては、混雑感は優勢な行動を際立たせることがある。たとえば、攻撃的な集団は人口密度が高まることで暴力的になるかもしれない。逆に、過密な都市環境に、公園や歩行者専用区域といった、人々が交流できる有意義な空間を設ければ、全体的な雰囲気が良くなり、緊張が和らぐこともある。

現代の都市生活では、快適なパーソナルスペースを保つのが困難だ。人口密度が高いと、街中、公共交通機関、オフィスなどの建物で過剰な混雑が起こる。1つの解決法は、慎重に環境設計を行うことだ。

コミュニティの安全

実生活およびインターネット上にはびこるさまざまな脅威。コミュニティは、そうした危険から人々の心身の安全・安心を守るための、さまざまなしくみを備えている。

危険への対処

コミュニティが繁栄するためには、そこで暮らす人々が基本的に身体的・精神的な安全を感じられる必要がある。犯罪（押し入り強盗、殺人、サイバー犯罪など）は、被害者の体を傷つけたり、現実的な被害を出したりするだけでなく、精神的にも長期的な影響を残すことがある。犯罪にさらされる人々は、その直接的または間接的な影響でストレス、恐怖、不安、睡眠障害、無防備な感覚や無力感に襲われたり、PTSD (p.62) や健忘 (p.89) といった極端な症状を経験したりする。

傍観者効果

人は犯罪を目撃したとき、自分以外にも目撃者がいると、被害者を助けようとしなくなる傾向がある。目撃者が多いほど、そのうちの誰かが手を差し伸べる可能性は下がる。その状況に対する見方や解釈が、人々の行動を妨げ、傍観者を生み出すのである。

状況の緊急性
傍観者がその状況を深刻な事態ではなく、日常的なものと解釈した場合、被害者を助ける可能性は低くなる。

あいまいさ
手助けが必要かどうかがはっきりしない不確かな状況では、明らかに被害者が助けを求めているときと比べて、目撃者の行動が鈍くなる。

環境
事件現場が目撃者にとって不慣れな場所だと、なじみの環境で起きた場合よりも手を差し伸べる可能性が低くなる。

傍観者にさせないために
傍観者効果は、人々が公的自己意識を高め、社会的評判を意識するような手がかりを設けることによって抑止できる。公共の空間に監視カメラを設置することなどが、そうした手がかりとなる。

コミュニティは治安を維持し、人々の安全を保つためにさまざまな方策を実施する。都市部では、ファースト・レスポンダー（救急医療チーム、警察、消防隊）に重点をおいた施策、緊急時の情報伝達や協同作業の円滑化、分かりやすい道路標識の設置、街路や公園への十分な照明の敷設などが行われる。

子どもを守ることも、コミュニティの優先課題の1つだ。そのため、学校の安全に重点が置かれることが多い。長期にわたるストレスは子どもの認知的能力を損なうため、安全な環境は学習に欠かせない。学校の安全性を高める方法として、鍵のかかる扉の設置、廊下の照明を十分に明るくすること、来訪者に対する受付・確認のしくみの適正化などがある。ただし、監視カメラ、金属探知機、警備員の配置といった過度な措置は、潜在的な危険を子どもに常に意識させ、むしろ恐怖心を高めることもある。

犯罪を減らすために、公共の場に監視カメラを設置することも増えてきている。閉回路テレビ（CCTV: closed-circuit television）を利用したこうしたビデオ監視のしくみは、警察が犯罪を防ぎ、事件を早期解決する助けになることもあるが、その有効性や倫理的問題に対する疑問も出ている。犯罪学者の中には、監視カメラではほとんどの犯罪が防げない上に、それがあることによって人々が誤った安心感を抱き、予防措置をとることが少なくなるため、被害を受ける危険性が高まるという意見もある。

社会的手がかり
人々はお互いの行動を手がかりにして、ある状況でどう振る舞うべきかを判断する。目撃者のうち1人が何もしなければ、他の人も行動しない可能性が高い。

責任の分散
事件の目撃者が複数いると、人は他の誰かが被害者を助けるだろうと考え、自分ではその責任を担おうとしない傾向がある。

事例：キティ・ジェノビーズ殺人事件
1964年3月13日の午前3時過ぎ、28歳だったキティ・ジェノビーズはニューヨーク市の自宅マンション付近で殺害された。バーでの仕事を終え、自宅に向かっていたときにウィンストン・モーズリーという男に刃物で襲われ、性的暴行を受けた末に死亡したのだ。当初の報道で、この事件には38人の目撃者がいたと伝えられた——隣人たちは事件を傍観し、被害者を助けるための行動を何も起こさなかった。目撃者が何もしなかったという報道がきっかけとなり、心理学者たちはこうした社会心理的現象を「ジェノビーズ・シンドローム」と呼び、研究し始めた。その後、この現象は「傍観者効果」として知られるようになった（左記）。

ネット上のコミュニティ
デジタル時代になり、インターネット上のコミュニティやソーシャルネットワークは、人々が他者とのつながり、自尊心、承認、所属への心理的欲求を満たす第1の場となっている。しかし、こうした仮想のつながりには危険も伴う。匿名で人から見られずに行動できるという意識から、人前では見せないような言動をしがちになる人間もいる。これは「脱抑制効果」と呼ばれる現象で、ヘイトスピーチ、ネットいじめ、トローリング（荒らし、挑発的書き込み）、グルーミング（性的な目的で子どもに近づくこと）に結びつくことがある。そのため、安全にインターネットを利用する方法を学ぶことが、とくに子どもをはじめとする無防備な人々にとって不可欠となっている。

消費者心理学

消費者心理学とは、消費者やその行動——消費者の欲しがる物、必要とする物、その購買行動や選択に影響を与える要因——に関する研究である。食べ物、住む場所、衣類といった生活に欠かせない物から、スマートフォンや車などの一般に普及した高級品に至るまで、どんな製品やサービスをどこから買うか、という意思決定を人々はたえず行っている。

消費者を引きつけるために

消費者の選択は、値段、ブランド、手に入りやすさ、配達にかかる時間、品質保持期間、買い物中の気分、商品パッケージ、エンドースメント（有名人の推薦）といった数多くの要因に影響される。企業は客の欲求や動機づけを理解し、その心に直接訴えるかたちで製品やサービスを提示しようと努めている。そして、細部にちょっとした変更を加えただけでも、人々の態度が変化し、自社の製品を買ってもらえることがある。

広告の力

現代人は実生活でもインターネット上でも無数の広告にさらされている。記憶に残る広告をつくる上で、消費者心理学の果たす役割は大きい。

- ◆ **従来的アプローチ** テレビ広告では、鮮やかな色や覚えやすいコマーシャルソングは、今でも効果的である。
- ◆ **共有の知識** 人気のテレビ番組に言及するなど、多くの人が知る物事を広告にとり入れることで、視聴者を引きつけられる。
- ◆ **グラフィックデザイン** 新聞や雑誌の広告では、レイアウト、コントラストの使い方、レタリング（文字の視覚的な表現）のスタイルなどが要となる。
- ◆ **ユーモア** 見る人を笑わせることで、退屈を防ぎ、製品名を記憶に定着させる。
- ◆ **受け手を動かす** 意外にも、広告の中で製品名に触れないことが有効な場合もある。人は受動的に情報を吸収するより、自ら答えを見つけなければならないときの方が物事をよく記憶する。

個人的なおすすめ
友人やロールモデル（憧れ、手本とする人）が使っている製品を買いたがる。

レビュー
カスタマーレビュー（購入者の評価）を参考にして、何を買うかを決める。

第4章 実生活の中の心理学
消費者心理学 224 / 225

「顧客がどんな人間かを知るのも素晴らしいですが、その行動を知ることはさらに有益です」

ジョン・ミラー、マーケティング事業を手がけるアメリカの企業家

消費者行動を理解する

自分の欲しい物、必要とする物、そしてその購入について、人々はどのように意思決定を行うのか。それを理解することにより、企業は新製品に対する消費者の反応を予測し、マーケティングを成功に導くことができる。

消費者の意思決定

消費者の行動に影響する事柄として、心理的要因（たとえば、ある人の態度、学習能力、必要だと思う物）、個人的特徴（習慣、関心、見解、意思決定の仕方など）、社会的要因（家族、仕事の同僚や学校の友達、所属集団など）が挙げられる。

企業は消費者行動に関するデータをフォーカスグループ（市場調査などのために一定の条件で集められた人々）や、インターネット上のさまざまな情報源から収集し、分析する。ネット上の情報源としてはカスタマーレビュー、Q＆Aサイト、調査資料、キーワードリサーチ（消費者が検索に利用するキーワードの調査）、検索エンジンに関する分析情報や検索の傾向、ブログ上のコメント、ソーシャルメディア、政府統計などがある。

どの選択肢が現在および将来に最大の満足をもたらすかということについての人々の判断を、消費者予測（consumer prediction）という。これには2つの側面がある。1つはその選択が将来にもたらす効用（たとえば、旅行先をニューヨークではなくパリにした場合、どの程度の喜びや苦痛があるか。あるいはチョコレートとセロリのどちらを食べた方が大きな喜びが得られるか）、もう1つはそれが起こる見込みの大きさだ。

消費者は感情で動く

感情は、消費者の行動や意思決定に非常に大きな意味を持つ。消費者が何に着目し、何を記憶し、情報をどのように処理して購入後の満足度を予測するかは感情に左右される。広告を評価する際も、感情は理性より強い影響力

> 「**顧客の行動**さえ**理解**すれば、他のことはすべてあるべき場所へと収まります」
>
> トマス・G・スタンバーグ、
> アメリカの慈善家・実業家

選択のパラドックス

消費者は何を買うかを選べる状況を好むが、その選択肢は多すぎてもいけない。2000年に発表された調査では、ある店に24種類のジャムを置いた場合、そのどれかを買う客はわずか3％だったが、種類を6つに減らすと、30％が購入に至った。これと同じことは法律相談からペンキに至るまで、あらゆる製品やサービスに当てはまる。

ネガティブな感情
選択肢がないと、消費者はそれについて自分の思い通りになる余地がないと感じて購入意欲を失う。

選択肢がまったくないと、不満を招く。

を持ち、素早く一貫した判断を下す。

　企業は自社製品に対する見込み客の感情的な反応について、常に情報収集に努めている。製品に関する情報収集から、評価、選択、利用、そして処分に至るまで、購買プロセスのあらゆる段階にポジティブまたはネガティブな感情がついて回るからだ。

　企業は誘意性（どの程度ポジティブまたはネガティブな感情を持つか）と、消費者の覚醒度（興奮の度合い）をできる限り詳細に評価する。また認知的評価は、消費者自身が自分の感情について何をどのように感じるかを表す。いずれも消費者を購買行動へと向かわせる要素である。

> ### カスタマー・プロファイリング
>
> マーケティング担当者は、顧客（カスタマー）の購買習慣、好み、生活スタイルを詳細に表すデータを作成し、将来の顧客行動の予測や、効果的な販促に役立てる。さまざまな変数を用いて、市場についての詳細なプロファイルをつくり上げる。
>
> ◆ **心理的変数**　パーソナリティ、生きることへのポジティブまたはネガティブな態度、倫理（勤勉であるか、慈善事業に寄付を行うかなど）。
>
> ◆ **行動変数**　好んで利用する購入場所（実店舗およびインターネット上）、購入頻度、1回にどの程度の金額を使うことが多いか、クレジットカードの利用、ブランドに対するロイヤリティ（信頼・愛着）の強さ。
>
> ◆ **社会的変数**　ソーシャルメディアの利用、コミュニティの活動に対する積極性、政治見解、クラブや団体への所属。
>
> ◆ **地理的変数**　住んでいるのはどの大陸か、都市部か地方か。郵便番号、その地域で得られる職業的・社会的機会、気候。
>
> ◆ **人口統計変数**　年齢層、パートナーの有無、子どもの有無・人数、国籍、民族的背景、信仰、職業、収入。

ポジティブな感情
異なる選択肢の違いを知ることができると、消費者は情報に基づいて自ら決定する力と自由を感じられる。

選択肢が限られていると、購入につながりやすい。

選択肢が多すぎても、選べないかもしれない。

ネガティブな感情
選択肢が過度に多いと、消費者は圧倒され不満に陥る。自分の選んだ物よりもっと良い選択肢があるかもしれない、と思い不安になってしまう。

消費者行動を変化させる

企業の成功は、自社の製品をどれだけうまく消費者に売れるかにかかっており、そのためには説得が必要となる。そして、効果的な説得の核心をなすのは、人々の態度を変容させる力である。

説得と態度変容
自社製品を買うよう説得するためには、企業は人々の態度（さまざまな考え、物、他者に対して持つ評価）に影響を与える必要がある。消費者心理学者が関心を寄せるのは、人々の態度がどのように形成されるのか、そして見込み客が説得にどう反応するかということだ。

態度は、消費者行動を導く原動力となることがある。ある物を今買うか、後で買うか、どの程度のお金を使うか、どの製品を選ぶかといったことは、態度によって影響を受ける。また、製品、ブランド、企業に対する好き嫌いの強さは、その人の態度（ポジティブ、中立的、あるいはネガティブ）に現れる。ある態度が長く保持された強固なものであるほど、その変容は難しくなる。態度の基礎となりうる要素としては、感情（「このソファー素敵だな」）、考え（「環境

マーケティングの黄金律
インターネットはマーケティングに新たな活力を吹き込み、従来の広告では訴求が難しかった層にまでリーチ（到達範囲）を広げている。しかし、製品、価格、販売促進、流通経路という良いマーケティングの本質は変わらない。
- ◆ **製品（Product）** 形ある商品と無形のサービスの両方を含む。製品は客の欲求や必要性を満たし、メリットをもたらさなければならない。
- ◆ **価格（Price）** 供給、需要、利益率、マーケティング戦略といった要素は、いずれも価格が基礎となる。
- ◆ **販売促進（Promotion）** 顧客に適切に製品情報を伝えることが、販売の促進につながる。
- ◆ **流通経路（Place）** 最適な販売経路を見つけることで、見込み客を実際の顧客へと変えられる。SEO（検索エンジン最適化）とは、検索エンジンでの表示順位を改善し、インターネット経由の販売増加につなげる手法である。

説得力を生み出す要素
説得力を発揮するマーケティングには、6つの原則がある。小売業をはじめとする企業が駆使するこれらの原則に沿って客を説得すれば、最初はなかなか応じなかったとしても、やがては抵抗を緩め態度や行動を変えていくかもしれない。

コミットメント（関わり）
製品やサービスに対して意見（たとえば、割引が得られる会員カードを発行してほしいなど）を言う権利を与えられると、顧客はコミュニティの一員になったように感じ、購入する可能性が高まる。

権威
人々は指導者や販売員を信じたがっている。実績や経験があり、販売する製品に精通していることが明らかで、最適な商品を提案できる相手からの購入を望む。

好意
人は自分に好意や称賛、評価を示してくれる相手から物やサービスを購入しやすい。称賛の言葉（「そのお洋服、とてもお似合いですよ！」）は、見込み客の財布のひもを緩ませる。

に優しい素材でできてるんだ」)、そして行動(「うちの家族はいつもこのブランドを使ってきた」)がある。説得は、その消費者の態度の基礎となっている要素に合わせて行うのが最も効果的だ。たとえば、感情に基づく態度を持つ客に対しては、ソファーの見た目の良さに訴えると、最も良い反応が得られるだろう。

説得——誰が、何を、誰に

誰が(説得する人)、何を(伝えるメッセージ)、誰に(受け手)という要素は、いずれも説得に影響する。説得を行う人間には信頼感が必要であり、受け手との間に共通点を持っていることがプラスに働く。説得のメッセージは、製品のプラス面・マイナス面を含む両面的なものの方が、どちらか一面に関する情報だけを伝えるよりも好印象を与える。また、製品を買うことで、大きな意味のある、とても素晴らしい結果につながる可能性が非常に高いことを強調するメッセージは、最も強い説得力を持つ。情報はできるだけ詳細に伝えるとよい。メッセージは繰り返し伝えてもよいが、新鮮味がなくなるほど反復すべきではない。高い知能を持つ人は、受け手としてメッセージの内容を的確に判断できるため、説得が難しい。一方、幸せを感じている人は、その気分を製品と結びつけて捉えるため、比較的説得しやすい。

大多数の意見
多くの人は周りの言動をまねるため、他の人が行動を変えたと知れば、自分もそれに倣う可能性が高い。左の例では、競合する2つの製品のうち、長い行列のできている方が良い買い物であるように見える。

希少性
手に入りにくそうな製品は魅力的に映るため、企業は商品が特別な物に見えるよう工夫を行っている。たとえば、他と区別して単品で商品を展示したり、手の届きにくい棚に置いたりして特別感を演出する。

返報性
親切な行為や贈り物を受けたときに、お返しをするのは自然なことだ。そのため、店でビスケットなどを無料で配られた客は、そこで何か買わなければという思いに駆られる可能性が高い。

消費者神経科学

神経科学（脳の画像分析）の研究により、企業は新たな側面から消費者行動を理解することが可能になってきている。

ニューロマーケティング

神経科学では、脳の構造と機能、およびそれが人間の思考プロセスや行動に与える影響を研究する。神経科学の手法を特定企業のマーケティング調査に利用することを、「ニューロマーケティング」という。グーグル、エスティローダーなどの大企業はニューロマーケティングの研究企業を利用し、多くの広告代理店は協力企業とのパートナーシップによるニューロマーケティングの体制を用意している。

ニューロマーケティングでは、自分の好みをうまく表現できなかったり、意図的に隠したりすることの多い消費者の言葉には頼らず、購入判断の要である感情が人の脳活動に与える影響を実験によって確かめる。fMRI（機能的磁気共鳴画像法、脳活動の測定方法の１つ）の利用により、特定の脳回路が意思決定にどのように寄与しているか、あるいは、ある製品やブランド名などの特長を他よりも好ましく感じるのは、脳のどの領域の処理によるものかといった疑問に答えることができる。研究によれば、被験者が魅力を感じる車の画像を見ているときには、中脳辺縁系（報酬系に関連する脳領域）が活性化する。また、普段よりも空腹やストレス、疲労を感じていると、人の意思決定はその影響を受ける。

価格の心理学

脳活動を一連の画像によって捉えるfMRIを利用すると、人はある製品を見たとき、意識的あるいは意識下での判断を下すよりも前に反応していることがわかる。このため、見込み客に提示する情報の順序が重要になる。価格を知るのが製品自体を目にする前か後かによって、消費者は異なる反応を示すのだ。その順序によって、判断の焦点が「この製品が好きか？」から「この金額を出す価値のある製品か？」へと変化する。前者の質問は感情的・直観的だが、後者は合理的であり、それぞれ脳の異なる領域が活性化する。

[訳注] 消費行動における各脳部位のはたらきは、まだよくわかっていない。

インフォグラフィック

データや情報は図表やグラフに要約して示すことで、消費者の心に残りやすくなる。「百聞は1枚の優れたインフォグラフィックにしかず」とも言われる。

背外側前頭前野
記憶に関連する領域で、ある物から文化的に結びついた別の物を想起するはたらきに関わっている。そうした連想は、消費者の行動に影響する。

フォント

文字の見た目の魅力や読みやすさによって、消費者がそこに書かれたメッセージを読みたいと思うかどうかが左右される。

腹内側前頭前野
お気に入りのブランドに反応して活性化する領域。別ブランドの同種の商品に触れても、それほど活動しない。

動画

動画を利用すると、物事を効果的に伝えられる。そして、Webサイトおよびソーシャルメディア上の動画やテレビで情報を得ることに慣れた消費者を引きつけることができる。

視覚的反応

マーケティングで利用する図や画像は、神経学的に強い影響力を持つ。質の高い視覚素材は消費者の注意を引き、エンゲージメント（企業や製品への関心・結びつき）の向上につながる。

形

幾何学的な形が製品の信頼感や身近さを表すのに対し、有機的な形は創造的な印象を伝えるのに適している。また、直線だけで構成されたデザインは、曲線を利用した流線的なパターンよりも簡素に見える。

扁桃体
扁桃体は物事の結果予測に関わっているため、この部分を中心とする神経回路が発達しているほど、賢明な判断を下すことができる。

色の心理学

色は雰囲気や感情を伝え、見る人の反応を引き出す。デザイナーやマーケティング担当者は、メッセージと、非言語的な雰囲気を1つにして届けられる色を選ぶ。

◆ **緑** 鮮やかな緑や、茂った木の葉のような明るい緑色は、落ち着いた印象を与え、その製品が自然、健全さ、落ち着き、治癒、安心感、新たな始まり、環境への配慮、新鮮さなどの性質を持つことを伝える。一方、それよりも暗めのエメラルドグリーンは、富を表す。

◆ **赤** 鮮やかな赤は、熱烈な反応を引き出す。心躍る、セクシー、情熱的、切迫、劇的、活発、刺激的、冒険的、やる気を引き出す、といった印象だ。危険を伴う文脈では、攻撃的、暴力的、あるいは血なまぐさい印象を与えることもある。

◆ **青** 空色はクールさ、信頼感、落ち着きを示し、無限性を示唆するのに対して、鮮やかな青色は活力に満ちた印象を与える。暗い青は権威を表し、専門家、制服、銀行、伝統などを連想させる。

◆ **ピンク** 淡いピンクは、汚れなく、繊細で、ロマンチックで、甘い（時に感傷的と紙一重の）印象を与えるが、鮮やかなピンク色は、赤と同様、熱烈さ、官能、注意喚起、活力、そして祝賀を示す色である。

◆ **紫** 紫は直観や想像力と結びついており、とくに青寄りの色では、静かな精神や霊性、神秘を表す。一方、赤紫はもっとわくわくするような——創造的で、機知に富み、心躍る——印象を与える。

対称性と釣り合い

左右対称で釣り合いのとれた画像は、調和の感覚を伝える。一方、非対称や歪みは、活力や不調和を示す。

ミーム

ミームはユーモアに富んだ字幕を付けた画像で、多くは誰かの行動を面白おかしく表したもの。画像とユーモアが合わさることで、伝えたい考えや文化的シンボルが見る人の脳に強く印象づけられる。

ブランドカラーの使用がブランド認知度を高める効果

80%

ブランディングの力

ブランドは企業やその商品、サービスが、競合他社とは異なる独自のものであることを示す。その価値観は、ブランドのイメージ、カラー、ロゴ、スローガン、コマーシャルソングなどを通じて表現される。そしてブランドによって企業と顧客の間に結びつきが生まれる。

ブランドに自分を重ねる

多くの人は、行動を通して自分のアイデンティティを表現している。スポーツカーに乗ったり、ソーシャルメディアに政治的な記事を掲載したり、電車の中でシェイクスピアの戯曲を読んだりすることがそれにあたる。

また、人々は所有物を自らの一部と捉えているため、現代の市場におけるブランドは、そこから収益を得る企業だけでなく、お金を払う消費者にとっても重要なものとなっている。人々は所属、自己表現、自己改善などの欲求に従って物を買っているのだ。

強いイメージを持った象徴的なブランドにより、消費者は自分の求めるアイデンティティを体現することができる。「現状はどうか」にとらわれず、「なりたい状態とはどのようなものか」に応えるのがブランドなのである。消費者は買う物を変えるだけで、なりたいものになれる。そして、お気に入りのブランドや自分を重ねるブランドを通して、狙った自己イメージを打ち出す。

ブランド・パーソナリティ

企業はブランドのパーソナリティ(個性)を通して、他とは異なる特徴を表現する。そして、ほとんどのブランドは、右の一般的な5つのパーソナリティ類型に分類できる。ブランド・パーソナリティは商品に現れるとともに、その利用者にも反映される。人は自分の買う物で出来ているのだ。

ブランド・アイデンティティとは

1996年、マーケティング戦略の研究者ジャン=ノエル・カプフェレは、ブランドのアイデンティティを支える6つの側面を定義し、ブランド・アイデンティティ・プリズムを提示した。

外形 目に見えるブランドの外観、素材、およびパッケージや色などの特質。

パーソナリティ そのブランドが人間だったら、どのような個性を持っているか。

関係性 ブランドと消費者の間の強い結びつき。小売業やサービス業ではとくに重要な側面。

文化 熱狂的な信奉者を生み出す要素。ブランド発祥国との結びつきが強い。

鏡像 外向きの鏡。消費者から見て、そのブランドが主にどんな人を対象としたものかを表す。

自己イメージ 内向きの鏡。顧客がそのブランドに重ねる理想の自己像。企業が自社ブランドをどう認識しているかを表す。

刺激 — 大胆、クール、精力的、創造力豊か、最先端、独立、若々しい

反抗者

第4章 実生活の中の心理学
ブランディングの力

ブランドに対する消費者のロイヤリティ（信頼・愛着を持って繰り返し購入すること）に影響を与える要素として、口コミがあり、ソーシャルメディアの普及に伴い、その影響力は強まっている。たとえば、フェイスブック利用者の29％が何らかのブランドをフォローしており、58％はブランドに「いいね」したことがあるという。

エンゲージメント・マーケティング

従来のマーケティングでは、ブランドは消費者に対して固定的なものとして提示され、受け入れられるか、あるいは拒否されていた。エンゲージメント・マーケティングでは、顧客の要望や意見を受け入れながらブランドを発展させ、長期的にロイヤリティを築いていく。目的は見込み客を企業のWebサイトや販売店に呼び込み、そこで長く利用してもらえるようにすることである。

77%
の消費者は購入する製品をブランド名で決めている

✓ 知っておきたい

- **ブランド・エクイティ** 高い知名度や評価のあるブランドの持つ価値。
- **ブランド・パワー** ブランドが、どの程度幅広い消費者とつながりを持っているかを表す尺度。
- **ブランド・アーキテクチャ** 企業が複数のブランドをつくり、全体として体系づける際の包括的な戦略。
- **スティッキー（粘着性の）カスタマー** 企業へのロイヤリティが高く、繰り返し購入する顧客。

誠実 — 堅実、正直、家族本位、健全、朗らか — 介護者

屈強 — たくましい、強い、アウトドア派、男性的 — 探検家

有能 — 信頼感、勤勉、聡明、企業、成功、自信 — リーダー

洗練 — 魅惑的、美形、うっとりさせる、上品、女性的 — 誘惑者

有名人の宣伝効果

企業の宣伝には、有名人が頻繁に起用されている。世間に広く知られた有名人は、消費者とブランドのきずなを強める力になる。

メディア心理学と有名人

人間の行動とメディアや情報技術の関わりについての研究は、メディア心理学と呼ばれる。テレビの普及に伴って1950年代に研究され始め、今日ますます重要性の高まっている分野である。メディア心理学者、および自社ブランドの広告塔を求める企業は、有名人の販売促進に強い関心を寄せている。

たえず注目を浴びる有名人たちは、人々の意見の形成者と考えられており、企業だけではできないようなかたちで、ブランドの顧客や見込み客とのつながりをつくることができる。消費者の間では、とくに若い世代を中心に、有名人というステータスに心を奪われる傾向が強まっている。

効果的な宣伝のために、企業はブランドと、その対象となる消費者の両方にマッチした有名人を推薦者に起用する必要がある。ブランドと消費者の間に隔たりがある場合は、推薦者がそれを埋めなければならない。また、推薦者には信頼感が必要とされるため、ブランドと価値を共有する人物を選ぶべきである。そのためには、宣伝する製品と同じか、関連する業種の有名人を起用する方法がある。たとえば、サッカーボールメーカーはサッカー選手に、シャンプーブランドはルックスが重要なモデル、俳優、ポップ歌手などに推薦してもらう。また、オーガニックフルーツジュースのブランドには健康的なライフスタイルで知られる人物を選ぶなど、起用する有名人のイメージにも着目する必要がある。理想的なのは、すでにそのブランドを利用している有名人だ。

外見の魅力は好意的な受け止め方に結びつくため、起用する有名人のルックスが良ければ良いほど、効果的な宣伝になるだろう。ただし、メディア心理学者の中には、有名人でなくても容姿端麗な人物であれば、同じように宣伝効果があると考える研究者もいる。そうした人物を起用すれば、企業は広告費を大幅に節約できるというわけだ。

有名人による推薦のメリット・デメリット

ブランドに適した人物を選んでいる限り、有名人によるエンドースメント（製品を実際に使用した上で推薦し、宣伝に協力すること）のメリットはデメリットを上回る。こうした協力関係は通常、企業と推薦者の双方に利益をもたらす。

パーソナリティの投影効果

推薦する有名人の好ましい特質がブランドの印象に取り込まれ、人々の中でそのブランドのポジションが向上する。

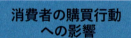

消費者の購買行動への影響

有名人の影響でブランドのファンになった消費者は、憧れの人が推薦する製品を購入する。

45% のアメリカ人は有名人が販売促進の助けになると考えている

ブランド認知の急拡大

ブランドが推薦者と結びつけられるようになるにつれ、認知度が上がり、魅力的なものと捉えられるようになっていく。

ブランドイメージの明確化

有名人との結びつきは、ブランドのイメージや本質を明確にする。新鮮味を失ったイメージを刷新し、新たな活力を吹き込む力にもなる。

新たな客層の取り込み

起用された有名人のファンが、憧れの人に近づきたいと思い、ブランドのファンにもなる。

ブランドの地位

推薦されたブランドは、競合他社の製品よりも地位が向上する。

宣伝効果の持続

エンドースメント契約の終了後も、人々は推薦者となった有名人からブランドを連想し続ける。

有名人ストーカー

一般の人に付きまとうストーカーの多くは、被害者と個人的な面識がある。一方、有名人（セレブリティ）のストーカーは通常、被害者と実際に面識があるわけではなく、あると思い込んでいるのである。一流のスターはブランドを推薦するときも、自分を売り込むときも、対象となる視聴者の1人ひとりに直接語りかけているかのような印象を与える。そして精神の不安定な者は、これを額面通りに受け取ってしまう。司法心理学者のシェリダン博士は、こう解説する。「有名人のストーカーにとくに多いのは、被害者と自分との間に何らかの関係があると信じ込んでしまうタイプです。……彼らにとって、その関係は本物なのです」。

デメリット

- ◆ **名声の失墜** 推薦している有名人のイメージが悪化したときには、ブランドの評判も下がる。
- ◆ **人気の低落** 推薦者が落ち目になると、ブランドに対するファンのロイヤリティも下がる。
- ◆ **複数契約の問題** 起用した有名人が自社以外のブランドともエンドースメント契約をしている場合、消費者がそちらの製品に目を向けてしまうかもしれない。
- ◆ **印象の埋没** 消費者が有名人の方にばかり目を奪われ、ブランドとの結びつきが生まれないこともある。

スポーツ・運動心理学

スポーツのコーチが主に運動選手の身体的技能を扱うのに対して、スポーツ・運動サイコロジストは、その行動、思考プロセス、および精神的な健康や幸福に目を向ける。スポーツサイコロジストは、選手のパフォーマンス改善や競技における課題への対処を支援する。一方、運動サイコロジストは、それよりも広い役割を持ち、人々に健康的な生活スタイルを推奨したり、定期的な運動がもたらす心理的、社会的、身体的な効果を説いたりする。

［訳注］スポーツ・運動サイコロジストもイギリスのHCPCが認定する資格職。

スポーツ心理学の技法

スポーツサイコロジストは、個々人の取り組む競技の種類や、パーソナリティ、動機づけ、ストレス、不安、覚醒度に合わせ、さまざまな技法で選手のパフォーマンスを支援する。チームスポーツでは、全体的な環境や集団の力学も勝敗や成否に強い影響を与えることがある。

セルフトーク

選手が自分に言い聞かせる言葉は、気持ちや行為に影響する。ネガティブ思考をポジティブ思考に変えることで、パフォーマンスが向上する。

ビジュアライゼーション（イメージ化）

うまくいった場合のプレイを映像として心に描くことは、パフォーマンスへの精神的準備、不安のコントロール、注意力の向上、自信の形成、スキルの習得、ケガからの回復に役立つ。イメージを描き、心の中でコントロールする練習ができるような、静かな環境で行うのが効果的である。

ルーティンをつくる

スポーツサイコロジストは、選手が競技やパフォーマンスの前に行うルーティン（心を整える一連の決まった行動や考え）を組み立て、練習の効果を高めるのを支援する。これは部分的にはタイムマネジメントの問題（練習時間の確保）に帰結する。

目標設定

目標を設定することで動機づけが高まり、パフォーマンスの改善がとくに必要な側面に意識が向けられる。

スポーツ・運動サイコロジストの役割

スポーツサイコロジストは、運動選手やスポーツチームに働きかけ、パフォーマンス中およびその前後、また競技場の内外での支援を行う。運動サイコロジストは、一般市民の運動への動機づけを高める。

◆ **感情への対処** ストレス下で集中を高め、怒りや不安に対処する技術を教える。

◆ **メンタルスキル** 選手の自信、落ち着き、集中、自分の技能への信頼、チームメイトとのコミュニケーション、動機づけの向上を支援する。

◆ **ケガからの回復** ケガをした選手が、痛みに耐え競技に出られない現状を受け入れて、身体的な治療計画を守れるよう心理的に支える。それにより、以前の技能レベルを取り戻すという課題への対処を支援する。

◆ **子どもたちへの動機づけ** 運動サイコロジストは、学校で体育教師やスポーツコーチを支援し、子どもたちがスポーツを楽しめるよう後押しする。また高齢の人々が、より活発な生活を送る動機づけを高めることもある。

「チャンピオンを生み出すのは……彼らの奥深くにあるもの。それは願望、夢、ビジョン」
モハメド・アリ、ボクシングの元世界ヘビー級チャンピオン

チームの組織づくり
シーズンの始まりの時期にとくに有効で、チームが結束して働き、集団としての目標や互いへの信頼、敬意を確立するのに役立つ。自由で風通しの良い環境、活発なコミュニケーション、アサーティブ・トレーニング（自己主張訓練）はどれも成功に寄与する。

不安のコントロール
選手の覚醒度が高すぎたり低すぎたりしてベストなパフォーマンスが出せていない場合、スポーツサイコロジストは呼吸法や瞑想などの技法により、不安、ストレス、怒りのコントロールをサポートする。

スキルの改善

スキル習得の背景にある心理的メカニズムを理解することは、運動選手にとって練習時の技術改善の助けとなり、ひいては試合本番でのベストパフォーマンスの発揮につながる。

新たなスキルの習得

すべてのスポーツは、トレーニングや練習を必要とするスキルと技術によって成り立っている。そしてスキルは、その複雑さによって適した習得法が異なる。

要素ごとに分解し、それらを個別に練習する習得法が最適なスキルもある。この学び方は分習法と呼ばれ、テニスのサーブのように、いくつかの要素に分けられる複雑なスキルの習得に向いている。学習者は個々の要素に取り組んだ後、再び全体を1つのスキルとして練習する。一方で、はじめから全体を通して練習するのが最適なスキルもある。こちらは全習法と呼ばれ、側転など、細分化の難しいスキルに適している。

学習のプラトー

新たなスキルの学び始めでは、すべてが不慣れなために、遅々とした歩みになる。その後、練習を重ね、動作が体になじんで無意識的になってくると、急激に進歩する段階が訪れる。そしてついには、学習曲線のプラトーに達する。

ここでは意欲が低下するか、次の段

スキルは連続体

オープンスキルとクローズドスキルの2つの極の間には、無数の中間的な性質のスキルがあり、ほとんどの動作はこの連続体のどこかに位置する。テニス選手は、自ら主導して行う動作も、相手のショットへの対応も必要とされるため、オープンスキルとクローズドスキルの両方を習得しなければならない。

クローズドスキル

テニスのサーブは、クローズドスキルだ。それは安定した予測可能な状況で行われるものであり、選手は何をいつ行えばよいかを完全に把握している。動作には、はっきりとした始まりと終わりがある。

部分から全体へ

テニスのサーブは連続する6つの動作から成る複雑なスキルであり、1つひとつの動作は個別に習得できる。最初の4つの要素ができるようになった後は、全習法で全体としての感覚をつかむ練習に取り組める。

1. 指先で軽くボールをつかむ。

2. ボールを2〜4回地面にバウンドさせる。

3. ボールを空中、自分の体よりわずかに前方に投げ上げる（トスアップ）。

「空に限界はない。俺も同じさ」
ウサイン・ボルト、オリンピック短距離種目の金メダリスト

階があまりにも難しく感じるために、学習者の進歩がストップする。プラトーを越えていくために学習者やコーチがとるべき手段としては、目標の再設定、次の段階へ進むのに必要な体力や技能の構築、疲労がたまらないよう練習時間を減らすこと、習得するスキルの要素分解などがある。

スキルの種類には、学習者が完全にコントロールできるクローズドスキルと、飛んできたボールを打ち返すなど、状況への対応が必要なオープンスキルがある（下記）。

これらのスキルには、それぞれに異なる種類の練習法が適しているのだが、トレーニングが楽しいものであればあるほど、学習者の進歩は速くなるのだ。

運動学習の3段階

スポーツで新たなスキルを習得する際、学習者は以下の3つの段階を経て熟達していく。

◆ **認知相（理解の段階）** 新たに習得するスキルは、意識を一心に注いで遂行する必要がある。この段階は試行錯誤のプロセスであり成功率は低い。

◆ **連合相（言語運動段階）** この段階では、運動プログラム（脳による運動制御のパターン）が形成され、パフォーマンスの一貫性が増す。習得する動作のうち、単純な要素は滑らかに行えるが、複雑な部分はまだ集中を要する。また、うまくいっていない部分に対する学習者の意識が高まる。

◆ **自動相（運動段階）** パフォーマンスが一貫した滑らかなものになり、運動プログラムは長期記憶に貯蔵される。スキルは自動化し、意識的な努力がほとんど、あるいはまったく不要になる。その分、注意力を対戦相手や戦術に向けることが可能になる。

[訳注] 各相と各段階との関係は、研究者により異なる。

オープンスキル
テニスで相手のショットを受ける動作は、変化する予測不可能な状況に対応しなければならないオープンスキルだ。天候、コートの種類や状態、対戦相手などはみな、可変的な要素である。選手はそれらに応じたプレイを迫られることもある。

4. ラケットヘッドを体の後ろで振り上げ、頭の後ろに来たところで肘を曲げて地面に向ける。

5. ボールが一番高く上がったタイミングで、ラケットヘッドの真ん中で打つ。

6. ラケットを反対側の脚の付近まで振り切る。

恒常練習と多様性練習

恒常練習はドリルとも呼ばれる。1つのスキルを繰り返し練習することで、体に染み込ませ、自然で無意識的なものとしていく。クローズドスキルの習得に最適な練習法だ。

一方、オープンスキルの習得に適しているのは多様性練習で、これはあるスキルをさまざまな状況で実践する練習法である。試合本番で起こりうる多様なケースへの対応法をつくり上げるのに役立つ。

動機づけを保つ

運動選手は動機づけを保たなければならない。パフォーマンスを向上させたいという願望や動因を持ち続けなければ、積み上げてきた身体的な準備も、集中、自信といった心理的な要素もバラバラに崩れてしまうだろう。

2種類の動機づけ

スポーツのトレーニング、コンディションづくり、競技には、自律が必要でありストレスを伴うこともある。選手が現実的な目標を持つためには、高い動機づけを保たなければならない。とりわけ強い疲労や失敗に見舞われたときには、それが必要になる。動機づけには内発的（内面的・個人的）なものと、外発的（外からの報酬に基づく）なものがある。

スポーツや運動を、それ自体の楽しみや個人的充足感のために行う人々は、内発的に動機づけられている。内発的動機づけは心の奥深くに根ざいた態度から来ているため、基本的に一貫したものであり、集中力やパフォーマンスの向上につながる。こうした動機づけを持つ選手は、単に試合で勝つことよりもスキルの向上に目を向けているため、失敗をあまりストレスと感じない。

一方、目に見える報酬や称賛を得るため、あるいは嫌な結果を避けるためにスポーツや運動をする人々は、外発的に動機づけられている。関心はトレーニングや準備そのものがもたらす充実感よりも、競技の結果に向けられる。内発的動機づけと比べると一貫したものではないが、外発的動機づけは競技でのパフォーマンスを高める強力な原動力となりうる。

SMARTゴール

実現可能な目標は必ずSMARTである。すなわち、具体的（Specific）、測定可能（Measurable）、達成可能（Achievable）、現実的（Realistic）で、期限がある（Time-bound）。たとえば、タイムを計りながら6週間練習した後、30分以内に5キロ走るという目標などがそれにあたる。

内発的動機づけ

内発的動機づけを持つ選手は、楽しさ、競技のやりがい、良いパフォーマンスや成功への願望、スキルの向上といった内面的な理由からスポーツに取り組む。たとえば、飛び込み競技のもたらすこの上ないわくわく感を動機づけにする、といったように。

内と外の動機づけ

動機づけは、選手が日々練習を続け、スキルを磨き、できる限りパフォーマンスを高める上で不可欠だ。それは、内的・外的要素の両方から生じ、日々目標を持って取り組むことによって保たれる。

名声
得点
賞

> 「……譲れない何かを見つけなくちゃならない。自分をやる気にさせるもの……奮い立たせるものだ」
> トニー・ドーセット、元アメリカンフットボール選手（ランニングバック）

動機づけに関する覚醒理論

覚醒とは動機づけの強さを表し、低ければ退屈、高ければ不安や興奮をもたらす。外向的な人がスポーツで興奮を感じるには高い覚醒度が必要だが、内向的な選手は覚醒度が低めであった方が良いパフォーマンスができる。

- ◆ **ハルの動因理論** この理論によれば、パフォーマンスは覚醒度に比例して高まる。優れたスキルとストレスへの対処能力を持つトップ選手に当てはまる。
- ◆ **逆U字理論** 上記の比例関係はある水準までは成り立つが、覚醒度が一定のレベルを超えるとパフォーマンスが低下する。

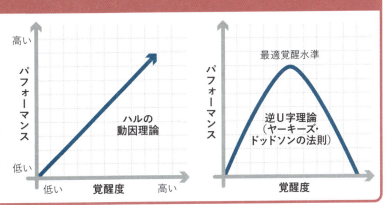

外発的動機づけ

完璧な飛び込みの演技は、メダル、金銭、称賛などの外的な報酬をもたらし、叱責、ペナルティ、低い成績といった嫌な結果の回避につながる。外発的に動機づけられた選手は、そういった競技の結果に注意を向ける。

チームの動機づけと社会的手抜き

チームのパフォーマンスは、必ずしも人数に比例して向上するわけではない。集団の人数が増えると、1人で同じ仕事をする場合と比べて、目標に対する個々のメンバーの貢献度が下がる「社会的手抜き」と呼ばれる現象が起こるためである。この現象は葛藤をもたらすとともに、チームの力学に悪影響を与えかねない。

たとえば、動機づけの高いメンバーから見て、他のメンバーがあまり働かず、ほとんどの仕事を自分たちに押し付けていると感じることが多かったとする。すると、元は意欲の高かったメンバーも、周りから利用されるのを避けるために、意図的に作業量を減らしたり、まったく働かなくなったりするかもしれない。

こうした問題を克服する方法として、コーチにできるのはパフォーマンス評価を行い、各選手の役割、強み、弱み、個々人がチームに貢献する方法を明らかにすることだ。これにより、チームの全員が共通の目標に向かって確実に努力するよう後押しするのである。

ゾーンに入る

ある活動の中で取り組んでいる課題の難易度と、その課題をこなす能力がうまく釣り合ったとき、人は最高の精神状態を経験する。この精神状態はフローと呼ばれる。

フローとは何か？

ハンガリーの心理学者ミハイ・チクセントミハイは「活動に没頭するあまり、他の何ものも重要だと感じなくなる」状態を見いだした。

「人々はその体験が非常に楽しいため、活動そのものを目的として、大きな犠牲を払ってでもそれをし続ける」という。そして、この得難い状態をフローと呼んだ。

フローは運動選手にとって、とりわけ豊かでパフォーマンスを高める体験だ。「ゾーンに入った」と表現されることもあるこの精神状態は、選手が自分の行為に完全に没頭し、時間の感覚を忘れ、他の何にも気を取られずにその瞬間に集中でき、課題の難しさを感じつつも圧倒されることなく、何か自分よりも大きなものとつながっているという感覚を持つときに訪れる。フロー状態では、パフォーマンスは安定し、無意識的で非凡なものとなる。

フローに入りやすい環境

どのレベルの選手もフローを見いだすことができる。フローが起こりやすい環境をつくるために、コーチができることとしては、選手のコミットメント（決意・努力）と達成の後押し、チームおよび各メンバーの明確な目標設定、努力を要するが選手たちの能力の範囲で遂行可能な活動の提示、そして批判的でない一貫したフィードバック（評価・助言）が挙げられる。

前頭前野のスイッチがオフになる
問題解決や自己批判といった高次の思考プロセスが、一時的に働かなくなる。

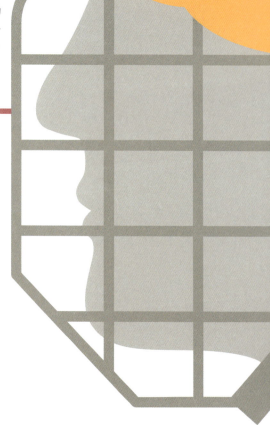

フロー状態の脳

フロー状態の脳ではさまざまな変化が起こる。これにより、人は課題に完全に没頭し、意識的にものを考えることなく、素晴らしいパフォーマンスができるようになる。

フローに入るためには

- ◆ **大好きな活動を選ぶ** 自分にとって楽しみな活動には、我を忘れて集中しやすい。
- ◆ **課題は挑戦的だが、難しすぎないこと** 取り組む課題は、全集中力を傾けなければこなせない程度には難しいが、自分の能力を超えないものとする。
- ◆ **最も調子が上がる時間を知る** 活力が最も高まる時間帯にはフローに入りやすい。
- ◆ **気を散らすものを排除する** 集中を妨げるものを片づけることで課題に没頭できる。

神経化学物質が放出される

パフォーマンスを高める一群の神経化学物質が脳内で放出される。

- **エンドルフィン**: 痛みを和らげ、気分を良くする。
- **ドーパミン**: 報酬に目を向けさせ、それを得るための行動を促す。
- **セロトニン**: 気分の安定を司る。
- **アナンダミド**: 至福感に関わる。
- **ノルアドレナリン**: 集中力と覚醒度を高める。

心が静まる

脳波が通常の覚醒時に出るベータ波よりも遅いものとなり、アルファ波とシータ波の中間の、夢を見るときのような状態になる。

脳波

脳波はニューロン同士がやり取りする際の同期した電気活動から生じるもので、周波数（Hz）によって分類される。周波数が高いほど、覚醒度は高まる。

[訳注] ガンマ波とベータ波について異なる定義もある。

- ガンマ波 31-100 Hz
- ベータ波 14-30 Hz
- アルファ波 8-13 Hz
- シータ波 4-7 Hz
- デルタ波 0.1-3 Hz

チームワークとフロー

時として、影響力の強いメンバーはチーム全体にフローをもたらす力となる。フローは、スポーツでのパートナーとの協力においても重要だ。たとえばテニスのダブルスでは、2人が一体になってプレイしなければならない。フィギュアスケートでは、1人がミスをすればパートナーを落下させてしまうこともあるため、より一層それが当てはまる。

- **チームメイトの結束**と精神的なつながりは、好循環を引き起こし、チームのパフォーマンスを高める力になる。
- **メンバー同士が協調する**ことにより、通常よりも効果的に意思の疎通ができる。
- **全メンバーが有効に影響し合う**ことは、1人がリズムを乱したり、ペースに遅れたりするとチーム全体に悪影響のあるボート競技などのスポーツではきわめて重要だ。そのためには、定期的なチーム練習が欠かせない。

一体となって努力することは、1人ひとりがより大きな全体像の一部となって演技するスポーツでは不可欠だ。メンバーは互いを完全に信頼し合うことにより、完璧な演技が自然と起こるかのように感じられるゾーンに入る。

パフォーマンス不安

多くの運動選手は不安や緊張に苦しめられ、固くなって本来の力が発揮できなくなる。スポーツ心理学では、こうした不安への対処に役立ついくつもの手法が開発されている。

パフォーマンス不安とは?

試合や大会の前に、ある程度の不安を感じるのは正常で健全なことであり、むしろパフォーマンスの向上につながる。しかし、強い不安が競技の最中も続くようだと、期待通りの結果が出せなかったり、時には本番で「凍りついた」ように動けなくなったりして、自尊心が損なわれ、ひいては選手としての長期的な成功が妨げられる。

パフォーマンス不安は、俳優やミュージシャンにも起こるため「あがり」や「舞台恐怖」とも呼ばれ、身体症状として心拍数増加、口渇、のどの圧迫感、震え、吐き気などを引き起こす。これはアドレナリンが大量に放出され、体を強い覚醒状態にする闘争−逃走反応だ。精神的には、普段前向きな選手が突然競技への参加を嫌がる、そのスポーツへの興味を失う、強い疲労や睡眠障害、さらにはうつ病に悩まされるといった症状が生じる。

パフォーマンス不安は強い自意識や、体の動きを考えすぎることなどが原因で起こる。走ったり、バットを振ったり、バイオリンを弾いたりといった多くの動作は、意識することなく、体で覚えたやり方に頼った方が最良の動きにつながる。ベストなパフォーマンスのためには、脳の一定の領域は自分の動作を意識的に観察することなく、自動操縦の状態でいるべきなのだ。

パフォーマンス不安の悪循環

不安と失敗は、時に悪循環を引き起こす。失敗を恐れて固くなり、思い通りに動けなくなる。すると、ますますミスを重ねてしまい、それが失敗への恐れをさらに高めていく。

ストレスゾーン
緊張、自意識、ネガティブなセルフトークの悪循環に陥ると、ストレスの高まりが失敗を次々と引き起こしてしまう。

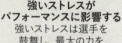

強いストレスがパフォーマンスに影響する
強いストレスは選手を鼓舞し、最大の力を発揮させる契機になるが、不安につながることもある。

アドレナリンが駆け巡る
挑戦に向き合い、体内でアドレナリンが大量に分泌されて、選手は闘争−逃走モードに入る。

体の緊張がスキルの発揮を妨げる
緊張により筋肉が固まって、持てるスキルを発揮できず、選手はいつも通りに物事をこなせなくなる。

自分の動きへの意識が強まる
体が思い通りに動かないように感じられ、普段は無意識にできているスキルや動作に意識を向け始める。

パフォーマンス（身体的・精神的）

覚醒度（不安・興奮）

選手をサポートする

コーチやスポーツサイコロジストのサポートは、選手が競技中に「あがり」がちになるのを抑えるのに役立つ。不安克服の重要な要素として、自らのスキルや能力に対する選手の自信が挙げられる。これまでの成功をしっかりと認め、積み上げてきた努力を称える（成功への過度なプレッシャーをかけないようにする）ことで、コーチやスポーツサイコロジストは選手の自負心や自信を後押しする。このアプローチは長期的に、パフォーマンス不安が起こるのを防いだり、最小限に抑えたり、その影響を和らげたりする力になる。

パフォーマンス不安への対処法

コーチやスポーツサイコロジストによるサポートは、不安への対処に有効だが、不安を軽減するために選手が自分でできる技法や習慣も数多くある。

- ◆ **不安や緊張を正常と考える** パフォーマンス不安は誰もがある程度感じる――それが正常なのだ。
- ◆ **準備・練習を重ねる** 体で覚えた動きに磨きをかけ、それによって自信を築く。
- ◆ **素晴らしいパフォーマンスを心に描く** 心の中で1つひとつのステップを確認し、苦痛や不安を感じずに競技に臨める状態を想像する。
- ◆ **前向きなセルフトーク** ネガティブな思考を検証し、ポジティブな考えに置き換える。
- ◆ **自分をケアする** 運動し、健康的な食事をとり、本番前には十分な睡眠時間を確保する。
- ◆ **本番を楽しむことを忘れない** 意識を、自分のパフォーマンスから、競技そのものの楽しさの方へと向け直す。

「三振の不安なんかにとらわれないで、思い切りやるんだ」

ジョージ・ハーマン・"ベーブ"・ルース、アメリカの伝説的野球選手

体が固まりミスが増える
不安と緊張が高まるにつれ、体が固くなってやるべきことができなくなり、ミスを重ねる。

ネガティブな言葉が頭に浮かぶ
セルフトークが悲観的・批判的なものとなり、失敗や自分が弱点だと感じている部分ばかりに気を取られる。

さらに失敗を重ねる
頭の中のネガティブな言葉は不安を悪化させるとともに、今やるべきことへの注意を妨げ、さらに失敗が重なる。

覚醒水準
覚醒度の高まりは、ある程度までであれば良いパフォーマンスにつながりうる。しかし、そうした最適な覚醒水準を越えた不安は、自己疑念、体のこわばり、失敗を引き起こす。

心理検査

心理検査は20世紀初頭に教育心理学の分野で利用するために開発され、今日では多くの企業が社員を採用する際の適性分析に用いるようになっている。

心理検査とは？

心理学者アルフレッド・ビネーは1905年に最初の近代的知能検査を開発した。フランスで6歳から14歳までの子どもに対する学校教育を義務化する法律が制定されたのを受けてのことだった。学習障害のある生徒の中には、カリキュラムで必要とされることをこなすのが難しい子どももいる。当時の教育システムは、子どもの障害の程度を測定し、特別な教育を要する生徒を特定する方法を必要としていた。ビネーは学力とは異なる、子どもの生来の能力を評価する検査法をつくり出そうと試みた。そして開発した方法を自分の2人の娘に試してみた。娘たちがそれぞれ異なるやり方で周囲の世界を探索したり、物事に反応したりすることに強い興味を抱いていたためだ。

ビネーはテオドール・シモンの協力を得て、管理された条件下で行う30問の検査を開発し、その後の改訂で年齢別に問題を配置するなどの修正を行った。問題は難易度順に並んでおり、たとえば、花の絵を見て花びらを数えるなどの課題から、記憶を頼りに図形を描くといった課題へと進んでいく。検査を受ける子どもは、自分の年齢区分の問題をできるだけ多くこなし、その年齢としての標準的な能力があると示すことを目的としてテストに臨む。

スタンフォード大学の心理学者ルイス・ターマンはビネーの検査法を改訂し、1916年にスタンフォード・ビネー法を公表した。これらの測定法は、ほぼ20世紀全般におけるIQテストの基礎となった。今日の心理検査もこうしたフランスとアメリカの研究に負うところが大きいが、近年では適用範囲が広がり、子どもの知能検査よりも、企業の採用判断やキャリア選択の補助のために、成人に対して広く使われるようになっている。企業は適性のない候補者を除外したり、従業員を最適な仕事に就かせたりするために心理検査を利用している。そのため、企業が検査の正確さを信頼して利用できることが重要になっている。

公平な検査のために

心理検査は、結果次第で受検者が希望の職につけるかどうかを直接左右する可能性もあるため、厳しい基準に準拠しなければならず、以下のような条件を備えていることが求められる。

- ◆ **客観性** 開発者の主観が、結果に影響する余地があってはならない。
- ◆ **標準化** 検査はすべての人が同じ条件で受ける必要がある。適性検査には厳密な時間制限があり、通常は1問あたり1分とされる。一方、性格検査では、回答のスピードよりも正確さや正直さが重要となるため、時間制限がないこともある。
- ◆ **信頼性** 検査結果を歪めうるような要素があってはならない。
- ◆ **予測性** 検査結果は、仕事などでの実際の成果を正確に予測するものでなければならない。
- ◆ **非差別性** 検査は性別や民族性などを理由に、誰かが不利になるものであってはならない。

検査の種類

社員の採用に心理検査を利用する企業の多くは、性格検査によって候補者の意欲、熱意、特定の職場環境に対する適性を評価している。近年では顧客を重視する仕事が増え、一般に管理職の階層が減る傾向がある中で、コミュニケーションや円滑な人間関係に必要な「ソフトスキル」の重要性が増している。これは、性格検査で測ることのできる能力だ。また、企業は候補者の特定の知的能力を標準との比較で測定するために、適性検査を利用することもある。

80%

イギリスとアメリカのトップ企業のうち、社員の採用に心理検査を利用している会社の割合

適性検査

適性検査では、定められた条件下で選択式の質問に回答する（オンラインで行われることが多い）。出題内容は多岐にわたる場合と、応募者の希望する職種に合わせた範囲の場合がある。ほとんどの一般適性検査では言語、計算、抽象的推論に関する問題を通して、コミュニケーション能力、基礎的計算能力、新たなスキルを学ぶ能力を測るが、より専門性の高い検査も存在する。

 言語能力　語の綴り、文法、類推能力、指示に従い議論の内容を論理的に判断する能力など──ほとんどの職種に。

 計算能力　算数、数列、基礎的数学──ほとんどの職種に。図表、グラフ、データ、統計を分析し、適切な解釈を導き出す──管理職に。

 抽象的推論　一部が欠けた状態で示されたパターン（通常は図形）に規則性を見つけ、パターンを完成させる──ほとんどの職種に。

 空間認識能力　平面の図形を頭の中で操作したり、それが立体となった状態を想像する──優れた空間認識能力が必要とされる職種に。

 力学的推論　物理学や力学の法則に関する理解を評価する──軍隊、警察や消防などの救急サービス、機械工、技術職、工学分野の職種に。

 故障診断　電子・機械システムの故障を発見・修理する論理的能力を評価する──技術職に。

 データチェック　データの誤りを発見する速さと正確さを評価する──事務職、データ入力業務に。

 ワークサンプル　イントレイ演習（疑似的な仕事の案件を処理する）、グループ討議への参加、プレゼンテーションの実施──応募する職種に合わせて行われる。

> 「心理測定法は私たち人間があまり得意でないこと、つまり人々の**特性・特質**についての**客観的**で、**偏りのない**、**信頼性と妥当性**の高い測定を担うものです」
>
> デービッド・ヒューズ、マンチェスター・ビジネス・スクールの組織心理学講師

性格検査（質問紙法）

「私はパーティーなどの社交的な状況を楽しいと感じる」などの一連の文を読み、「はい」「いいえ」や「あてはまる」「あてはまらない」で回答したり、「そう思う」「そう思わない」を5点満点や7点満点で評価したりする。回答に正否はなく、正直に答えるのが最善である。パーティーが楽しめないのに「楽しいと感じる」という回答をしたなら、まったく自分に合わない仕事に就かされることもありうる。

索引

※太字は主たる記載のあるページを示す。

あ

REBT（論理情動行動療法） **127**
IQ 200, 246
愛情の欲求 152-3
アイゼンク，ハンス 150
愛着（アタッチメント）
　　――の心理学 156-7
　　――理論 65, 154-5
　　赤ん坊の―― 156-7
　　スタイル 156
　　恋愛の科学 158-9
アイデンティティ
　　――が入れ替わる 86-7
　　――・ステイタス理論 149
　　――と人格 150-51
　　――の形成 148-9
　　階級と―― 147
　　個人の―― 146-7
あがり 244-5
ACT（アクセプタンス＆コミットメント・セラピー） **126**
悪夢 62, 98
アサーティブ・トレーニング（自己主張訓練） 123
アスペルガー症候群（AS） **69**
アセスメントセンター 179
アセチルコリン 28
頭への打撃（頭部損傷） 78
アドラー，アルフレッド 15
アドレナリン 29, 46-7, 62, 159, 244
アナンダミド 243
アファメーション 134-5
アブグレイブ刑務所 208
アメリカ国立訓練研究所 172
アモク症候群 108-9
アリストテレス 24
歩く［マインドフルに］ 129
アルコール乱用 38, 62, 75, **80-81**, 115
アルツハイマー病 76
アンガーマネジメント 85, 137, 203
安心感 154, 156
安心させる言葉 57
安全 152-3, 188-9, **192-3**
　　コミュニティの―― 222-3

い

ECT（電気けいれん療法） 13, 142-3
EFT　→感情解放テクニックの項
EMDR（眼球運動による脱感作と再処理法） 136
ETS（思考スキル改善プログラム） 202

怒り 33, 44, 62, 94, 105, 127, 133, 199, 207, 237
意識 14-5
意識下 14-5, 118
意識が途絶える［発作的に］ 86
意思決定 24, 52, 62, 73, 77, 183, 189
　　政治に関する―― 205, 208-9
意思の力の欠如 71
いじめ 38, 90
異食症 **95**
イスラム世界の学者 12
依存性パーソナリティ障害 **106**, 107
一元論 25
一次視覚野 27
胃腸系 115
一般の医療従事者（general medical practitioners） 112
遺伝か環境か（生まれか育ちか） 22, 151
遺伝的特徴 22-3
　　――と人格 150
　　――と恋愛関係 154, 159
イド 14-5
今この瞬間に集中する 153
いらだち 44
インセンティブのしくみ 67
インフォグラフィック 230

う

ウェルニッケ野 25, 27
ウェルビーイング
　　コミュニティ 215, 217, 219
　　精神的健康 203
うそ発見器 196
うつ病（抑うつ） 18, 22, **38-9**, 40-43, 45
　　精神疾患の症状としての―― 48, 53, 58-9, 63, 65-6, 68, 73, 75-6, 80, 83-4, 90, 92, 94, 102, 105, 108-9
唸り声［睡眠中の］ 98
運動 39, 170
　　――技能 69, 76
　　――嗜癖 82
　　――心理学 236-7
　　――選手 236-45
　　――チック 100, 101
　　――反応の異常 68
　　過度の―― 59, 82, 92
運動症群／運動障害群 **100-101**
運動野 27

え

AS　→アスペルガー症候群の項
ASR（急性ストレス反応） **63**, 64

ASD（自閉スペクトラム症／自閉症スペクトラム障害） 66, **68-9**, 96-7
HIV感染症 75
HFE心理学 13, **188-93**
　　ディスプレイ装置の設計 190-91
　　ヒューマンエラーとその予防 192-3
栄養不良 95
エインズワース，メアリー 154, 157
ADHD（注意欠如・多動症／注意欠如・多動性障害） **66-7**, 100
SIT（ストレス免疫療法） **128**
SAD（季節性感情障害） 45
SCD　→社会的コミュニケーション症の項
エストロゲン 159
エスノセントリズム 212
fMRI 26, 230
エモーショナリー・フォーカスト・セラピー 134
エモーション・フォーカスト・セラピー 134
エラー　→ヒューマンエラーの項
エリクソン，エリク 15, 148-50
演技性パーソナリティ障害 105
エンドルフィン 29, 243
エンパワーメント **218-9**
エンプティ・チェア技法 133

お

嘔吐 92, 95
OCD（強迫症／強迫性障害） **56-7**, 58-60, 100, 107, 124
オープンスキル 238
オールポート，ゴードン 13, 212-3
オキシトシン 137, 159
汚言 101
おすすめ［個人的な］ 224
落ち着かなさ 52, 66, 73, 79, 99
音
　　――の心理学 190
　　――への過敏さ 69
驚き 33
オペラント条件づけ **17**, 125
親
　　――と子どもの発達 17
　　過保護 54
　　きずな 65
　　トレーニング・サポート 54
オレキシン 99
音楽［治療法としての］ 137
音声チック 100-101

か

カーコフ，アラン 161

快感原則　15
解決志向ブリーフセラピー　**134**
外見に関する過剰な心配　59
外向型　120, 178
外向性　151
外集団への差別　210-12
解離性同一症／解離性同一性障害　→DIDの項
Kaizen（カイゼン）　187
改善提案　187
階層　208, 212
解体型統合失調症　70
海馬　26, 31-2, 62
外発的動機づけ　240-41
回避性パーソナリティ障害　**106**, 107
開放性　151
買い物　→消費者心理学の項も参照
　　　──嗜癖　82
解離行動　63
解離症群／解離性障害群　86-9
解離性健忘　**89**
害を与えることへの恐怖心　56-7
カウンセラー（counsellor）　112
カウンセリングサイコロジスト（counselling psychologist）　**113**
顔の表情
　　　意識的・反射的な──　33
　　　──が固まる　55
価格［消費者と］　225, 228, 230
化学的不均衡　23
過活動型せん妄　79
過換気　46
学習　20
　　　──障害（困難）　65, 97, 174-5
　　　──の段階　239
　　　──目標　172
　　　教育理論　166-9
　　　効果を高める方略　166-7
　　　プラトー　238-9
　　　ラーニングピラミッド　172
学習指導　→教育の項
　　　──の心理学　172-3
　　　教育心理学　166-7
覚醒（度）　98, 227, 245
　　　動機づけに関する理論　241
確認［絶え間ない］　56-7
隔壁化　118
火災［放火症］　**85**
過食性障害　90, **94**
過食・排出サイクル　92
カスタマー・プロファイリング　**227**
家族
　　　──とアイデンティティ　147
　　　不均衡　141
　　　不和　64
　　　力学　138-9, 141
家族システム療法　139
形［幾何学的な］　231
カタレプシー　73
価値観　147, 215
学校　167　→教育の項も参照

──での問題　64
葛藤［恋愛関係における］　154
カップル療法　**154**
悲しみ　33, 38, 41, 64, 73, 94, 133
ガニエ, ロバート　170
可能性を引き出す　131, 152-3
カプフェレ, ジャン＝ノエル　232
過眠障害　98-9
仮面　202
体
　　　──から切り離される　88
　　　──とストレス　115
　　　心身二元論　25
　　　身体療法　135
体のイメージ［摂食障害］　90-95
体への気づき［マインドフルな］　129
がん　80, 112, 115
感覚　20
　　　──と記憶　30
　　　──の鋭さ　69
　　　体に生じる──　70, 74
感覚野　27, 32
眼窩前頭前野　27
眼球運動による脱感作と再処理法　→EMDRの項
環境
　　　──から切り離される　88
　　　──からの刺激　20, 169
　　　──的要因　22-3, 38, 46, 48, 65, 70, 80, 82, 88, 142, 148, 150-51, 154
　　　──とコミュニティ　215, 220-21
環境心理学　221
関係の倫理　141
間欠爆発症／間欠性爆発性障害　82
看護師［精神科の］　112
監視カメラ　222-3
かんしゃく　44
慣習　215
感情　**32-3**
　　　──調整　126
　　　──的な思い入れのある物　58
　　　──と記憶　30
　　　──と消費者行動　226-7
　　　──と投票　207
　　　──のコントロールや表現ができない　76
　　　──反応　32-3
　　　平板化した──　71
感情解放テクニック（EFT）　**135**
関心［極端に強い］　69
完璧主義　52, 69, 107
緘黙　→選択性緘黙の項

き

記憶（力）　20-21, **30-31**
　　　──喪失（低下）　71, 77-9, 86
　　　──とディスプレイ装置の設計　190-91
　　　埋もれていた──　118
　　　誤りやすさ　196
　　　解離性健忘　89

ラプス　192
聞き方［積極的・反応的］　164
儀式［物をそろえる、順番に並べる］　68
機器の設計　188, **190-91**
機器［有効な］　**190-91**
企業　167
企業と消費者の関係　163
危険
　　　──な行為　81
　　　──に気づかない　66
　　　──の予期　52
　　　患者の感じる──　56
儀式　56-7
気質論　209
技術［心理学と］　**188-93**
希少性　229
きずな［主たる養育者との］　65
季節性感情障害　→SADの項
帰属理論　204
吃音　96-7
規範　147, 214-5
気分
　　　──障害　38-45
　　　──の落ち込み　38, 42, 59, 94
　　　──変動　40-42, 63, 72, 79
　　　神経伝達物質と──　29
気分安定薬　41, 142-3
気分循環性障害　40
GABA（ギャバ）　29
ギャンブル障害　**83**
嗅覚　159
嗅球　26
急性ストレス反応　→ASRの項
教育
　　　──とアイデンティティ　146
　　　認知心理学　21
教育心理学　12, **166-75**
　　　学習指導の心理学　172-3
　　　学習障害のアセスメント　174-5
　　　教育理論　168-71
　　　心理検査　246
強化　17
境界性パーソナリティ障害　**105**
強化理論　180
共感
　　　──困難　77, 104, 199
　　　治療者の──　121, 131-2
公共の空間　222
教室
　　　──での問題行動　175
　　　環境　167
　　　教育理論　168
　　　教師の指導能力　172
業績評価　**181**
協同的アプローチ　**123**
強迫行為（強迫的な衝動）　56-7, 82, 84, 90, 107, 125, 128
強迫症／強迫性障害　→OCDの項
強迫性パーソナリティ障害　106, **107**
恐怖　33

索引

恐怖症 **48-51**
　血液・注射・負傷に対する── 49
　限局性── 48
　自然環境に対する── 49
　状況に対する── 49
　動物に対する── 49
拒絶症 73
ギリシアの哲学者［古代の］ 12
緊急 222-3
キング, マーティン・ルーサー, ジュニア 185
筋骨格系 115
筋ジストロフィー 68
金銭の悩み 38, 41, 52, 83
緊張
　筋肉 100, 244
　ネガティブな緊張感を解放する 135
緊張型統合失調症 70
緊張病（カタトニア） **73**
筋肉チック 100-101

く

空間 220
苦痛耐性 126
クリニカルサイコロジスト（clinical psychologist） 112
グルーミング 223
グルタミン酸 28
クロア, ジェラルド 161
クローズドスキル 239

け

警告［視覚および聴覚の］ 190
警察組織 194, **196-9**
計算障害 174
芸術療法（美術療法・音楽療法） **137**
経頭蓋磁気刺激法 →TMSの項
軽躁病 40, 44
刑務所（監獄） 151, 195, **202-3**, 208
経絡 135
経歴の確認 179
ゲシュタルト心理学 13
ゲシュタルト療法 **18**, **133**
血管性認知症 76
「欠乏」欲求 153
ケネディ, ジョン・F 208
ケリー, ジェームズ 215
権威
　──と消費者行動 228
　──への服従 208-9
嫌悪 33, 73, 94, 108, 207
嫌悪療法 128
幻覚 42, 70, 72, 74, 78, 99
言語
　──障害 25, 68, 76
健康
　──と治療 112-3

　──へのとらわれ 52, 61, 108-9
　体と心の── 114-5
言語症 96, **97**
言語聴覚療法 55, 96
言語［発達］ 17
言語連想法 120
検索エンジン最適化（SEO） 228
現実感消失症／現実感消失障害 **88**
現実的葛藤理論 211
現実療法（リアリティセラピー） **132**
原子力発電 188, 192
幻聴 70, 86
健忘［解離性］ →解離性健忘の項

こ

行為の責任 133
抗うつ薬 142-3
高機能自閉症（HFA） **69**
航空安全 188-9, 192-3
攻撃（性） 70, 78, 80, 85, 102, 156, 199
広告 **224**
公共距離 220
甲状腺機能亢進症 46
抗精神病薬 142-3
交戦地帯 192
交代人格 86
交通 192-3
　──事故 63
　──心理学 193
行動
　──的技法 123
　──と感情 32-3
　──と脳活動 24-5
　──と不合理な思考 122-3
　──と文化的要因 215
　──と無意識 14
　──のアセスメント 37
　学習された── 16-7
　消費者── 226-7
　倫理に反する── 208-9
行動主義 13, 16-7
　──心理学 13, 16-7, 150
　──的アプローチ **16-7**, 150-51
後頭葉 26-7
行動療法 122, **124**, 125
抗不安薬 142-3
興奮 73
合理化 118
交流 216-7
交流分析 121
コーピング技法 128
凍りつく 244-5
語音症 96, **97**
呼吸
　──困難 48
　──法 134-5
　マインドフルな── 129
呼吸器系 115

個人
　──ごとの再犯防止策 203
　──差 22
　──主義 19
　──とコミュニティ 216-7
　エンパワーメント 218-9
個性の否定 202
個体距離 220-21
ゴットマン, ジョン 154, 164
古典的条件づけ **16**, 124
孤独感 38, 137
孤独, 実存的・付随的 133
言葉による暴力 212
子ども　→家族の項も参照
　──を守る 223
　育児放棄・虐待を受けた── 141
　愛着（アタッチメント） 154, 156-7
　アイデンティティ形成 148-9
　アスペルガー症候群 69
　ASD 68-9
　ADHD 66-7
　学習 168-9
　高機能自閉症 69
　コミュニケーション症群／コミュニケーション障害群 96-7
　選択性緘黙 55
　DMDD **44**
　適応障害 **64**
　発達 17, 21
　反応性アタッチメント障害／反応性愛着障害 **65**
　分離不安症／分離不安障害 **54**
　放火症 **85**
コミットメント
　──と恋愛 158
　恋愛関係における── 162-3
　費者 228
コミュニケーション
　──と変革 187
　──の問題 68, 71
　恋愛関係における── 154, 164
コミュニケーション症群／コミュニケーション障害群 **96-7**
コミュニティ心理学 13, **214-23**
　エンパワーメント **218-9**
　コミュニティの安全 **222-3**
　コミュニティはどのように働くか **216-7**
　コミュニティ心理学者 217-8
　都市のコミュニティ **220-21**
孤立 52-3, 58, 92, 97, 137
コルブ, デービッド 168
コロ（生殖器退縮恐怖） **108-9**
混合型認知症 76
混雑感 221
コントロール（制御）
　──障害 81
　操られているような感覚 70
　摂食障害 90
コンピュータ／インターネット嗜癖 82
コンピュータサイエンス 20-21

根本的帰属エラー　204
昏迷　73
混乱　76-7, 148-9

さ

罪悪感　38, 45, 60, 82, 84, 92, 94, 109, 127, 132-3, 148
　　──の欠如　104
ザイアンス, ロバート　158
猜疑性／妄想性パーソナリティ障害　102, **103**
サイコパシー　**104**
　　──的行動パターン　199
サイバー犯罪　**195**
催眠療法　**136**
採用　176, **178-9**
作業量　189
錯乱　42, 78-80, 98-9
作話　30
詐病　200
サブカルチャー　146
差別　210-13
サリヴァン, ハリー　15
参加型リーダーシップ　185
産業心理学　12, **177**
産後うつ病（PPD）　42-3
産褥精神病　42

し

GAD（全般不安症／全般性不安障害）　**52**, 59
CLT　→認知学習理論の項
自意識　53, 244
誘意性　227
CTE（慢性外傷性脳症）　**78**
CTスキャン　13, 26
CPT（認知処理療法）　**127**
CBT（認知行動療法）　12, **125**
　　刑務所　202-3
　　第三世代　**126**
ジェノサイド　208, 210-13
支援型リーダーシップ　185
自我　14-5
　　──状態　121
視覚的反応
　　消費者　230-31
　　ディスプレイ　190-91
しかめ面　73
刺激─反応　16
資源[共有の]　215
自己愛性パーソナリティ障害　**105**
自己意識[私的・公的]　147
自己イメージ　18-9, 232
　　ネガティブな──　59, 92
思考[気持ち、行動の悪循環]　125
思考スキル改善プログラム　→ETSの項
至高体験　153
自己同一性[の心理学]　**146-53**

自己開示　161, 164
自己改善　131
自己価値　18-9
自己効力感　172
　　──理論　180
自己実現　18-9, 131-2, 146, **152-3**
自己受容　130-32, 137
自己心理学　**121**
自己達成　130-31
仕事　→仕事場の心理学の項
　　──の問題　38, 41
仕事場の心理学　**176-87**
　　アイデンティティ　147
　　安全　188
　　採用　**178-9**
　　心理検査　**246-7**
　　組織文化とその変革　**186-7**
　　タレントマネジメント　**180-81**
　　チーム形成　**182-3**
　　リーダーシップ　**184-5**
自己認識　123, 130-31, 133-4
事故の防止　**192-3**
自己分化　139
自己弁護　165
自殺
　　──を考える　38, 73, 86
　　刑務所での──　202
指示型リーダーシップ　185
支持政党　206-7
視床　26, 30, 32
自傷　38, 42
視床下部　26, 32, 62
自助グループ　46
指示[分かりやすい]　67
自信　132, 245
システミック療法　117, **138-41**
システムズ・アプローチ　13, 117, 138
システム理論　138
姿勢保持　73
自然選択　22, 150
視線を合わせる（アイコンタクト）　55, 68, 71, 179, 181
シゾイド／スキゾイドパーソナリティ障害　102, **103**
自尊心　132, 137, 147
　　──の低さ　38, 42, 65, 94
親しい相手との死別　38, 46, 62-4
失業　38, 177
失見当識　42, 98-9
実存の所与　**133**
実存療法　**133**
質問紙　115
シナプス伝達　28
死の不可避性　133
自白[うその]　200
自負心　245
自閉スペクトラム症／自閉症スペクトラム障害　→ASDの項
嗜癖　36, **82**, 117
司法→司法心理学の項

認知心理学　21
司法心理学　13, **194-203**
　　刑務所　**202-3**
　　犯罪捜査　**196-9**
　　法廷　**200-201**
ジマーマン, マーク　218
嗜眠　79-80
シモン, テオドール　246
邪悪な気質　208-9
社会階層　212
社会環境と犯罪行為　199
社会距離　220-21
社会正義　218
社会組織　188
社会的アイデンティティ　146
　　──理論　211
社会的学習理論　150, **169**
社会的コミュニケーション症（SCD）　96, **97**
社会的障害　81
社会的相互作用　220
社会的手がかり　223
社会的手抜き　**241**
社会的排除　212
社会の大勢からの排除　211, 214, 218
社会の分裂　211
社会復帰（更生）　115
　　犯罪者の──　195, 202-3
社交不安症／社交不安障害　**53**, 59
ジャニス, アーヴィング　208
シャルコー, ジャン＝マルタン　119
自由意思　16, 18, 130, 133
従業員の教育　188
醜形恐怖症／身体醜形障害　→BDDの項
集合的無意識　120
周産期精神疾患　**42-3**
充足感　152-3
10代の若者　22, 148-9
集団思考（集団浅慮）　**183, 208**
集団主義　19
集団のアイデンティティ　146
集団（チーム）の力学　138-9, 182, 184, 208
集団療法　**117**
集中（力）　38, 52, 62-3, 66-7, 71, 76-7, 79
重篤気分調節症　→DMDDの項
自由と責任　133
12ステッププログラム　117
自由連想法　118-9
熟達目標　172
出産　38, 42
　　──時の合併症　70
出生時の体重の軽さ　66
出生順位　139
趣味　146
受容器（受容体）　27, 143
シュレンク＝ノッチング, アルベルト・フォン　195
順序立てることが苦手　67
順応　215
障害[精神の]　**34-109**
　　診断　36-7

索引

常同症　73
衝動性（衝動的な行動）　64-7
衝動制御の障害　60, **82**, 83-5
情動脱力発作　99
小児期発症流暢症　96, **97**
証人（目撃者）
　　　犯罪捜査における──　194, 196-7
　　　犯罪の──　222-3
　　　専門家　195, **201**
情熱　158
小脳　27
消費者心理学　13, **224-35**
　　　──とブランド　163, 225, 232-3
　　　消費者行動を変容させる　**228-9**
　　　消費者行動を理解する　**226-7**
　　　消費者神経科学　**230-31**
　　　有名人の宣伝効果　**234-5**
消費者予測　226
情報処理　**20-21**, 22
職務分析　178
書字障害　174
自助グループ　50, **117**
所属（意識）　152-3, 210
ジェノビーズ, キティ　223
自律　218
色の心理学　190, 231
人格（パーソナリティ）　**150-51**
　　　──タイプによる適性　178
　　　──の発達　14-5
　　　──の変化　40, 86
　　　性格検査（質問紙法）　246, **247**
　　　ブランド　232-3
進化心理学　**22**
進化論的アプローチ　150
心気症　**61**
神経回路　28, 30, 137
神経科学
　　　──の発展・研究　24, 170-71
　　　消費者　**230-31**
神経化学物質［パフォーマンスを高める］　243
神経系　23, 115
神経症傾向　151
神経心理学　24
神経性やせ症／神経性無食欲症　**90-91**, 92
神経性過食症／神経性大食症　90, **92-3**
神経伝達物質　28-9, 40, 143, 159
神経認知障害群　**76-9**
神経発達症群／神経発達障害群　**66-9**
心血管系　115
信仰
　　　──とアイデンティティ　146
　　　──と差別　212
人口密度　220-21
人種差別　207, 210, 212
心情
　　　被害者の──　202-3
　　　無感覚　208
人生における経験と人格　150
身体症状症　61, **108-9**
人体測定学　**189**

身体的検査　37
身体療法　**135**
診断　**36-7**
心的外傷およびストレス関連障害群　**62-5**
心的外傷後ストレス障害　→PTSDの項
人道的労働心理学運動　177
侵入思考　56-7, 84
心配　38, 50, 52-5, 59, 61, 90, 99, 106
心拍数の増加　29, 32, 46-8, 63
ジンバルドー, フィリップ　202, 208-9
新フロイト派　15
親密さと恋愛　158
心理学／心理職（サイコロジスト）
　　　愛情関係　**154-65**
　　　HFE　**188-93**
　　　教育　**166-75**
　　　コミュニティ　**214-23**
　　　産業・組織　**176-87**
　　　自己同一性　**146-53**
　　　司法　**194-203**
　　　消費者　**224-35**
　　　スポーツ　**236-45**
　　　政治　**204-13**
　　　役割と種類　**112-3**
心理学的行動主義　17
心理学発展の歴史　**12-3**
心理教育　55, **113**, 127
心理検査　13, 37, 179, **246-7**
心理療法　**116-7**
唇裂／口蓋裂　96

す

遂行目標　172
睡眠
　　　──障害　42, 54, 63-4, 66, 68, 79, **98-9**
　　　──中の暴力行為　98
　　　──と学習　171
　　　──麻痺　98-9
　　　──薬　142-3
　　　過度の──　45
　　　不眠症　52, 54, 62
睡眠時驚愕症（夜驚症）　98-9
睡眠時随伴症　98-9
睡眠時無呼吸　98
睡眠時遊行症（夢遊病）　98-9
推論　20, 247
スキーマ理論　205
スキナー, B.F.　17
スキルの改善［スポーツ］　**238-9**
スキン・ピッキング（皮膚むしり症）　**60**
スケープゴート　211
スターツ, アーサー・W　17
スタンバーグ, ロバート　158
スタンフォード監獄実験　**151**, 202, 209
頭痛　52, 54, 63, 78, 83, 143
ステレオタイプ化　210
ストーカー［有名人（セレブリティ）の］　**235**
ストレス　38, 41, 55, 189

ASR　**63**
解離症群／解離性障害群　88-9
　　　体への影響　115
　　　適応障害　64
　　　パフォーマンス不安　244
　　　PTSD　**62**
ストレス免疫療法　→SITの項
スプラング, ネイサン　170
スペリー, ロジャー　25
スポーツ
　　　CTE　78
　　　心理学　**236-45**
　　　スキルの改善　**238-9**
　　　ゾーンに入る　**242-3**
　　　動機づけを保つ　**240-41**
　　　パフォーマンス不安　**244-5**
SMARTゴール　240

せ

生活スタイルの管理　41-2, 44-5, 50, 58
性機能不全　**108-9**
政治心理学　13, **204-13**
　　　投票行動　**206-7**
　　　ナショナリズム　**210-13**
　　　服従と意思決定　**208-9**
誠実性　151
政治的アイデンティティ　147
生殖器系　115
精神異常　200
精神運動機能　73
精神科医　112
精神外科　142-3
精神・性的発達段階　14-5
精神病症状　39, 70-72, 103, 199
精神病性障害　58, **70-75**, 85
精神分析（療法）　13-5, 116, **119**, 130
精神分析理論　**14-5**
精神力動的アプローチ　150
精神力動的心理療法　39, 116, **118-21**
精神療法　→心理療法の項
性選択　150
生存のための反応　62
生態系　215-6
成長［自己の］　130, 132
　　　──を妨げるもの　153
生徒, 指導方法　172-3
青年期　→10代の若者の項
政府　167
生物学的要因　16-8, 150
　　　──［犯罪行為］　199
生物学的治療法　**142-3**
生物－心理－社会モデル　**114-5**
性［フロイトの理論における］　14-5
性別（ジェンダー）
　　　──差別　212
　　　──とアイデンティティ　147
性別違和　**108-9**
性欲　159

生理的欲求　152-3
生物学的心理学　13, **22-3**
世界保健機関　39
責任
　　――と自由　133
　　――の分散　223
　　――を受け入れる　133
　　個人的――　203
　　全員の――　141
責任転嫁［外集団への］　211
責任無能力（心神喪失）　200
世代を超えて伝わるパターン　139
積極的な聞き方　164
セックス（性生活）
　　――嗜癖　82
　　健全な――　203
摂食障害　**90-95**
持続可能な発展　177
窃盗症　**84**
説得　228-9
絶滅　211, 213
ゼノフォービア　212
セリグマン, マーティン　129
セルフトーク　236, 245
セルフヘルプ（自助）　53
セロトニン　29, 40, 45, 70, 143, 159, 243
世論　205
前意識　14-5
選挙　206-7
戦争［ナショナリズムと］　210
選択
　　――のパラドックス　226-7
　　正直な――　153
選択性緘黙　55
選択的セロトニン再取り込み阻害薬（SSRIs）　46, 69, 75, 84, 142
戦闘　62
前頭前野　62, 242
前頭側頭型認知症　76
扁桃体　26, 32-3, 62, 135, 231
前頭葉　26-7, 33
全般不安症／全般性不安障害　→GADの項
せん妄　**79**
専門家証人（鑑定人）　195, **201**
戦略的家族療法　**140**

そ

双極性障害　**40-41**, 72, 75, 142
相互依存　215
総合診療医（GP）　112-3
早産　66, 68
躁病　40-41, 44, 72
ソーシャルメディア　147, 207, 226-7, 230-31, 233
ソーシャルワーカー　112
側頭・頭頂接合部　27
側頭葉　26-7
組織　→仕事場の心理学の項

――との交流　217
エンパワーメント　218-9
文化　**186**
組織心理学　12, **177**
訴訟　200-201
尊敬　152-3
「存在」欲求／成長欲求　153
尊重　137, 152-3, 165

た

ダーウィン, チャールズ　22
ターマン, ルイス　13, 246
ダイエット［過度の］　59, 90-92
太極拳　135
胎児性アルコール症候群　68
体重
　　――増加　80
　　摂食障害　**90-94**
対象関係論　**121**
対称性
　　――に関連する恐怖　56
　　消費者神経科学　231
対人関係の有効性　126
対人恐怖症　**108-9**
代替療法　115
大多数の意見　229
態度
　　――と文化　215
　　消費者の態度を変容させる　228-9
大脳基底核　101
大脳半球　**24**, 25-6
大脳皮質　24, 26, 33
大脳辺縁系　26, 32-3, 143
代表性ヒューリスティック　204
ダウン症候群　68, 96, **108-9**
多重人格性障害　→DIDの項
脱感作法［系統的］　128
ダック, スティーブ　164
タックマン, ブルース　182
達成志向型リーダーシップ　184
タッピングポイント（ツボ）　135
脱抑制型対人交流障害　65
脱抑制効果　223
脱力感　43
多動性　66
多発性硬化症　75
食べ物［摂食障害］　90-95
食べる［マインドフルに］　129
ためこみ症　**58**
多様性　**217**
タルヴィング, エンデル　30
短期記憶　30-31
第三世代のCBT　**126**
単純接触効果　158
炭水化物　45

ち

地位　146
チーム形成　177, **182-3**
チームの動機づけ　**241**
チームビルディング
　　仕事場　182-3
　　スポーツ　237
チームワーク
　　――とフロー　243
　　仕事場　189
知覚　18
　　――とディスプレイ装置の設計　190-91
　　視覚などの感覚の障害　69
チクセントミハイ, ミハイ　242
知識の獲得　168-9
チック症群／チック障害群　66, **100-101**
チャビス, デービッド・M　216
注意
　　――と記憶　30
　　――とディスプレイ装置の設計　190-91
注意欠如・多動症／注意欠如・多動性障害
　　→ADHDの項
中枢神経興奮薬　142-3
中性刺激　16, 124
中脳辺縁系　230
長期記憶　30-31
超自我　14-5
調和性　151
治療
　　――と健康　112-3
　　――の役割　116-7

つ・て

通念と文化　217
釣り合い　231
DID（解離性同一症／解離性同一性障害）　**86-7**
TMS（経頭蓋磁気刺激法）　142-3
DNA　22-3
DMDD（重篤気分調節症）　**44**
DBT（弁証法的行動療法）　**126**
低活動型せん妄　79
拙劣分析　118-9
ディスプレイ［デザインと知覚］　190-91
デート　155, **160-61**
デートコーチ　**161**
デービス, キース　161
デカルト, ルネ　12, 24-5
適応［心理的］　22
適応障害　64
適性検査　247
テストステロン　159
徹底的行動主義　17
テロリズム　212, **213**
電気けいれん療法　→ECTの項

索引

と

動画　230
動悸　52
冬季うつ病　45
動機づけ
　　──の欠如　71
　　教育　166, 168-9, 172-3, 175
　　自己実現　**152-3**
　　仕事場　176, **180**
　　スポーツ　**240-41**
統合運動障害　108, 174
統合失調型パーソナリティ障害　102, **103**
統合失調感情障害　**72**
統合失調症　22, **70-71**, 72, 75, 80, 102, 142
同語反復　101
闘争─逃走反応　32, 46, 63, 135, 244
頭頂葉　26-7
逃避　165
投票行動　205, **206-7**
頭部損傷　78, 200
動物介在療法（アニマルセラピー）　**137**
トゥレット症候群　66, **101**
ドーパミン　29, 40, 66, 70, 143, 159, 170, 243
独裁（権威）主義　210, 212
読字障害　174
特性論　150-51
都市のコミュニティ　**220-21**
トップダウン式プロファイリング　198
隣に住む「よそ者」　211
トラウマ（外傷）　46, 62, 78, 86, 88-9, 127, 136
　　と身体的問題　135
トリコチロマニア　**60**
トローリング　223
とん走［解離性］　89

な・に

内向型　120, 178
内集団／外集団の区別　210-12
内発的動機づけ　240
仲間集団　146
ナショナリズム　207, **210-13**
ナップ, マーク　162-3
ナルコレプシー　98-9
肉体的に惹かれること　158, 160
二元論　24-5
二者関係発達療法　**141**
　　日常の活動　67
　　日照の変化　45
ニューロン　28, 30, 170-71
人間関係
　　──のバランスをとる　138
　　──の問題　38, 41, 65, 78, 132
人間工学　**189**
人間性心理学　13, **18-9**, 130
　　──的アプローチ　150
人間性心理療法　117, **130-37**
人間性の否定　202, 208, 211

人間中心療法（パーソンセンタード・セラピー）

人間中心療法（パーソンセンタード・セラピー）　18, **132**
妊娠　38, 42, 70
　　異食症　95
　　栄養状態　96
　　神経性やせ症　90
認知学習理論（CLT）　168-9
認知行動療法　→CBTの項
認知症　**76-7**, 78-9
　　治療薬　142-3
認知処理療法　→CPTの項
認知心理学　13, **20-21**
認知的訓練　17
認知的評価　227
認知の脱フュージョン　126
認知バイアス　**21**
認知面接法　**196**
認知療法　122, **124**, 125
認知療法・行動療法　116, **122-9**
　　──で利用する技法　128

ね・の

ネガティブな思考　50-3, 59, 64, 115, 122-7, 133, 135-6
ネットいじめ　223
ネット上のコミュニティ　**223**
年齢とアイデンティティ　147
脳
　　──と恋愛　155, 159
　　──のはたらき　24-9
　　フロー状態の──　**242-3**
　　10代の若者の──　22
　　学習　170-71
　　消費者神経科学　**230-31**
　　情報処理　20-21
　　生存のための反応　62
　　生物学的治療法　**142-3**
　　地図　**26-7**
脳幹　27
脳腫瘍　75
脳振盪後症候群　→CTEの項
脳性麻痺　68, 96, 100
脳波　**243**
ノルアドレナリン　29, 40, 66, 143, 243
ノンレム（Non-Rapid Eye Movement）睡眠　98

は

パーキンソン病（パーキンソン症候群）　22, 75-6, 78, 108
パーソナリティ障害　→PDの項
ハーロウ, ハリー　154
バーン, ドン　161
バイアス（偏見）
　　業績評価　181
　　認知　**21**
　　陪審員　200-201

ひ

背外側前頭前野　27, 230
排出性障害　95
陪審員　200-201
排泄症群［子どもの］　**108-9**
梅毒　75
ハウス, ロバート　184
パヴロフの犬　16
曝露療法（エクスポージャー法）　**128**
パス・ゴール理論　184-5
バソプレッシン　159
罰　17
ハッカー　195
発達心理学　13　→自己同一性の項も参照
ハットフィールド, エレイン　161
抜毛症　**60**
発話
　　──障害　68, 77, 96-7
　　選択性緘黙　55
バドリー, アラン　31
パニック症／パニック障害　**46-7**
パニック発作　46, 48, 50-51, 54, 62-3, 86
パフォーマンス不安　**244-5**
パラノイア　42, 70
パラフィリア障害群　**108-9**
ハルの動因理論　241
半球［大脳］　**24**, 25-6
反響言語　73, 101
反響動作　73
判決　201
犯罪行為　**198-9**, 202
犯罪者
　　──のアセスメント　195
　　刑務所の──　202-3
　　公判　200-201
　　プロファイリング　198
犯罪捜査　194, **196-9**
犯罪とコミュニティの安全　222-3
犯罪　80
反社会性パーソナリティ障害　**104**, 105
反芻症／反芻性障害　95
判断（力）　20
　　──低下　77-8
ハンチントン病　100
バンデューラ, アルバート　169, 172
反動形成　118
反応性アタッチメント障害／反応性愛着障害　**65**
反応的な聞き方　164
反応の乏しさ　73
反復的な行動　60, 68, 97

ひ

ピアジェ, ジャン　13, 166, 168-9
PERMAモデル　129
PACE (playful, accepting, curious, empathetic)　141
PD（パーソナリティ障害）　80, **102-7**
　　A群：奇妙／風変わり　**102-3**
　　B群：演技的／感情的／移り気　**104-5**

C群：不安／恐怖　**106-7**
PTSD（心的外傷後ストレス障害）　48, **62**, 63, 127, 136, 222
BDD（醜形恐怖症／身体醜形障害）　**59**
PPD　→産後うつ病の項
被害者学　**203**
被害者の心情理解　202-3
比較文化心理学　**215**
ひきこもり　71
被告　194, 200-201
ビジュアライゼーション（イメージ化）　129, 133-4, 171, 236
ピッグス湾事件　**208**
ピック病　76
ビデオ監視　223
人と関わる恐怖　52
人との関わりにおける困難　65, 68-9, 77
ヒトラー，アドルフ　210
非難　165
否認　15, 80, 118, 199
ビネー，アルフレッド　246
批判［建設的な］　181
皮膚むしり症　**60**
誹謗　212
ヒューマンエラー　189, **192-3**
ヒューマンファクター・人間工学　→HFE心理学の項
病院　188, 192
評価［仕事場］　176, **181**
病気不安症　**61**
美容外科手術　59
開かれた質問　131, 196
疲労　42-3, 45, 71, 99, 108, 197, 239-40, 244
広場恐怖症　**50**
貧血　60, 95
貧困　177

ふ

不安　46-7, 51, 56-7, 189
　　──のコントロール　237
　　パフォーマンス　**244-5**
不安症　**46-55**
ファンタジー　133
フィードバック　181
フィッシャー，ヘレン　159
フィッシング詐欺師　195
フェイクニュース　207
フォント　230
不器用　67
副作用［薬物］　143
服従　208
腹内側前頭前野　230
不合理な思考と行動　122-3
侮辱　165
「舞台恐怖」　244
双子　22-3, 151
不注意　66-7
物質使用障害（物質乱用）　**80-81**, 102

不妊症　90
不眠障害　98-9
フラッシュバック　62-3
ブランド　163, 225, **232-3**
　　──・アイデンティティ・プリズム　232
　　有名人の推薦（エンドースメント）　**234-5**
ブレーンストーミング　182
フロイト，ジークムント　13, **14-15**, 16, 23, 118, 119, 150, 156
フロー（状態）　242
ブローカ野　25, 27
プロクセミクス（近接学）　220
プロシャンスキー，ハロルド　220
プロセスロス　182
フロム，エーリッヒ　15
プロモーション（販売促進）　225, 228
文化
　　──とアイデンティティ　147
　　──とコミュニティ　214-5
　　循環作用　216-7
文化心理学　13, **214-5**
文脈療法　**141**
分離不安症／分離不安障害　**54**

へ・ほ

閉回路テレビ（CCTV）　223
閉所恐怖症　**51**
ベータ遮断薬　63
ベック，アーロン　13, 124
ヘルスサイコロジスト（health psychologist）　**112**, 114-5
変化（変革）
　　──とエンパワーメント　218-9
　　仕事場　177, **186-7**
　　消費者行動　**228-9**
　　推進のヒント　**187**
偏見　212
弁証法的行動療法　→DBTの項
返報性　229
防衛機制　**15**, 86, 118, 153
放火症　**85**
傍観者効果　222-3
暴行　63, 213
法廷　194, **200-201**
方法論的行動主義　16
暴力
　　──のループ　199
　　政治的──　205, 210, 213
ボウルビー，ジョン　154, 156
ボーエン，マレー　139
ホーナイ，カレン　15
ホームレス　218-9
ホール，エドワード・T　220
ポジティブ心理学　**129**
補足運動野　27
ボディーランゲージと恋愛感情　159-60
ボトムアップ式プロファイリング　198
ポリグラフ　196

ホリスティック療法　135
ボリューム調節ができない　66
ホルモン　16, 18, 23, 28, 159
ホロコースト　211-2

ま

マーケティング
　　エンゲージメント　233
　　黄金律　**228**
　　カスタマー・プロファイリング　**227**
　　ニューロマーケティング　**230**
マーシャ，ジェームズ　149
マイヤーズ・ブリッグス・タイプ診断（MBTI）　178
マインドフルネス　48, 126, **129**
マクミラン，デービッド・W　216
マズロー，アブラハム　13, 18, 152-3
マタニティ・ブルーズ　42-3
マッサージ　135
まとまりのない言動　79
マラリア　75
慢性外傷性脳症　→CTEの項

み・む

ミーム　231
ミエリン鞘　171
ミステイク　192-3
密接距離　220
ミュンヒハウゼン症候群　**108-9**
ミルグラム，スタンレー　208
民族紛争　210
無意識　14-15, 150
　　感情反応　32-3
　　精神力動的心理療法　118-21
無意味さ　133
無関心　65
無気力　43, 93, 156
無言症　73
むずむず脚症候群⇒レストレスレッグズ症候群
メディア
　　ソーシャル──　147, 207
　　──と消費者行動　226-7, 230-34
　　──と投票行動　207
メラトニン　45, 69, 143
免疫系　80, 159
面接
　　仕事場　176, **179**
　　犯罪捜査　**196-7**
メンタルヘルス（心の健康）
　　──と体の健康　114-5
　　──と犯罪行為　199
　　──を評価する　115
メンタルモデル　190-91

謝辞

も

妄想　40, 42, 70, 72, 74-6, 79, 103, 108
　　誇大型──　74
　　嫉妬型──　75
　　身体型──　74
　　被愛型──　74
　　被害型──　75
妄想型統合失調症　70
妄想性障害　**74-5**
目的［人生の］　153
目標
　　──設定　180-81, 236
　　達成可能な──　134
　　自己実現　152-3
　　仕事場　177
　　SMART　240
問題解決　76, 125, 132, 169
問題行動　175

や・ゆ・よ

夜間食行動異常症候群　95
薬物乱用　22, 38, 62, 65, 75, **80-81**, 115
薬物療法　13, 117, **142-3**
役割とアイデンティティ　147
有名人の推薦（エンドースメント）　**234-5**
夢　14, 98
　　──分析　118-20
　　繰り返し見る──　63
ユング, カール　13, 120, 178
ユング派の治療法　**120**
ヨガ　135
抑圧　15, 118-9

汚れることへの恐怖　56
欲求
　　5つの基本的──　132
　　──階層説　152-3, 180
ヨハネの黙示録の四騎士　164, **165**

ら・り・る

ラズバルト, キャリル　158-9, 161
リアリティ・オリエンテーション（現実見当識訓練）　79
リーダーシップ
　　──と変革　187
　　仕事場における──　177, 183, **184-5**
　　変革型──　185
　　優れたリーダーの特徴　**184**
離人感　88
理想自己　18-9
利用可能性ヒューリスティック　204
臨床心理士　→クリニカルサイコロジスト（clinical psychologists）の項
臨床心理面接　37
倫理に反する行動　208-9
ルーティン　236
ルール違反　193
ルールを明確にする　67
ルビンの盃　18

れ・ろ・わ

レヴィンジャー, ジョージ　163
レース, フィル　168
レストレスレッグス症候群（むずむず脚症候群）

98-9
劣等コンプレックス　15
レビー小体型認知症　76
レビュー［カスタマー］　224
レム（Rapid Eye Movement）睡眠　98-9, 136
恋愛　**155**
　　──とデート　160-61
　　──における愛着関係　157, 158-9
　　──の科学　158-9
恋愛感情　160
　　化学物質がもたらす──　159
　　ボディーランゲージ　160
恋愛関係
　　──の段階　162-5
　　愛情関係の心理学　154-65
　　愛着（アタッチメント）の心理学　**156-7**
　　デート　**160-61**
　　恋愛の科学　**158-9**
　　発展／破綻　155, **162-5**
レンサ球菌　101
練習
　　──と学習　168-72
　　──とスポーツ　238-9
蠟屈症　→カタレプシーの項
狼瘡　75
ロールプレイング　133
ロジャーズ, カール　18, 131
ロック, エドウィン　180
論理（理屈）　24, 128, 168, 247
論理情動行動療法　→REBTの項
ワークサンプル　179, 247
わざとらしさ　73
忘れっぽさ　67, 86
ワトソン, ジョン　13, 16

謝辞

本書の制作にご協力いただいた以下の方々に、お礼を申し上げます。
執筆協力：Jo Hemmings, Catherine Collin, Joannah Ginsburg Ganz, Merrin Lazyan, Alexandra Black、編集協力：Kathryn Hill, Natasha Khan, and Andy Szudek、校正：Alexandra Beeden、索引作成：Helen Peters
また、写真の使用を快諾してくださった以下の方々にもお礼申し上げます。
（記号の説明：a-上、b-下、c-中央、f-遠方、l-左、r-右、t-最上）
33 Alamy Stock Photo: David Wall (bc). 39 Alamy Stock Photo: Anna Berkut (r). 48 Alamy Stock Photo: RooM the Agency (cra). 51 Alamy Stock Photo: Chris Putnam (b). 57

Getty Images: Mike Kemp (br). 63 iStockphoto.com: PeopleImages (crb). 77 Getty Images: danm (crb). 93 Alamy Stock Photo: dpa picture alliance (r). 103 Alamy Stock Photo: StockPhotosArt – Emotions (crb). 117 Alamy Stock Photo: BSIP SA (cra). 121 iStockphoto.com: Antonio Carlos Bezerra (cra). 136 Alamy Stock Photo: Phanie (cl). 143 iStockphoto.com: artisteer (tr). 154 iStockphoto.com: Ales-A (crb). 159 iStockphoto.com: ANZAV (crb). 180 Alamy Stock Photo: Drepicter (ca). 189 iStockphoto.com: Eraxion (cr). 193 iStockphoto.com: DKart (cra). 196 Alamy Stock Photo: Allan Swart (cr). 202 iStockphoto.com: PattieS (ca). 217 Getty

Images: Plume Creative (br). 221 iStockphoto.com: LanceB (b). 243 Alamy Stock Photo: moodboard (br)
表紙絵：Front: 123RF.com: anthonycz cla, Chi Chiu Tse ca/ (Bottle), kotoffei cla/ (Capsules), Vadym Malyshevskyi cb/ (Brain), nad1992 cl, nikolae c, Supanut Piyakanont cra, cb, Igor Serdiuk cla/ (Spider), Marina Zlochin bc; Dreamstime.com: Amornme ca, Furtaev bl, Surachat Khongkhut crb, Dmitrii Starkov tr/ (cloud), Vectortatu tr
その他の図版 © Dorling Kindersley／さらに詳細な情報：www.dkimages.com